ŒUVRES COMPLÈTES

DE

J. DE MAISTRE

NOUVELLE ÉDITION

Contenant ses Œuvres posthumes et toute sa Correspondance inédite

TOME QUATORZIÈME

CORRESPONDANCE

VI

1817 — 1821

LYON

LIBRAIRIE GÉNÉRALE CATHOLIQUE et CLASSIQUE

VITTE et PERRUSSEL, ÉDITEURS-IMPRIMEURS

3 et 5, Place Bellecour

1886

ŒUVRES COMPLÈTES

DE

JOSEPH DE MAISTRE

PROPRIÉTÉ DES ÉDITEURS

Lyon. — Imp. VITTE ET PERRUSSEL, rue Sala, 58.

ŒUVRES COMPLÈTES

DE

J. DE MAISTRE

NOUVELLE ÉDITION

Contenant ses Œuvres posthumes et toute sa Correspondance inédite

TOME QUATORZIÈME

CORRESPONDANCE

VI

1817 — 1821

LYON

LIBRAIRIE GÉNÉRALE CATHOLIQUE et CLASSIQUE

VITTE et PERRUSSEL, ÉDITEURS-IMPRIMEURS

3 et 5, Place Bellecour

1886

LETTRES

DE

J. DE MAISTRE

500

A M. le Comte de Vallaise.

Saint-Pétersbourg, 22 décembre 1816 (3 janvier 1817).

Monsieur le Comte,

La situation de l'officier Russe se trouve considérablement améliorée par le dernier règlement dont j'ai eu l'honneur de faire une mention générale à Votre Excellence : la paie des subalternes, jusqu'au Capitaine exclusivement, est augmentée à peu près du tiers ; du Capitaine au Colonel, elle est doublée, mais l'augmentation est remarquable surtout dans les grades supérieurs. La paie proprement dite n'est pas cependant considérablement augmentée puisque le Colonel, par exemple, n'a que

200 Roubles de plus; mais c'est ce qu'on appelle ici l'*argent de table* qui forme l'augmentation principale. Le Colonel recevra 3 mille Roubles sous ce titre, le Général de brigade 4 mille, le Général de division 6 mille et le Commandant de corps 10 mille. Ce bienfait envers l'armée est très juste, très mérité et très digne de S. M. I. Elle n'a pris cette grande mesure, comme il était aisé de le prévoir, qu'après s'être assurée des fonds nécessaires qui s'élèvent à huit millions environ : l'économie sur les charrois et les chevaux de train fournira cette somme. Les chevaux étaient précédemment à la charge des Colonels, et il y avait sur ce point des abus énormes, en sorte que chaque régiment était devenu un *fief*, une *arrende* au profit du Colonel; l'Empereur fait une économie immense en ne payant que les chevaux présents, et en fixant leur nombre à l'absolue nécessité du pied de paix. Cet objet d'ailleurs ne sera plus confié aux Colonels. Je n'en sais pas assez pour décider si ce changement sera utile à l'Etat. En multipliant les administrations et les administrateurs, on multiplie nécessairement les frais, les abus, et les infidélités ; mais je répète à Votre Excellence que je ne me permets point d'avoir un avis sur cet objet. Elle entend de reste, au surplus, que, dans le nouvel arrangement, tout le monde est content excepté les Colonels ; déjà même, sur ce point, j'ai entendu des murmures des plus divertissants : mais les Colonels d'à présent passeront, ceux qui arriveront n'auront jamais joui des abus, et tout le monde sera content. Peu d'opérations me paraissent plus dignes d'une approbation sincère et

universelle que celle qui vient de rendre douce et agréable la situation du militaire Russe, qui était devenue tout à fait indigne d'une aussi grande puissance.

Quant à la diminution de l'armée, je ne puis rien dire de certain. Celle dont j'avais parlé est équivoque. Ce qui est incontestable, c'est que l'Empereur, par un nouvel ukase, a permis de lui offrir de l'argent au lieu de recrues, ce qui prouve qu'il croit avoir moins besoin de l'un que de l'autre ; mais le véritable complet de l'armée ne sera jamais connu, et ne doit l'être que d'un petit nombre de têtes. Il est bien à désirer pour le bien de l'humanité que cette diminution s'opère insensiblement, de tout côté et sans bruit, par une espèce de consentement tacite.

Je passe des armes à l'Eglise, croyant que les détails suivants pourront intéresser S. M.

Votre Excellence a sans doute ouï parler de la conversion de S. M. I. Mme la Princesse de Nassau, épouse de Mgr l'Archiduc Charles d'Autriche ; cette résolution exécutée après le mariage, en pleine liberté, et par une personne d'un grand esprit, a produit dans les papiers publics d'Allemagne quelques articles pleins de ressentiment ; mais ce qu'on en a dit ici mérite attention. Un papier Allemand intitulé *l'Invalide*, qui jouit d'une vogue méritée, a dit il y a quelques jours à propos de cette conversion : *La nouvelle paraît sans fondement, tant parce qu'une telle démarche ne s'accorderait pas avec le caractère, l'esprit et les connaissances de la Princesse, que parce qu'elle ne s'accorderait pas mieux avec les principes consacrés par la Sainte-Alliance.*

Votre Excellence voit ici quelle interprétation on voudrait donner à cette Alliance : c'est toujours la grande chimère *du Christianisme universel, et de l'indifférence à l'égard de toutes les communions chrétiennes regardées toutes comme également bonnes.* Quoique l'article ait passé à la censure, je ne voudrais pas dire cependant qu'il est officiel. Seulement on laisse dire, et Votre Excellence voit dans ce passage un symptôme assez curieux d'une opinion qui fait grande fortune en ce moment parmi une certaine classe d'hommes.

Il ne m'est pas permis de douter de deux choses : 1° que l'Empereur de Russie trouve très bon que chaque Prince maintienne chez lui la religion nationale ; 2° qu'il ne désirerait rien plus ardemment que la réunion de tous les chrétiens.

Malheureusement ces deux idées se contrarient : car, tandis que chacun se tiendra inébranlable dans son système, toute réunion devient impossible.

Il faut donc que quelqu'un cède. — Mais qui ? — Et comment ? — Une dame Génevoise d'un très grand esprit m'adressait la même question il y a plusieurs années. Je lui répondis : Nous ne pouvons faire un seul pas vers vous, mais si vous voulez venir à nous, nous aplanirons la route à nos frais.

Tout se prépare pour une révolution religieuse en Allemagne. — S. M. est-elle instruite de la conversion du célèbre Gœthe qui est revenu à nous ? Celle de Voltaire, dans ses plus vertes années, eût été moins extraordinaire. Qui nous eût dit, Monsieur le Comte, que le XIXe siècle serait celui des conversions ? Cependant elles se multiplient chaque jour, et dans les rangs les plus marquants de la société, tant par l'éclat personnel que par la science. Le Duc de Gotha vient encore de prendre place dans cette légion d'illustres *revenants*. Un Allemand distingué me disait l'autre jour, dans une assemblée, sans se gêner le moins du monde : *Toute l'Allemagne protestante penche aujourd'hui pour le Catholicisme, ce n'est plus que la vergogne qui nous retient.* Voilà cependant un discours bien singulier.

J'ai suffisamment parlé à Votre Excellence de la Société biblique ; voici ce qui est arrivé à ce sujet. L'Archevêque de Mohilev publia, il y a quelque temps, un Mandement dans lequel il approuvait hautement cette Société et prenait de plus la liberté de falsifier un passage du Concile de Trente, et un autre encore tiré d'un bref du Pape Pie VI à l'Archevêque de Florence, Martini.

Ce Mandement nous étonna fort dans le temps, mais le Pape en ayant pris connaissance n'a pas cru pouvoir garder le silence, et il a adressé le 3 septembre à l'Archevêque de Mohilev un bref paternel, mais très sévère, où il lui enjoint de se rétracter publiquement. Avec ce bref dans sa poche, l'excellent Prélat vient d'assister tranquillement à la dernière séance de la Société biblique. Qu'arrivera-t-il de là ? c'est ce que nous verrons. Le Gouvernement nous apprendra surtout ce qu'il entend par cette tolérance dont il se glorifie, car si l'Evêque était soutenu contre le Pape, nous ne serions plus tolérés. Si Votre Excellence considère les maximes de ce Gouvernement, celles de l'Eglise nationale, les nôtres, l'influence des opinions nouvelles, et mille circonstances accessoires, elle trouvera que l'histoire Ecclésiastique ne présente pas de moment aussi curieux.

Elle croira peut-être que je rêve ; mais je suis persuadé qu'il ne tiendrait qu'à l'Empereur de Russie de réunir les deux Eglises : il peut tout ce qu'il veut. Pourquoi ne le voudrait-il pas dès qu'il le peut ? La chose n'est pas si difficile qu'on le croirait. La suprématie du Souverain l'ayant débarrassé de l'ignorante pédanterie des Patriarches orientaux, c'est déjà un grand obstacle de moins. Ce ne serait pas sans doute l'affaire d'un jour ; mais l'Empereur n'a que 39 ans, il a beau jeu ; *il suffirait de traiter la chose dans le centre.* Lorsqu'un Général qui est en forces trouve aujourd'hui une place sur son chemin, au lieu de l'assiéger il la masque, et il marche en avant ; c'est ainsi qu'il faudrait agir dans la guerre contre les préjugés. Si après avoir gagné la bataille de Leipsig et signé la Paix des Nations à Paris, l'Empereur venait encore à signer celle des Eglises, quel nom dans l'histoire serait comparable au sien ? Il n'y a peut-être pas d'autre moyen de l'agrandir.

L'importance du sujet me persuade que S. M. agréera cette lettre. Il ne me reste qu'à prier Votre Excellence d'agréer, etc.

501

A M. le Chevalier de Saint-Réal.

Saint-Pétersbourg, 22 décembre 1816 (3 janvier 1817.

Comment pourrais-je t'exprimer, mon très cher ami, le plaisir que m'a fait ton aimable épître du 9 novembre dernier ? Il y avait plus d'un siècle que je n'avais vu *tes caractères*, grâce à ta *despotique* femme qui te refuse le papier mal et *méchamment*. Que je te sais gré, cher frère, d'avoir su t'emparer d'une belle feuille blanche que tu as noircie à mon profit ! Bientôt, mon cher ami, le commerce épistolaire cessera, ou du moins il deviendra si aisé que nous croirons nous parler. Je ne changerai point de place sans alarmes ; mais il ne faudrait pas se tromper sur le motif. Je ne suis retenu que par la crainte de changer de carrière à mon âge, et d'aller affronter de nouvelles difficultés à l'époque où l'on ne demande que le repos. Les liens d'habitude et de reconnaissance que j'ai formés ici ne peuvent tenir contre le devoir, contre le sang, contre l'amitié qui me rappellent; cependant, si tu balances le tout bien exactement, tu verras que je ne puis partir sans crainte, ni même sans chagrin. Je n'ai rien à te dire sur ma destinée. Jusqu'à présent, tout se réduit à des titres ; non seulement je n'en suis pas fâché, mais tu ne saurais croire combien cette suspension me convient. Le Roi ne me connaît que par mes lettres ; c'est une très mauvaise et imparfaite manière de connaître les gens. Je suis bien aise qu'il me voie, et qu'il me tâte, pour ainsi dire, avant de m'employer.

Je me suis fort amusé de notre controverse jésuitique ; sur ce point comme sur d'autres, je tâche, autant que je puis, de me tenir éloigné de toute espèce de fanatisme et d'idées exagérées. Je te répète en latin ce que je t'ai dit en français : *Tantum contende in republica, quantum probari tuis civibus possis*. Platon l'a dit, et Cicéron l'approuve. Je marche bien volontiers à leur suite ; et si j'étais Ministre au milieu d'une nation qui ne voudrait pas des Jésuites, je ne conseillerais point au Souverain de les rappeler, malgré mon opinion qui leur est favorable. Mais qu'est-ce qu'*une nation*, mon cher ami ? C'est le Souverain et l'aristocratie. Il faut peser les voix, et non les compter. Je ne sais combien tu as de domestiques ; mais quand tu en aurais cinquante, je prendrais la liberté d'estimer leurs voix réunies un peu moins que la tienne. Tu me dis un grand mot en me disant : *Je sais qu'ils ont des amis dans la haute classe ;* mais c'est précisément dans les hautes classes que résident les principes conservateurs et les véritables maximes d'Etat. Cent boutiquiers de Gênes me feraient moins d'impression sur ce qui convient ou ne convient pas à leur patrie, que la seule maison Brignole. Je n'ai jamais dit que les Jésuites sont nécessaires ; je crois seulement qu'ils seraient immensément utiles, politiquement et théologiquement. Si quelque autre Ordre peut les égaler et les surpasser, je ne demande pas mieux; mais il ne se présente à ma connaissance rien de comparable. *Tu voudrais, me dis-tu, une société simple dans ses mœurs, modeste dans ses desseins, nullement ambitieuse,* etc., etc. Y penses-tu, mon cher ami? Tu demandes des anges! La première qualité d'un politique, c'est de savoir mépriser les inconvénients qui résultent de la nature des choses. Veux-tu un Ordre qui fasse de grandes choses sans avoir l'ambition et même l'orgueil des grandes choses? Tu veux et tu ne veux pas; mais je t'accorde ta *Société angélique.* Elle accaparerait à plus forte raison les consciences, et alors on crierait de nouveau : *Elle s'insinue, elle domine les consciences, elle entrave les gouvernements,* etc., etc. — Si des anges s'incarnaient et venaient ici, sous l'habit de jésuite, régir notre Église, comme ils auraient une action divine sur les esprits, tout de suite ils seraient chassés comme ennemis de la religion nationale, et le gouvernement aurait raison *politiquement.* Alors, on écrirait dans les papiers étrangers : *Ces gens-là ne peuvent vivre nulle part, ils se sont fait chasser de Russie,* etc.

J'ai vu avec plaisir que tu es très légèrement instruit de ce qui s'est passé dans les deux Indes, à la Chine, et surtout au Japon; mais je ne fais point un livre, je touche seulement quelques articles principaux. Je ne te passe pas ce que tu me dis : *De grands hommes sortirent de leurs collèges, parce qu'ils étaient nés grands hommes.* Avec ce beau raisonnement, tu prouverais que l'éducation est inutile. Ce que tu me dis sur le mot *tout*, employé dans mon dernier ouvrage, me semble aussi tenir un peu de la chicane. Je te cite ces deux vers qui se trouvent dans ma plume :

> En vain contre le Cid un ministre se ligue,
> Tout Paris pour Chimène a les yeux de Rodrigue.

Que dirais-tu d'un critique qui eût dit : *La pensée est fausse, puisque, Richelieu et même l'Académie étant contre le Cid, il est impossible que tout Paris pense comme Rodrigue ?* Si tous les mots devaient être pris dans un sens rigoureux comme les noms de nombre, il deviendrait impossible d'écrire. Malgré ces raisons et tant d'autres, je te répète que je me crois parfaitement calme sur ce sujet. Le jugement de l'Empereur de Russie contre les Jésuites n'a eu, parmi les gens de mon parti, aucun appréciateur plus équitable que moi. Mais je ne cesserai de soutenir avec la même équité que, pour tout homme qui a le sens commun, et qui veut s'en servir, ce jugement doit paraître ce qu'il est en effet, la plus belle attestation que jamais aucun Corps ait obtenue d'aucun Souverain.

Tu me trouveras beaucoup moins disputeur, mon très cher et bon frère, sur mes ouvrages. Le *doyen* m'avait déjà dit un mot sur certaines tournures épigrammatiques qui tiennent de la recherche. Je suis fâché de n'avoir point d'avertisseur à côté de moi, car je suis d'une extrême docilité pour les corrections. Si tu m'indiquais quelques-uns de ces *concetti*, je les condamnerais bien vite, car je ne les aime pas ; et si tu les as vus dans mes écrits, c'est que je ne les y ai pas vus moi-même. Au reste, mon cher ami, tu n'as vu de moi que des opuscules ; il me sera bien doux de te montrer des ouvrages qui sont tout prêts. Il n'y a pas d'approbation que je préfère à la tienne ; mais je trouve que tu me traites trop *fraternellement*. — Je m'entends.

J'ai ri de bon cœur en lisant dans ta lettre tout ce que tu aurais voulu faire de moi. Tu me parles d'un *certain père*, je t'expliquerai ce qu'a fait un *certain fils*. Sur cet article, je suis parfaitement philosophe ; je te répète que, sans mes enfants, nulle considération imaginable ne pourrait me déterminer à suivre les affaires. Voici l'âge où il faudrait se reposer, et penser à cette *lessive* dont tu me parles fort à propos. Je ne sais ce qu'est la vie d'un coquin, je ne l'ai jamais été ; mais celle d'un honnête homme est abominable. Qu'il y a peu d'hommes dont le passage sur cette sotte planète ait été marqué par des actes véritablement bons et utiles ! Je me prosterne devant celui dont on peut dire : *Pertransivit benefaciendo;* celui qui a pu instruire, consoler, soulager ses semblables ; celui qui a fait de grands sacrifices à la bienfaisance ; ces héros de la charité silencieuse, qui se cachent et n'attendent rien dans ce monde. — Mais qu'est-ce que le commun des hommes ? Et combien y en a-t-il sur mille qui puissent se demander sans terreur : Qu'est-ce que j'ai fait dans ce monde ? *En quoi ai-je avancé l'œuvre générale*, et que reste-t-il de moi en bien et en mal ? — Tu vois, mon cher Alexis, que je m'entends en *linge sale* tout aussi bien que toi. — Quant à la *lessive*, je ne sais lequel de nous deux est le plus savant ; tout ce que je crois pouvoir affirmer sans impertinence, c'est que, dans ce genre, on ne saurait mieux faire que de s'éloigner des coutumes vulgaires, et de n'employer jamais les blanchisseuses.

Adieu, mon cher ami. Toute ma famille te saute au cou ; j'embrasse tendrement toi, ta femme et ton Elisa. Adieu, et vive le mois de juin !

502

A M. le Comte de Vallaise.

Saint-Pétersbourg, 30 décembre 1816 (11 janvier 1817).

Monsieur le Comte,

Turin, Monsieur le Comte, est, avec la permission de Votre Excellence et la mienne, une ville sans égale pour croire que tout dans l'univers doit aller comme à Turin, et pour ne s'embarrasser nullement de ce qu'on fait et de ce qu'on pense ailleurs, ni même des souffrances de ceux qui s'y trouvent. Il faut un peu, Monsieur le Comte, se mettre à la place des autres, et se prêter aux idées d'autrui, surtout à celles des puissants. A peine mon fils a-t-il été ici un mois en frac, qu'on a commencé à s'étonner ; ensuite on a parlé, et mes amis m'ont averti, mais sans nécessité, car il n'y avait pas moyen de ne pas voir ce qu'un aveugle aurait vu. On m'écrit de Turin avec un sérieux parfait : *Si Monsieur votre fils persiste, à son retour, dans son projet d'entrer dans le militaire, S. M. le placera,* etc. — Si !... après sept ou huit mois de négociations ! On ajoute *après son retour*. Qui donc a pu penser, Monsieur le Comte, que le fils du Ministre de S. M., Chevalier de Saint-Maurice, de Saint-Louis, et de l'Épée d'Or pour la Valeur, ayant eu hier les entrées chez l'Empereur de Russie, pourra demeurer ici pendant près de dix mois, sans état, sans habit, sans existence, exilé de la Cour et de la Société, dans une attitude en un mot, qui m'affiche moi-même comme un homme que son Maître veut disgrácier publiquement. A Turin, on pourra dire, c'est une *exagération ;* mais je proteste à Votre Excellence que je suis à Saint-Pétersbourg, et que je n'exagère nullement. Les lenteurs pour cet uniforme m'ont fait souffrir plus que je ne puis l'exprimer. Enfin, Monsieur le Comte, un jour après l'autre, celui du 12 (24) décembre est arrivé. Il fallait présenter mon fils ou faire un éclat si scandaleux, si insupportable à l'honneur, qu'il n'y avait pas moyen de l'affronter. Je n'ai pas voulu agir sans conseil ni publier un aussi étrange embarras. J'ai consulté deux excellentes têtes, dont l'une est M. le Duc de Serra-Capriola : il n'y a eu qu'une voix, et même sans balancement, pour décider qu'il fallait présenter mon fils sous l'habit qu'il doit porter à Turin. J'ai passé ma Note, l'Empereur m'a fait répondre *qu'il connaissait mon fils, et qu'il le dispensait d'une présentation dans les formes ; qu'il pourrait paraître le matin au cercle du 12 avec les autres présentés.* On s'assembla ; l'Empereur lorsqu'il vint à moi me dit de manière à être clairement entendu : *Votre fils a fait son devoir en passant au service de son Maître.* Je répondis : *Sire, sous toutes les couleurs, il appartiendra toujours à Votre Majesté Impériale.* — L'Empereur daigna répliquer : *C'est un excellent jeune homme qui a toujours fait tout ce qu'il devait faire.* Tout le monde ouvrait l'oreille. — Après les Ministres, l'Empereur passa aux présentés. Il s'approcha du jeune homme qui était un peu en arrière, et lui dit : *Vous avez rempli un devoir sacré en passant au service de votre Maître, mais soyez persuadé que nous vous perdons avec regret.*

Chacun disait : « *Il lui a parlé ! Il lui a parlé !* » Car l'Empereur ne parle guère dans ces sortes d'occasions. S. M. l'Impératrice-Mère ne fut pas moins aimable dans tout ce qu'elle daigna me dire, mais, à mon grand étonnement, elle me parla de mon départ comme d'une chose dont elle ne savait rien. — *Est-il vrai que vous partez ? mais pourquoi,* etc. »

Mais rien n'égale le discours de Mgr le Grand-Duc Nicolas. Le soir du même jour, au bal, après m'avoir dit cent choses obligeantes sur le compte de mon fils, le Prince me dit : *Est-il vrai que vous voulez nous quitter ?* — Oui, Monseigneur, etc. — *Oh ! cela n'est pas possible.* — Je demande bien pardon à Votre Altesse Impériale, etc. — *Oh ! Bon ! Vous verrez que vous ne partirez pas.* — C'est là une de ces occasions où l'on ne peut répondre que par un sourire respectueux.

L'Ambassadeur de France vint tout de suite me féliciter sur la manière dont nous avions été traités au cercle. On y a fait grande attention, et l'on en a beaucoup parlé à cause des nuages qui s'étaient élevés il y a un an, mais qui n'ont pas duré, ou qui n'ont éclipsé ni la justice ni la bonté, comme Votre Excellence le voit.

503

Au Même.

Saint-Pétersbourg, 5 (17) janvier 1817.

Monsieur le Comte,

Le premier jour de l'an (v. s.) — 13, style vrai — a vu le retour de la fête ordinaire, bien connue de Votre Excellence. — Gala le matin, et le soir bal masqué au grand Palais d'Hiver, et souper à l'Ermitage. Il faut avoir vu ce rassemblement pour s'en former une idée, je le crois unique en Europe. Dans le fait, c'est une saturnale monarchique, et sous ce point de vue l'Empereur y attache une juste et sage importance. Tous les états sont mêlés dans le palais du Souverain. Le paysan y vient coudoyer le Prince, on approche les maîtres: on les voit, on les regarde, on les contemple, le peuple y prend un extrême plaisir, et il faudrait peu connaître l'Empereur pour n'être pas sûr qu'il prend *plaisir* à ce *plaisir*.

L'année dernière, nos Dames coururent des risques dans la foule: elles s'en sont souvenues cette année et demandé la permission d'attendre le souper dans les salons de l'Ermitage, ce qui n'a pas souffert la moindre difficulté. Il s'est mêlé à cette résolution un peu d'étiquette. Plus d'une fois j'ai eu l'honneur de faire observer à Votre Excellence qu'ici le Ministre étranger, s'il n'est pas protégé par quelque circonstance favorable et personnelle, a souvent besoin de philosophie. Les Dames du Corps diplomatique ont éprouvé depuis quelque temps un tel oubli et une telle inattention que leur imagination et même celle de leurs maris pouvaient sans être extrêmement coupables, y voir de l'intention. D'ailleurs, Monsieur le Comte, je dois vous présenter une observation qui pourrait bien vous avoir échappé malgré sa haute importance, tant vous êtes distrait par les affaires courantes. — C'est que les Ambassadrices ont quelquefois des filles, qui ne peuvent cependant être dans les règles, totalement séparées de leurs mamans ; d'où il arrive que tout naturellement et en vertu seule de la filiation, elles participent jusqu'à un certain point aux honneurs maternels ; il ne serait donc pas impossible que la femme d'un Envoyé extraordinaire se trouvât debout, à côté de la fille d'un Ambassadeur assise : ceci fait dresser les cheveux. Les Dames traitent ce point de droit public avec une profondeur devant laquelle nous ne sommes que des enfants.

Il serait superflu de dire à Votre Excellence que ces grandes questions n'intéressant point notre sexe, nous avons fait notre cour à l'ordinaire. Les filles de l'Ambassadeur étaient fort bien debout, à quelque distance même de leur mère, assise comme de raison.

Un personnage qui m'a extrêmement amusé, c'est un négociant de Cachemire qui a transporté ici une pacotille immense de châles, à ce qu'on m'a dit. A force de pousser comme les autres, il était arrivé jusqu'à nous. Il faut se mettre, si l'on peut, dans l'esprit d'un Levantin qui voit un spectacle de cette espèce ; il doit le prendre pour une fantasmagorie. Il nous parlait comme si nous l'avions entendu, lorsque S. M. l'Impératrice régnante arriva toute rayonnante de grâce et de diamants et me fit l'honneur de m'adresser la parole. Le Cachemirien, dans l'excès de son admiration, continua à parler à haute voix en regardant la Souveraine, et je crois même à son attitude et à la direction de ses regards, qu'il lui adressait la parole. *Qu'est-ce qu'il dit?* me dit S. M. l'Impératrice ? *Madame, je suis très sûr de ce qu'il dit, mais je ne pourrais traduire.* — Je ne sais ce que j'aurais donné pour être un instant dans la tête de cet homme.

Un autre personnage bien différent, qui se trouvait à ce bal, était le fameux *Czerny Georges* (Georges le maudit), chef Servien qui a fait tant parler de lui. Il a tué son père et ce fut après ce crime exécrable que sa mère l'honora de l'épithète de *maudit*. Depuis, pour la mériter davantage, il a tué son frère et l'a pendu même de ses propres mains, à ce que je tiens de source ; cet homme était pour moi un étrange spectacle. Je me disais que c'est le *fumier musulman* qui produit ces plantes absolument étrangères à l'Europe.

L'illumination de la salle de l'Ermitage est une chose nouvelle, inventée par un Italien, et que Votre Excellence ne connaît pas. L'œil n'aperçoit directement aucune lumière : toutes sont placées derrière des pilastres et des ornements formés par des tubes de verre, qui se touchent tous ; les tubes sont travaillés intérieurement en spirales, de manière que la lumière en les traversant donne à l'œil l'idée d'un feu toujours ascendant. Je ne comprends pas trop le *comment* de cette décoration qui est magnifique. Il y avait à peu près soixante personnes à la table des Ministres ; l'Empereur en a fait le tour à l'ordinaire ; il a bien voulu adresser des paroles pleines de bonté à mon fils, en le touchant par derrière ; et lorsqu'il a passé devant nous en se retirant, il a daigné me répéter : *Nous sommes très fâchés de voir partir le jeune homme.* Ma femme a eu sa part de la courtoisie souveraine, et non sans admirer beaucoup l'Empereur de Russie, qui suit invariablement le système de cacher entièrement le Souverain dans ces sortes de fêtes. Il a le ton, l'aisance et les formules ordinaires de la bonne société : *Il a l'honneur d'être présenté à une dame, il prie qu'on veuille bien l'excuser*, il dit : *Voulez-vous bien permettre*, aussi bien qu'un autre. Avec les dames surtout, il n'est que gentilhomme. — Au fond, il a raison, car il est bien gentilhomme ; ce qui n'est pas tout à fait aussi aisé qu'on pourrait le croire. La puissance d'ailleurs a toujours bonne grâce.

A la lueur de mille flambeaux, j'ai fait une revue de ces tableaux que j'ai tant vus et tant admirés aux rayons du soleil ; j'ai pris congé surtout d'un pape de *Carlo Maratta* auquel j'ai demandé cent fois sa bénédiction depuis que je suis ici sans avoir jamais pu comprendre pourquoi il s'obstinait à ne pas étendre la main. Enfin, Monsieur le Comte, j'ai mis le pied hors de la Rotonde à minuit, en disant avec un serrement de cœur assez vif : *C'est pour la dernière fois.* L'homme est toujours attristé par ce mot : c'est un enfantillage dont on ne sait pas se défendre.

Après la Cour, les plus belles fêtes ont lieu chez l'Ambassadeur d'Angleterre qui tient ici un état digne de sa fortune et de la puissance qu'il représente. Chaque mardi, il y a un bal chez lui, où tout ce qui est invitable est invité. Parmi nous, le souper n'est pas d'étiquette dans ces sortes d'assemblées ; ici, il en est autrement : un bal de cent billets suppose un souper de cent couverts. Ce luxe invariable pour toute assemblée du soir augmente infiniment les frais de toute maison quelconque, depuis le marchand jusqu'à l'Ambassadeur. Une fois par semaine encore, milord Cathcart à chez lui une assemblée beaucoup moins nombreuse, mais plus agréable. Elle se borne à peu près au Corps diplomatique, et l'on y fait de la musique ; les dames et les demoiselles de cette classe, qui ont ce talent, en font les frais.

Monsieur l'Ambassadeur de France a pris une marche tout opposée : nous n'avons point vu encore de fête chez lui. On ne manque pas de l'en blâmer ; cependant il me semble qu'il a de fort bonnes raisons pour agir ainsi : *Il est en deuil.*

504

Au Même.

Saint-Pétersbourg, 15 (27) janvier 1817.

Monsieur le Comte,

Je reviens sur quelques articles des dernières dépêches de Votre Excellence que j'avais été obligé de laisser en arrière.

En voyant les soins paternels de S. M. pour soulager la classe souffrante de ses sujets, j'ai vu que le fertile Piémont n'a pu échapper à ce qu'on pourrait nommer l'anathème Européen, si la Russie n'en était pas exempte. Riche et seule riche en blé, elle a fait des exportations énormes qui ont bientôt opéré sur le change au point que le Rouble tombé jusqu'à 90 centimes sur Paris est déjà monté dans ce moment à 118. — Je désire de tout mon cœur que les mesures prises par S. M. aient tout le succès qu'Elle en attend. J'espère davantage du blé importé que des travaux offerts à l'indigence.

Je remercie Votre Excellence de tout ce qu'elle m'a mandé sur les mouvements opérés dans les emplois, et sur la nouvelle organisation de certains départements. Nous avons donc un Ministère de la Police générale; c'est une institution française que nous avons adoptée comme on l'a adoptée ici. Cette institution a un *triste père*, mais on peut croire que la sagesse du Gouvernement et celle de la nation effaceront ce caractère *paternel* qu'elle porte sur le front. Je suis curieux de voir comment elle s'accordera avec le caractère piémontais. En attendant, c'est un phénomène toujours nouveau pour moi, que cette espèce de magistrature exercée par la France, même sur les nations les plus antipathiques, qui ne cessent de l'imiter.

Si vous avez pu tirer une ligne ferme et visible entre les deux puissances civile et militaire, dans l'exercice de la police, vous aurez traversé une haie vive sans vous piquer ; car le problème n'est pas facile.

Je remercie Votre Excellence de son n° 91, relatif aux fortifications futures. Je ne puis rien lui dire sur cette dépêche, excepté que je crois l'avoir bien comprise. Nous ne pouvions attendre du Prince Borghèse d'autre réponse que celle que nous en avons reçue. Il sera toujours vrai que nous lui avons fait des ouvertures et qu'il les a refusées, comme il était tout simple, appuyé sur le jugement rendu en sa faveur. Quant à la Chambre des Comptes, elle a parfaitement bien prononcé.

J'ai lu avec un extrême intérêt les détails que m'a transmis Votre Excellence au sujet de S. A. R. l'Infant d'Espagne : il fallait que l'ordre fût bien précis puisque le Prince n'a pas même cru pouvoir s'avancer jusqu'à Saint-Jean-de-Maurienne. Je crois savoir sûrement que son auguste frère a soupçonné ses sujets révoltés d'Amérique d'avoir appelé le Prince à leur tête ; mais dans ce cas, supposé vrai, pourquoi l'arrêter en route ? Ne serait-on pas plus sûr de lui dans la capitale ? Et quand ces extravagants l'auraient appelé, quelle preuve que l'Infant eût ouvert l'oreille à une infâme proposition ? Je n'y comprends rien, il y a dans les ordres du cabinet de Madrid une précipitation et une variation qui donnent beaucoup d'inquiétude. C'est dommage ; car, sur le fond des choses, il paraît que S. M. Catholique y voit plus clair que ne l'imaginent tant de critiques étrangers. Les Cortès, au reste, avec l'impétuosité souvent brutale qui caractérise ces sortes d'assemblées, ont frappé sur ce malheureux Prince un coup bien révoltant. Qui sait ce qu'il a pu opérer dans l'esprit de l'auguste frère ?

Le 6 (18) de ce mois a ramené la belle cérémonie de la benédiction des eaux ; et ensuite la parade, de 36,000 hommes *seulement*. Nous l'avons vue de la *Lanterne*, que Votre Excellence connaît : c'est la seconde fois que nous y sommes reçus, et que nous avons été dispensés de faire notre cour aux Impératrices sur le grand balcon qui donne sur la Néva. La beauté des troupes, la précision et l'exactitude des mouvements, ne peuvent être comparées à rien dans le monde : c'est une mécanique qui à l'air de se mouvoir par des rouages. La cavalerie surtout est prodigieuse ; il semble que le cheval ait acquis le raisonnement, et que l'homme l'ait perdu ; ou plutôt c'est un centaure mu par une volonté unique. C'était un spectacle admirable de voir ces *carrés* denses s'avancer dans cette grande place, se briser tout à coup, s'allonger, raser des angles droits, tourner avec une rapidité graduellement accelérée, sur un pivot attentif, sans jamais altérer la rectitude mathématique des lignes. C'est une roue, c'est l'éventail d'une dame qui se déploie sur l'axe commun des baguettes.

Tant de perfection a cependant ses inconvénients comme toutes les choses humaines. En premier lieu la fréquence, la longueur et la rigueur des exercices abusent assez souvent des forces de l'homme, sous un climat surtout tel que celui-ci. Je tiens d'un Esculape, très au fait par état de ces sortes de choses, que ce que nous appelons en Italien le *strapazo*, moissonne chaque année trois mille hommes environ, *dans la Garde seule*.

En second lieu l'officier, moins robuste que le soldat, est trop heureux s'il a assez de force pour le mécanisme de son métier. L'exercice fini, il faut qu'il se jette sur un sopha et qu'il dorme, au moins pour pouvoir danser. Il n'est donc question pour lui d'aucune occupation grave, solide, morale, élégante, etc. En sorte qu'il y a, dans le service militaire, une force constante tendant à matérialiser la fleur de la jeunesse.

Voilà, Monsieur le Comte, le pour et le contre du système mécanique ; maintenant j'aurai l'honneur de vous dire que, dans tous ces grands spectacles militaires, je suis toujours assiégé et affligé par deux idées mélancoliques.

La première est, que l'art militaire est le seul dont le perfectionnement ne sert qu'à nuire au genre humain en général, sans pouvoir servir aucune nation en particulier ; s'il n'y avait point de bombes, on se battrait sans bombes ; s'il n'y avait pas de canons, on se battrait sans canons ; à quoi servent donc les perfectionnements qui deviennent sur-le-champ communs ? Servons-nous des méthodes existantes puisqu'elles existent, mais que le diable emporte tout inventeur de nouveaux moyens meurtriers.

La seconde de ces réflexions roule sur l'effrayante augmentation de l'état militaire dans toute l'Europe. Henri IV, surpris au milieu des plus grands projets, avait 30,000 hommes ; un siècle après, Pierre Ier n'en avait pas davantage ; Catherine II en a eu, je crois, 80,000 ; et son petit-fils en a un million : où serons-nous donc menés ? Tous les revenus sont absorbés, tous les gouvernements succombent. Ici cependant, il y a moins de danger qu'ailleurs, mais je ne veux pas sortir des bornes d'une lettre.

Je suis charmé que les détails que j'ai eu l'honneur d'adresser à Votre Excellence sur la colonisation militaire aient intéressé S. M. J'ai lieu de croire que l'Empereur suivra cette idée qui est grande et féconde. Elle appartient primitivement aux Romains comme les noms de plusieurs villes l'attestent encore : *Colonia Ubiorum* (Cologne), *Colonia Agrippina* (Genève), etc., etc. Le premier essai en Russie n'a pas été heureux : on devait transporter mille paysans dans un gouvernement éloigné, pour faire place aux colons militaires ; les hommes chargés de cette opération douloureuse s'y sont pris avec si peu d'égards et de soins, que la moitié au moins de ces malheureux paysans a péri avant d'arriver à sa destination. L'Empereur, instruit de ce malheur, n'a rien oublié pour consoler ce qui restait, et je crois qu'il a adopté exclusivement la méthode que j'ai eu l'honneur de vous exposer ; c'est celle d'amalgamer le paysan avec le soldat.

Ce transport de paysans d'un pays à l'autre est extrêmement dur ; car l'homme est une véritable plante, et l'on ne peut l'arracher (brusquement surtout) de sa terre natale sans le faire cruellement souffrir. Sur ce point, au reste, l'Empereur n'exerce pas d'autre droit que celui d'un simple seigneur ; mais si je ne me trompe infiniment, ce droit sera un des premiers abolis ou modifiés.

En général, le respect pour la chair humaine, et je ne sais quelle modération qui ne touche l'homme qu'avec précaution, de peur de le blesser, n'est et ne peut être encore une vertu parfaitement naturalisée en Russie ; mais elle a les grandes entrées au Palais d'hiver, et de là elle s'étendra de toute part.

Il n'y a point de pays qui ne soit exposé à quelques dangers. Ceux qui menacent celui-ci se réduisent, je crois, aux suivants : 1° danger d'une rupture absolue d'équilibre entre l'ordre militaire et l'ordre civil, ce qui peut mener loin ; 2° danger des affranchissements opérés par la petite raison humaine, et non, comme parmi nous, par les choses et les événements, c'est-à-dire par Dieu ; 3° danger d'une révolution religieuse opérée par le Protestantisme et par l'Illuminisme, qui lèvent la tête, à peu près publiquement, sous le masque du *Christianisme universel*.

Les papiers publics du Nord annoncent expressément que S. M. se prépare à donner une Constitution à ses Etats. On m'a fait sur ce point beaucoup de questions auxquelles j'ai cru devoir répondre négativement et péremptoirement, n'ayant jamais ouï dire que notre nation ait donné dans cette idée qui m'est antipathique. Personne n'aime le despotisme : celui qui dit le contraire ment ; mais c'est une grande manie de confondre le despotisme avec la Monarchie, et toute Monarchie est bien la maîtresse, si elle s'y prend à temps, de dégoûter une nation des idées constitutionnelles. Si notre cher et auguste Maître pense autrement, ou s'il se croit forcé, je ne changerai pas de pensée, mais de discours et de conduite ; ce qui suffit, je crois, à la probité.

M. Pinkenay, ministre des Etats-Unis est arrivé et a été présenté depuis quelques jours, ainsi que Madame son épouse qui, par malheur, ne sait pas un mot de français. C'est le pendant de Mylady Cathcart ; mais celle-ci est continuellement flanquée de trois aimables drogmans, l'autre n'a que des enfants muets comme elle. Lui-même (M. Pinkenay) ne s'exprime que très difficilement ; il était procureur-général chez lui, et l'on dit que c'est un homme d'un grand mérite. L'affaire de Philadelphie a fini comme elle devait finir, depuis l'envoi des pièces, par des explications et des égards mutuels. Le chargé d'affaires Américain, M. Harris, a été de nouveau admis à la Cour, et en voyant la haute approbation donnée à tous ses actes par le Congrès Américain, je me suis réjoui dans mon cœur, comme je le devais, rien n'étant plus à désirer que la bonne harmonie entre toutes les puissances.

Le Congrès, au reste, a dû, comme les autres Etats, obéir aux circonstances et aux localités. Il a porté l'appointement du nouvel Envoyé de 60 à 80,000 roubles et encore celui-ci n'a voulu s'en contenter que pour un an : il est parti avec une promesse d'augmentation pour l'année prochaine. C'est un *Crescendo* universel, dont il n'y a pas moyen de se défendre. Si mon successeur était arrivé, je crois que malgré les inconvénients du froid, je ferais un effort pour me tirer d'ici, tant le supplice de la comparaison est devenu insupportable. On m'écrit de Turin, comme une chose très certaine, que M. le Comte de Brusasque ne se rend plus à ce poste. S'il s'est tenu pour averti par mon exemple, il a fait bien sagement. Je m'y laissai prendre par bonne foi, par imprudence, par nécessité ; mal m'en a pris. Quoi qu'il en soit, Monsieur le Comte, j'espère que les nouveaux arrangements qui auront lieu ne prolongeront point mon séjour ici. La place n'est plus tenable. Je partirai cependant quelques jours plus tard que ne l'a cru Votre Excellence, car je vois qu'en me disant *tout Avril*, elle regardait l'almanach Piémontais. C'est une illusion où personne ne peut s'empêcher de tomber de temps en temps. Il serait non seulement imprudent mais impossible de partir d'ici au commencement de mai, *style vrai*, à cause de la fonte des neiges et de la débâcle des rivières. Je partirai en mai, *vieux style*, et certainement aussi vite que je le pourrai. Votre Excellence me rendra la justice (si elle ne me l'a pas déjà rendue) qu'en proposant un arrangement utile à moi sans doute, et le seul capable de fermer les plaies qui m'ont été faites, je proposais en même temps ce qui convenait le mieux aux intérêts de S. M. ; mais rien ne m'a jamais réussi directement. Au reste, Monsieur le Comte, je m'exerce sans cesse dans l'oubli du passé pour ne me rappeler que les bontés actuelles de S. M.

M. de Gourief, Ministre des Finances, vient de recevoir le Cordon bleu, c'est le premier donné dans l'ordre civil depuis M. le Comte de Markof, qui le reçut il y a 13 ans. Ce Cordon a fait beaucoup de jaloux et excité beaucoup de murmures, dont l'Empereur s'embarrasse comme du chant des cigales.

505

Au T. R. P. Général de la Compagnie de Jésus,
A Polock.

Saint-Pétersbourg, 22 janvier (3 février) 1817.

MON TRÈS RÉVÉREND PÈRE,

J'ai reçu, mais je ne puis ajouter *avec plaisir*, la lettre que vous m'avez fait l'honneur de m'écrire le 6 (18) janvier passé, puisque vous m'y donnez de mauvaises nouvelles de votre santé. Je savais déjà qu'elle était dérangée, ce qui m'avait beaucoup fâché, mais nullement surpris. Vous avez été mis à des épreuves qui passent de beaucoup les forces de la prudence humaine. Hélas! non, mon très révérend Père, *nous ne nous reverrons plus dans ce monde*, comme vous le dites avec trop de vérité. J'ai beaucoup rêvé pour savoir s'il n'y aurait pas moyen de vous placer sur ma route, lorsque je m'acheminerai vers l'Italie; mais il n'y a pas moyen.

Je vais mettre huit cents lieues entre vous et moi. Il paraît qu'on veut vous retenir où vous êtes : à notre âge, pouvons-nous espérer raisonnablement de nous revoir ? Laissons faire *Celui qui fait tout*. Qui m'eût dit, il y a vingt-cinq ans, que je devais faire connaissance avec vous, mon très révérend Père, et même passer un mois à Polock ? Cependant, ces événements si peu probables se sont réalisés. Tout est possible, surtout à l'époque des miracles.

Je sens bien vivement, mon très révérend Père, les épines de votre situation : l'espèce de suspension où vous vivez est désespérante ; cependant, si vous y regardez bien, vous verrez qu'elle a un côté consolant. La même loi mécanique a lieu dans le monde moral et dans le monde physique : *deux forces opposées produisent le repos*. L'état de suspension où vous êtes retenu est le résultat évident de deux forces qui se balancent : *le ressentiment et la justice*. A toute autre époque de cet Empire, il n'y aurait point eu de balancement. Vous seriez abîmés, écrasés, ruinés sans retour, on aurait saisi et confisqué vos biens, sans vous permettre d'élever la voix. Aujourd'hui on n'a rien fait de tout cela. L'Empereur sait la vérité sur la maison, comme nous la savons vous et moi. La gloire est toute à lui, puisque ses conseillers n'ont pas eu le courage de lui dire : *Non licet*. Cependant, comme on l'a fait parler, sa main demeure suspendue, en attendant les moyens de sauver l'honneur et la justice, ce qui ne me paraît pas fort difficile. Vous verrez, mon très révérend Père, que l'Eglise catholique obtiendra justice en tout ou en partie. Si vous échappez seulement, comme je le crois certain, à l'intolérable iniquité qui vous chargeait d'une dette de 300,000 roubles sans la moindre ombre de raison, ce sera déjà beaucoup. Si tout le monde avait fait son devoir dans cette affaire, la religion de l'Empereur eût été éclairée plus tôt. Quant à moi, mon très révérend Père, je n'ai pas dit un mot contraire au respect et à la prudence ; mais jamais je ne désavouerai mes amis dans les moments difficiles.

Il est curieux vraiment que de tous côtés on vous demande, et qu'on vous retienne ici ; mais la chose cesse d'être curieuse, si l'on croit avoir besoin de vous dans les provinces catholiques; et qui sait si ce n'est pas là le nœud ?

Il me paraît que je me suis fait une idée parfaitement nette de toutes ces choses : du moins, je les envisage avec un calme parfait, et je ne vois pas dans mon cœur une seule pensée que je craignisse de dévoiler à l'Empereur de Russie comme au Pape.

Au reste, mon très révérend Père, il faut se préparer à une grande révolution, dont celle qui vient de finir (à ce qu'on dit) n'était que la préface. Le monde fermente, et l'on verra d'étranges choses : le spectacle, à la vérité, ne sera ni pour vous ni pour moi ; mais nous pourrons bien dire l'un et l'autre, en prenant congé de cette folle planète (si toutefois il est permis de se rappeler Horace dans ce moment):

Spem bonam certamque domum reporto.

Puissions-nous, mon très révérend Père, nous revoir dans cette *maison !* Pour vous, il n'y a pas de doute, n'en déplaise à votre humilité : vous avez passé une vie entière dans la retraite, dans l'abstinence, dans l'étude, dans l'exercice des vertus apostoliques ; votre logement est prêt. Quant à nous, pauvres gens du monde, continuellement balancés entre le mal et le bien, nous n'avons d'autre espérance que dans Celui qui est, heureusement pour nous, *non œstimator meriti, sed veniœ largitor*.

Mille et mille grâces, mon très révérend Père, pour vos vœux et vos prières. Recevez ici les compliments affectueux de toute ma famille, avec laquelle je fais souvent une douce commémoraison de vous et de vos compagnons les révérends Pères Rozaven et Pietroboni, que nous chérissons particulièrement.

Je compte partir au mois de mai, et je ne partirai point sans prendre congé et sans vous demander votre bénédiction. Agréez en attendant, mon très révérend Père, l'assurance la plus sincère de l'invariable et respectueux attachement, etc.

506

A M. le Comte de Vallaise.

Saint-Pétersbourg, 23 janvier (4 février) 1817.

Monsieur le Comte,

Ma position me porte à vous parler de tout. Après avoir parlé à Votre Excellence de guerres et de paix, de lois et de religion, je vais lui parler de bals.

Le 8 (20) janvier, Lord Cathcart a donné un très beau bal paré auquel LL. MM. II. ont daigné assister avec toute la Cour. La Famille Impériale est arrivée vers huit heures : tout de suite la Polonaise a commencé. L'Empereur conduisait son auguste Mère (ce que je prie Votre Excellence d'observer), l'Impératrice régnante donnait la main à l'Ambassadeur. L'Empereur, après le premier tour, la présenta à l'Ambassadrice, et tout le reste par ordre, suivant l'usage. Le Souverain, après avoir fait quelques heureuses, et en avoir attristé d'autres, comme de raison, se retira vers les neuf heures. Le bal continua en présence du reste de la Cour. On soupa vers minuit. Je comptai en diverses pièces, quatorze tables de douze services ; mais je doute qu'elles aient été toutes entièrement occupées. La Cour mangeait dans une chambre à part, où l'on ne passait point. Toute la vaisselle, tant plate que moulée, était en vermeil, et rien ne manquait au service.

L'Ambassadeur, encore étouffé d'une cohue qui eut lieu chez lui l'année dernière dans une occasion semblable, avait extrêmement restreint les invitations, et n'a pas même invité, à beaucoup près, toutes les personnes qui venaient chez lui habituellement à ses bals du mardi. Il en est résulté un mécontentement profond de la part d'un assez grand nombre de personnes, une pluie de billets, de demandes, d'intrigues avant le bal, et de critiques amères après la fête, dont l'Ambassadeur, je crois, s'embarrasse fort peu. Il est vrai cependant qu'il y a eu de singulières exceptions. — On s'est retiré vers les deux heures.

Peu de jours après, nous avons été invités à un bal de même espèce chez Monsieur l'Ambassadeur de France. Quoique celui d'Angleterre occupe un magnifique appartement qui lui coûte 30,000 roubles, cependant l'Hôtel de France, fourni par la Couronne, est encore au-dessus. Le Comte de Noailles en a profité pour donner beaucoup plus de latitude à ses invitations : il y avait à peu près cent personnes de plus qu'au bal anglais. — Or voici, Monsieur le Comte, ce qui est arrivé de grand. Au moment où la Cour est entrée, l'Ambassadeur de France a pris les ordres de S. M. I. pour commencer le bal. L'Empereur lui a montré sa mère, en lui disant je ne sais quoi. Le Comte de Noailles a entendu : *Offrez la main à ma mère;* mais suivant d'autres il aurait dit : *Adressez-vous à ma mère,* c'est-à-dire *prenez ses ordres.* L'Ambassadeur, qui avait entendu autrement, a présenté la main à S. M. l'Impératrice-Mère qui l'a acceptée : de ce moment, l'Empereur demeurait sans danseuse. Il a donc pris la Duchesse de Serra-Capriola que l'Ambassadeur avait priée de faire les honneurs chez lui, et qui jouissait dans ce moment des droits d'Ambassadrice. L'Impératrice régnante demeurait debout sans danser. S. A. R. Mgr le Grand-Duc Michel vint se présenter à Elle et le bal commença. Votre Excellence n'a pas idée des commentaires qu'on a faits dans le bal sur ce malentendu, car je crois que c'en est un. S. M. l'Empereur est trop au fait de ces sortes de choses pour avoir eu lui-même une distraction. On cite d'autres petits manquements, et le tout ensemble s'appelle *les péchés de l'Ambassadeur.* Il y en a sept, si je ne me trompe, autant que de péchés capitaux. Toutes ces remarques de la malice humaine n'empêchent pas que le bal n'ait été magnifique, bien et splendidement servi, l'illumination parfaitement bien entendue, et la musique délicieuse. J'entends celle qui s'est fait entendre autour de la table des Impératrices, et qui a parlé trois langues (Russe, Français et Italien). S. M. I. n'a passé de même qu'une heure au bal.

Je sais que cette fête a coûté 25,000 roubles environ. Votre Excellence n'apprendra pas sans étonnement que les arbustes et les fleurs qui ornaient l'escalier et les appartements ont coûté 1,500 roubles de loyer pour quelques heures : ainsi se fond l'argent dans cette capitale.

Les Dames soupaient en haut dans le grand appartement; et les hommes en bas, au rez-de-chaussée, dans l'appartement de l'Ambassadeur : quelques vieux galants comme moi n'ont pas voulu descendre, nous sommes demeurés aux dossiers des Dames qui nous ont fait la charité de fort bonne grâce.

Voilà de grandes affaires, Monsieur le Comte, je passe aux petites. Si l'Ange gardien de M. le Comte de Brusasque l'a sauvé du rôle qui lui était préparé, je prie en grâce S. M. de vouloir bien me faire parvenir mes lettres de récréance par la poste, afin que je puisse partir dès que la saison le permettra. L'année dernière, j'avais pris le sage parti de quitter la Cour. S. M. me fit dire, comme vous ne l'avez pas oublié, Monsieur le Comte, *qu'elle était peinée de cette résolution;* il n'en fallut pas davantage pour m'arrêter. J'affrontai les dépenses de deux mariages, qui achevèrent de me ruiner : jamais il n'en a été question. Voici un autre mariage qui s'avance, je dois prendre mes précautions et protester à Votre Excellence que si je n'ai pas reçu mes lettres de récréance, je me crois libre de ne plus paraître, et d'en dire les raisons. J'aurais perdu l'esprit, je serais coupable même si, à la veille de mon départ, je me soumettais à une telle dépense, surtout après ce que j'ai éprouvé, Votre Excellence est trop juste pour me refuser une grande justice : c'est que je ne me suis point fâché de l'argent qu'on me refusait, mais de celui qu'on m'ôtait. Je connais l'état de nos finances et la situation de S. M. ; chacun doit s'y conformer ; mais c'est la destruction de mes propres épargnes et de mes derniers moyens que je n'ai pu supporter. J'ose espérer que S. M. sentira le poids de ces considérations auxquelles Elle voudra bien en ajouter une autre des plus importantes. Immédiatement après le mariage aura lieu le voyage de Moscou dont j'ai eu l'honneur de parler plus d'une fois. Tout le Corps diplomatique devra s'y transporter, puisque l'Empereur y séjournera, dit-on, au moins un an. Non seulement je ne suis pas en état de supporter cette dépense; mais je vois des Ministres, très bien payés, passablement embarrassés de leur figure. En parcourant les registres au hasard, j'ai vu ce qu'il en coûta à S. M., en 1802, pour le voyage de son Ministre à Moscou à l'époque du couronnement : la somme est fixée en livres sterlings, et Votre Excellence ne l'a sûrement pas oubliée. Cependant le Roi était alors un peu éloigné de commander à Gênes. Que Votre Excellence fasse une règle de proportion, et qu'elle voie ce qu'il devra en coûter aujourd'hui à un Ministre pour un établissement à Moscou dont personne ne saurait prévoir la durée. Je crois avoir mis dans tout son jour l'indispensable nécessité de m'envoyer mes lettres de récréance sans perdre un instant, quand même l'arrivée de mon successeur serait retardée. Rien n'empêche que M. le Duc de Serra-Capriola me supplée dans ce cas, comme il le fit entre le départ de Votre Excellence et mon arrivée. Après cette déclaration expresse, aucune publicité désagréable ne peut être mise sur mon compte. Je ne veux renouveler aucune plainte ; mais enfin tout à un terme. Une lettre étrangère dit en parlant d'un Ministre du Roi : *On le voit partout où il y a du monde, quant à lui il ne reçoit personne*, etc. Je n'ai pas attendu cet avis pour prendre mon parti ; ma situation est connue, je m'y conforme philosophiquement, et chaque jour mon cercle se rétrécit. Il me paraît qu'on s'intéresse à moi, et que personne ne s'amuse à me ridiculiser. — Peut-être que je me trompe. Je tâcherai de faire parvenir à Votre Excellence un supplément à cette lettre, mais par une autre voie, il ne me reste aujourd'hui que le temps de lui renouveler, etc.

SUPPLÉMENT A LA LETTRE PRÉCÉDENTE.

J'ajoute quelques réflexions que je ne pouvais confier à la poste du pays où j'écris.

J'ai quelquefois pris la liberté de critiquer une grande ville, fort aimable d'ailleurs, sur le peu d'attention qu'elle accorde aux usages, aux opinions, aux préjugés des autres pays. M. le Comte de Brusasque était destiné à la place de Chargé d'affaires ; maintenant qu'il est certain (du moins on me l'écrit du ton le plus affirmatif) qu'il se refuse très sagement à cette destination, il m'est permis d'observer qu'elle était bien étrange, et qu'il faut absolument changer de plan. Un homme de cette distinction était-il fait pour être jeté derrière les Ministres, ou à l'extrémité de la ligne ? pour être exclu de l'Ermitage, des bals qu'on appelle *de la salle Blanche*, etc.? Nous avons ici M. Bourdeaux, ancien négociant d'Amsterdam ; nous avons M. le Chevalier de Zea-Bermudez qui signait encore l'année dernière *Zea et Ce*, dans la capitale même : le premier est aujourd'hui Ministre résident de S. M. le Roi des Pays-Bas, et le second, Ministre de S. M. Catholique. M. le Comte de Brusasque aurait-il trouvé bon de voir les Maîtres entretenir ces Messieurs avec bonté pour passer ensuite devant lui, sans jamais lui adresser la parole? Lorsqu'il se serait trouvé à table, même chez des particuliers, aurait-il trouvé bon de se voir poussé vers les dernières places par des grades supérieurs ? de voir même un laquais interrompre l'ordre du service et passer un plat au-dessus de sa tête, pour aller servir plus bas un pied-plat parvenu à un grade plus élevé, sans autre talent que celui de vivre? Voilà cependant ce qu'il faudrait dévorer. Je vois M. le Comte de Sales et M. le Comte de Brusasque au rang des Chargés d'affaires ; certainement, je respecte beaucoup des noms aussi honorables, et si j'étais où ils sont et qu'on m'offrît le même poste pour mon fils commençant sa carrière, je me croirais très ridicule si je le refusais à la même destination ; mais si on me l'offrait ici, je me ridiculiserais, je me déshonorerais même si je l'acceptais, parce qu'elle est au-dessous du service, des ordres, et surtout du *grade* qui appartiennent au jeune homme. En un mot, quand on s'occupe de ce pays, et qu'on y a des affaires importantes, il faut continuellement répéter *Grade, Grade, Grade*, et ne jamais le perdre de vue. Nous sommes continuellement trompés par nos idées nobiliaires, qui ne signifient presque rien ici. Ce n'est pas qu'un nom illustre ne soit quelque chose de précieux dans tous les pays, mais ici il est à la seconde place, et le grade l'emporte sur lui, ce qui établit une différence immense. La Noblesse ne sert ici qu'à obtenir le grade plus aisément, mais *nul homme n'y est distingué ni placé en vertu de sa naissance*, et voilà ce qui sépare ce pays de tous les autres.

Au commencement de mon séjour ici, je voyais beaucoup Madame la Princesse....; quelqu'un m'avertit à voix basse *que cette maison n'était pas faite pour un Ministre.* Je ne comprenais pas trop comment l'un des plus grands noms de l'Etat pouvait me nuire, à moins qu'il n'y eût quelque tache dans la famille ; mais on m'ajouta mystérieusement : *Le mari n'est que major.* Ce sont de ces choses que nous ne comprenons pas, et qu'il faut comprendre cependant lorsqu'il s'agit de ce pays, et d'autant plus que le Maître, assez peu amoureux de sa noblesse, favorise fortement le grade contre la naissance simple, qui n'obtient rien toute seule.

Qu'importe donc qu'un étranger porte ici tel ou tel nom? Tant pis pour lui s'il se trouve ici coudoyé, frondé, humilié par des hommes que peut-être il ne recevrait pas chez lui dans son pays.

Si le Roi m'avait honoré à mon arrivée du titre que je viens de recevoir de sa bonté, il aurait fait mes affaires sans doute, mais beaucoup mieux encore les siennes. Au lieu de cela, je suis demeuré étranger à son égard, *sans grade* auprès de lui, et sans pouvoir même, en rigueur, m'honorer du titre de sujet (autrement que par la foi, le serment, l'affection, etc.), puisque mon pays était conquis. C'était dans les idées de ce pays, une absurdité politique du premier ordre, *un monstre.* — Jamais je n'ai pu le faire comprendre. Je dirai de vive voix ce qui en est résulté.

Nous n'avons pas l'oreille étrangère : en voici un exemple comique, mais non pour celui qui en est l'objet. — On vient d'écrire de Turin à un sujet du Roi, très respectable, très élevé en grade et très favorisé, en toutes lettres et par la poste où tout est lu et copié : S. M. a daigné accorder à Madame votre Sœur *une pension de cent livres.*

Je demande s'il est permis de faire un tel chagrin à un tel homme, et de manquer de tact à ce point?

Par ce même oubli des usages étrangers, je me suis trouvé moi-même exposé au plus grand danger, après avoir passé des jours excessivement pénibles ; ce fut l'objet de mon n° 42. Heureusement, tout a bien tourné; mais le mot fatal *après son retour* n'était pas moins écrit, et je ne me suis pas moins vu réduit à prendre beaucoup sur moi, et à m'exposer à tout.

Etranger maintenant à toutes ces considérations, je les consacre au plus évident intérêt de l'Etat.

J'espère qu'elles seront lues avec le même esprit qui les a dictées.

507

Au Même.

Saint-Pétersbourg, 1ᵉʳ (13) février 1817.

Monsieur le Comte,

Hier j'ai reçu, par un courrier de Russie venu de Vienne, le paquet que Votre Excellence m'a fait l'honneur de m'adresser par sa lettre du 20 décembre, n° 93, contenant l'acte de ratification donné par S. M. à celui d'accession que j'ai signé le ... novembre dernier, en vertu de mes pleins pouvoirs du 7 juillet, les lettres patentes de S. M. relatives au tarif consulaire, celles qui se rapportent au commerce de ses sujets dans le Levant; enfin, les circulaires nᵒˢ 12, 13, 14 et 15, et le cahier des costumes diplomatiques.

Le jour même j'ai demandé une conférence à Son Excellence M. le Comte de Nesselrode, pour avoir l'honneur de lui présenter l'acte de ratification. Votre Excellence a rempli toutes les règles de la prudence en m'expédiant cet acte pour gagner du temps, avant même d'avoir reçu l'acte d'accession : malheureusement, le courrier part aujourd'hui, et je n'ai point encore reçu (à 10 heures du matin) l'avis pour la conférence ; de manière que, suivant toutes les apparences, je ne pourrai point en rendre compte à Votre Excellence par ce courrier. Tout autre détail serait superflu aujourd'hui.

Votre Excellence m'ayant interrogé il y a quelques mois sur les usages de ce pays au sujet des franchises des Ministres, je ne pus lui répondre avec l'exactitude qu'Elle aurait pu désirer, parce qu'il y avait à cet égard beaucoup de fluctuation dans les usages ; aujourd'hui, S. M. I. vient de statuer sur ce point par un Ukase rendu sur l'avis de son Conseil, qui nous a été communiqué par une Note circulaire. J'ai l'honneur d'adresser à Votre Excellence cette Note en original, pour faire connaître à S. M. (si par hasard elle n'a encore rien vu dans ce genre) l'art nouveau de la *Lithographie*, mot qui signifie dessin ou *gravure sur la pierre* ou *par la pierre*. Cette nouvelle invention appartient à la Bavière. Il y a plusieurs années que j'en vis quelques essais, mais il en est de cette invention comme de celle du bateau à vapeur. On en a parlé longtemps, et même on a fait plusieurs tentatives, avant que la découverte ait été mise en plein excercice.

On polit parfaitement une certaine pierre calcaire, un marbre fort commun en Bavière. On dessine ou l'on écrit sur cette pierre avec un crayon noir composé de matières grasses qui ne sont plus un mystère ; l'ouvrage étant fini, on plonge la pierre dans l'eau, et tout de suite on passe dessus un cylindre imprégné d'encre d'imprimerie ; toute la partie mouillée repousse cette encre qui s'attache exclusivement aux traits du crayon : alors on imprime en plaçant le papier sur la pierre et le pressant avec une espèce de lame qu'on promène sur la surface, la presse ordinaire casserait la pierre ; mais je pense qu'on viendra à bout de l'employer, et que cette invention, comme toutes les autres, se perfectionnera beaucoup. J'ai souligné au crayon les mots écrits à la main, afin que Votre Excellence puisse comparer les deux écritures, si semblables que plusieurs personnes ont cru que le tout était écrit à la main.

Vous demanderez peut-être, Monsieur le comte, par quel miracle un secrétaire a pu apprendre à écrire de droite à gauche si lestement et avec tant de perfection, qu'on ne distingue qu'avec peine une écriture de l'autre ? Le miracle n'est qu'apparent ; — lorsqu'on veut *lithographier* une pièce, on pulvérise la matière du crayon dont je parlais tout à l'heure ; on la délaye dans un fluide que je ne connais pas encore, et l'on en fait ainsi une encre avec laquelle on écrit à la manière ordinaire. On presse ce papier sur la pierre, l'encre s'attache ; on détruit le papier par je ne sais quel procédé (l'eau chaude, à ce que je pense) et l'on a ainsi une écriture renversée qui se rectifie par conséquent dans l'impression.

J'ai vu toute sorte de dessins, et des portraits même ; j'ai vu jusqu'à des billets d'invitation *lithographiés*. On peut tirer jusqu'à deux mille copies, ce qui est tout à fait extraordinaire ; la prestesse est aussi un grand avantage. L'Envoyé de S. M. à Munich pourrait, ce me semble, fournir très aisément un appareil lithographique aux bureaux de Turin. Les pierres que j'ai vues viennent de Bavière, mais les connaisseurs m'assurent qu'elles se trouvent aisément ailleurs.

Je parlais tout à l'heure à Votre Excellence du bateau à vapeur. Ici il est en plein exercice. Je le montai l'année dernière, le jour du premier essai. On en prépare un de 80 pieds de long qui sera lancé à la fonte des glaces. Tant que la Néva est libre, il va et vient continuellement de Saint-Pétersbourg à Cronstadt, et de Cronstadt à Saint-Pétersbourg. N'en a-t-on point encore fait d'essai en Piémont, ou en d'autres lieux d'Italie? Ce bateau conviendrait fort sur les lacs et sur le Pô, et autres rivières considérables. C'est une grande économie d'hommes, d'argent, de temps et de chevaux; mais, il faut l'avouer, une grande dépense de combustible.

Votre Excellence a vu sans doute et remarqué dans les papiers publics l'agrégation de Son Excellence M. le Comte Capo-d'Istria à l'*indigénat* helvétique : c'est un témoignage de reconnaissance qui lui était bien dû. L'acte de naturalisation était renfermé dans une boîte d'or, au fond de laquelle l'érudition génevoise avait écrit en grec une inscription dont la *Gazette de Saint-Pétersbourg* nous a donné la traduction suivante:

A notre très cher et honoré concitoyen, etc., *au noble descendant des Phéaciens toujours jaloux de bien faire* (Homère, Odyssée), *car Minerve leur donna l'aptitude aux belles actions et à la sagesse*, etc.

Ayant été curieux de vérifier le texte d'Homère, j'ai trouvé que ces Messieurs de Genève ont appliqué à

M. le Comte Capo-d'Istria deux vers qui se rapportent dans l'Odyssée aux femmes des Phéaciens. *Pallas*, dit le poète, *leur donna l'aptitude aux ouvrages élégants et à la sagesse.* Il me semble que si l'on avait voulu louer cet excellent Comte Capo-d'Istria en phrases d'Homère, on aurait pu trouver une application plus juste. — J'envoie le texte à Votre Excellence afin qu'elle en amuse quelque helléniste de Turin, si elle le juge à propos.

Je n'ai ni le temps ni la possibilité de traiter par ce courrier aucun des sujets qui pourraient intéresser Votre Excellence; je la prie donc d'attendre le courrier prochain. Je ne finirai point cependant sans lui renouveler mes instantes prières pour qu'elle ne cesse de tenir toujours présentes au souvenir de S. M. mes représentations au sujet de mon départ.

508

Au Même.

Saint-Pétersbourg, 4 (16) février 1817.

Monsieur le Comte,

Je profite d'un courrier Espagnol pour envoyer cette lettre à l'Ambassadeur de S. M. à Paris, ne voulant point la jeter ici à la poste.

Comme je l'avais mandé à Votre Excellence dans une dernière dépêche, n° 48, la conférence pour la remise de l'acte de ratification a eu lieu jeudi 1er (13) de ce mois. Je n'étais pas à beaucoup près sans appréhensions, même assez fortes ; car il y avait, je ne sais comment, des différences assez sensibles entre l'acte d'accession, tel qu'il a été écrit et signé ici d'après le modèle que Votre Excellence m'avait envoyé, et la copie qu'elle en a insérée dans l'acte de ratification. Je ne parle pas de la différence résultant de l'ordre alphabétique interverti, et que Votre Excellence ne pouvait deviner ; mais il y en avait d'autres, quoique moins importantes. Par exemple, mon nom est estropié dans l'acte de ratification, et n'a plus que six lettres ; au lieu de *Sa Majesté le Roi.* etc., on ne lit plus en deux endroits que *Sa Majesté* ; au lieu de *Le sieur Comte*, etc., à la française, on lit tout simplement, à la manière italienne, *Le Comte*, etc. ; enfin on me donne dans le dernier acte le titre que j'ai reçu dernièrement de la bonté de S. M. et que je n'avais point encore lorsque je signai l'acte d'accession. On ne pouvait réellement dire au pied de la lettre : *dont la teneur suit.*

Cependant on n'a pas mis, comme je le craignais, les points sur *les.i*, suivant l'expression vulgaire. Dans une entrevue extrêmement polie de la part de M. le Comte de Nesselrode, nous avons tout arrangé, du moins on m'a parlé dans ce sens ; je ne puis dire cependant que tout est terminé jusqu'à ce que j'aie obtenu la signature du Maître, ce qui ne peut avoir lieu que dans quelques jours.

La ratification de S. M. le Roi des Deux-Siciles est arrivée presque en même temps que celle de S. M., mais elle est déjà dans le style *voulu*, il n'y est pas question d'alphabet.

Je ne puis dire à Votre Excellence ce que j'ai éprouvé en lisant, dans sa lettre n° 95, *le titre onéreux* : il y a longtemps que je n'ai lu une meilleure épigramme. Au reste, Monsieur le Comte, quoique l'interprétation dont elle me parle soit *absurde*, il faut cependant ajouter *pas plus absurde qu'une autre ;* d'ailleurs qu'importe? Louis XV visitant la cathédrale de Tournai, dit à un vieux chanoine qui l'accompagnait : *Cette basilique me semble bien ancienne* ; le chanoine qui était complètement sourd, lui répondit, pour ne pas demeurer court : *Comme il plaira à Votre Majesté.* Cette réponse, Monsieur le Comte, pourrait servir souvent à des gens qui ont l'oreille très fine : — Cela est-il juste, raisonnable, permis, etc. ? — *Comme il plaira au plus fort.*

Je demande quatre ou cinq jours à Votre Excellence pour répondre à cet article de sa dépêche n° 95 et à quelques autres encore. Dans cette dernière semaine, où il n'est question que de musique, de danses, de repas et de visites, il n'y a moyen de rien faire.

Pendant que j'écrivais cette lettre que j'ai été obligé d'interrompre, j'ai su que S. M. I. n'a point encore répondu à la communication faite par la Cour de Naples au sujet du nouveau titre. Elle a été faite tout à la fois par une Note du Ministre résidant ici, et par une lettre du Roi (j'entends lettre du Cabinet). Le titre ancien était *Roi des Royaumes de*........ *et de*........ L'auguste constitution divisa les deux Royaumes de la manière trop connue. L'article CIV du Congrès est venu depuis reconnaître, sans autre explication, Ferdinand IV — comme légitime Souverain *du Royaume des Deux-Siciles.* — Cet article ainsi exprimé annule-t-il la Constitution anglo-sicilienne ? c'était une question. En attendant les dissertations, le Roi la regarde comme décidée en s'intitulant non, comme par le passé, Ferdinand IV ici, et Ferdinand III ailleurs, mais tout simplement Ferdinand IV, P. L. G. D. D. Roi du Royaume de...... et de......: c'est tout ce que je puis avoir l'honneur de dire dans ce moment à Votre Excellence.

Elle trouvera ci-jointe une lettre non signée ni datée qui attendait une occasion sur ma table. Je la lui envoie avec beaucoup de plaisir, afin qu'elle voie quels étaient mes sentiments, et combien ils s'accordent avec ceux que Votre Excellence m'exprime dans son n° 96. J'accorderai tout ce qu'elle voudra à la raison d'Etat et aux devoirs ministériels ; elle de son côté aura la bonté de se mettre à ma place, et d'examiner, dans sa conscience, ce qu'ont dû me faire souffrir moins peut-être les tourments réels qui m'ont été imposés, que le mépris de ces mêmes tourments et le silence inhumain qui me refusait jusqu'aux paroles de compassion et même de simple courtoisie. N'en parlons plus, Monsieur le Comte : qui ne sait pas oublier ne sait pas vivre ; il me sera très doux, au lieu d'entrer de nouveau en convulsion, de n'avoir qu'à vous demander votre bienveillance.

Au reste, Monsieur le Comte, quoique je sois infiniment sensible aux bontés de S. M. et que j'accueille avec une très grande satisfaction les ouvertures aimables que vous me faites, j'aurais cependant perdu l'esprit si je me flattais trop pour l'avenir. De 50,000 livres je passe à sept ; la dot de mes filles est tombée dans les caisses de l'Etat. Un très beau titre me donne le droit d'échauffer mon écusson par une doublure d'hermine, mais c'est tout : heureusement, j'ai une telle confiance qu'elle me dispense de la certitude. Je prie en grâce Votre Excellence de ne pas gâter ce sentiment précieux par de nouvelles dispositions inattendues qui pourraient me jeter dans le désespoir. J'ose me flatter que S. M. voudra ne pas perdre de vue les deux événements prochains, du mariage de S. A. I. le Grand-Duc, et du départ pour Moscou, qui suivra de près. J'ai tout dit sur ce point; je ne veux pas me répéter. Ma situation actuelle au milieu du Corps diplomatique est une véritable torture : que deviendrais-je si mon successeur n'arrivait pas à temps ?

J'espère que Votre Excellence agréera les sentiments exprimés dans cette lettre, je le désire de tout mon cœur, et je m'empresse d'y joindre l'assurance de la haute considération, etc.

509

Au Même.

Saint-Pétersbourg, février 1817.

Quoique les tempêtes aient cessé de souffler depuis quelque temps, il me semble néanmoins que la prudence exige de moi quelques mesures de précaution avant mon apparition à Turin. Votre Excellence se rappelle assez le ton général de sa correspondance avec moi pendant près de deux ans. Il m'est impossible de lui exprimer à quel point j'en ai été blessé, combien je l'ai trouvée dure, inhumaine, contraire à la délicatesse et à la franchise. De mon côté, Monsieur le Comte, j'ai donné peu de bornes à mon ressentiment, et je suis bien sûr d'avoir choqué Votre Excellence autant que je l'étais moi-même. Qu'arrivera-t-il, lorsque je me présenterai à Votre Excellence? J'ai peur d'une explosion qui déplairait au Roi, au public et à nous-mêmes. Voici donc le parti que j'ai pris. J'aborderai Votre Excellence de la manière la plus naturelle et sans lui exprimer d'autre sentiment que celui que j'éprouverai réellement en me présentant à elle. Si vous prenez le même ton, Monsieur le Comte, je croirai que vous adoptez le parti d'un oubli total et réciproque, qui paraît le meilleur à tous égards. Je m'y conformerai religieusement de mon côté; et, de ce moment, elle peut être bien sûre qu'un mot de plainte ou de rancune ne m'échappera pas avec qui que ce soit. Après avoir ainsi déclaré mes sentiments à Votre Excellence, tout le reste dépendra d'elle; la paix ou la guerre, comme elle voudra. Je désire l'une sans craindre l'autre.

J'ai pensé qu'une déclaration aussi loyale servirait au moins à témoigner à Votre Excellence l'idée que je me forme de son caractère et le prix que j'attache à sa bienveillance.

Je la prie d'agréer l'assurance de ces sentiments et celle de la haute considération, etc.

510

Au Même.

Saint-Pétersbourg, février 1817.

Monsieur le Comte,

J'ai reçu la lettre de Votre Excellence du 8 janvier dernier n° 97, l'Almanach Génevois et toutes les pièces qui s'y trouvaient jointes. Genève est à la mode : elle se sent protégée et se donne des airs. Le caractère de cette ville est indélébile. Je l'ai toujours vu de même; les circonstances l'ont renforcé. J'ai beaucoup admiré la sagesse de S. M. dans la manière dont on a agi à l'égard de Carouge. Elle ne doit rien faire qui puisse témoigner un consentement libre qui n'est point dans son cœur ; et c'est, dans ce cas, non seulement une précaution politique très importante, mais de plus, j'ose le dire, un devoir délicat de la Souveraineté de répondre au chagrin des peuples cédés, chagrin réciproquement honorable pour le Souverain et pour les sujets. S. M. doit toujours continuer des relations paternelles avec ceux qui la regrettent, sans se compromettre aucunement, ce qui est très aisé. Votre Excellence voit assez qu'il est fort délicat de parler ici de Genève. Elle possède un nouveau *concitoyen* (1) qui mérite attention, d'autant plus que si je venais à me mettre mal avec lui, je gâterais notablement les affaires. Je lui ai demandé une conférence que j'aurai ce soir (j'écris à 5 heures); je verrai un peu ce que l'on appelle l'*air du bureau*. Je ne suis pas étonné qu'on commence à manquer de parole au Roi sur l'article de la Religion. Un Génevois très sensé disait ici *que c'était un malheur pour Genève d'avoir acquis des pays catholiques qui troublaient l'unité de la croyance et du gouvernement;* mais puisqu'ils les ont voulus, il faut qu'ils en supportent les conséquences. Le curé de Genève, au reste, est *homme bien placé.* Dans les temps de ferveur et de foi, on en aurait tiré un parti immense ; aujourd'hui même, tels que nous sommes, c'est un objet important qui mérite

---

(1) Le Comte Capo-d'Istria, qui jouissait à cette époque d'une grande faveur.

d'être examiné sous plus d'un rapport. J'ai une foule d'idées sur ce point dont je me réserve d'entretenir de vive voix Votre Excellence.

J'attends avec un extrême empressement le moment de mon départ. Puisque Votre Excellence ne me parle d'aucun changement, je présume que la destination de M. le Comte de Brusasque est toujours la même ; j'en suis fâché pour lui, à moins que S. M. ne se soit déterminée à des sacrifices considérables. Je prends la liberté d'inviter beaucoup Votre Excellence à méditer sur le supplément à mon n° 47, qu'elle a reçu par la voie de Paris. Le pays où je suis exige des attentions extrêmes ; le moment actuel en exige de particulières. Ces derniers temps sont excessivement pénibles pour moi : *Délivrez-moi donc du mal*, je vous en prie, Monsieur le Comte. Dès que mon estimable successeur sera arrivé, je lui montrerai les écueils de cette mer, et je le féliciterai de tout mon cœur s'il arrive, comme je n'en doute pas, avec voiles et cordages. Quant à moi, j'ai assez chanté : « *Vò solcando un mar crudele*, etc. » Je me retire, laissant ici le souvenir d'un spectacle triste et mémorable, qui, je l'espère, ne sera jamais répété.

J'ai vu le citoyen de Genève, il m'a fort bien reçu et fort bien écouté. J'ai commencé par le *titre onéreux*, qui l'a fait pâmer de rire ; il m'a assuré, à mon grand étonnement, que le Mémoire n'était pas parvenu ici, et que le dernier courrier de M. Pozzo del Borgo, tout fraîchement arrivé, n'avait point apporté un mot sur cette affaire. *Peut-être*, m'a-t-il dit, *n'a-t-on pas cru que la chose méritât attention*. Dieu veuille qu'il ait deviné ;

car ce qui est juste, c'est ce que veulent les puissances, comme j'avais l'honneur de le dire.

Nous avons aussi beaucoup parlé des affaires de Genève, mais sans formes officielles, et sans réquisitions formelles de ma part. Il m'a offert d'écrire à quelques-unes de ses connaissances dans cette ville pour les exhorter à la sagesse. — J'ai répondu que ce n'était pas la peine ; que ce que je lui disais était seulement pour le tenir en garde contre certaines narrations qui pourraient arriver, et il m'a donné parole que s'il entendait parler de quelque chose, je serais sûrement averti et mis à même de répondre ; mais il m'a assuré qu'il n'avait entendu parler de rien. J'ai dit un mot de l'Almanach de Picot et de l'affaire du Faron avec la délicatesse convenable, et sans trop appuyer. J'ai trouvé sur ma route une réflexion qui me paraît solide ; c'est que la force militaire se trouvant une fois chargée de faire ou d'empêcher telle ou telle chose, si elle vient à excéder, il y a beaucoup d'inconvénients à punir le soldat qui a trop fait, à moins qu'il n'ait commis ce qu'on appelle un crime évident. En effet, si l'on châtie un soldat dans ces sortes de cas, tous les autres diront : *Il faut bien mieux se laisser payer par les contrevenants, que de s'exposer à des punitions*, et au lieu d'empêcher la contrebande, ils la feront.

M. le Comte Capo-d'Istria a fort bien senti toutes ces considérations, et s'est prêté même à quelques facéties sur l'importance politique que se donnent ces grands républicains. Il m'a conté qu'ayant demandé à M. Saladin, l'un d'eux, ce que c'était qu'une ancre d'or qu'il portait à sa boutonnière, et que le Comte Capo-d'Istria prit pour un Ordre, l'autre répondit : *C'est la marque de ma dignité; je suis amiral.* — Ceci est joli.

Les papiers allemands viennent de se démentir au sujet de la *Constitution piémontaise*, ce qui m'a fait grand plaisir.

Pour consoler Votre Excellence des petites distractions que j'ai aperçues dans l'acte de ratification, je lui dirai que, dans celle de Naples, on n'avait oublié que la signature du Ministre. Il faut donc renvoyer cette pièce par un courrier. C'est lui qui porte cette lettre à Rome où elle sera remise au Ministre de S. M. (dont j'ignore ou dont j'ai oublié le nom), ou à la poste piémontaise. Je saisis cette occasion pour rappeler à Votre Excellence que toutes mes lettres mises ici à la poste étant ouvertes et copiées, je suis obligé de les écrire avec une certaine liberté apparente qui puisse n'être pas tout à fait inutile. C'est ce que je la prie d'avoir toujours en vue en me lisant. C'est avec un bien profond chagrin que je me vois forcé d'y mêler les détails souvent lamentables qui ne concernent que moi; mais, à cet égard, il n'y a point de remède. Je ne puis chiffrer des élégies ni des dissertations, et plût à Dieu qu'on m'eût dispensé de les écrire. — Mais chacun à sa destinée; il faut la subir; croyez, Monsieur le Comte, que la mienne m'a bien déplu, car certainement je ne suis pas querelleur.

En remerciant de nouveau Votre Excellence de toutes les choses obligeantes contenues dans ses dernières lettres, je la prie d'agréer les nouvelles assurances de la haute considération, etc.

511

A Son Eminence le Cardinal Severoli, à Rome.

Saint-Pétersbourg, 11 (23) février 1817.

Monseigneur,

J'espère que Votre Éminence a reçu ma lettre du 8 (20) décembre dernier, et j'apprendrai avec plaisir que la précédente, du 10 (22) août, écrite en langue italienne et remise ici à M. le général de Stagenteisch est aussi parvenue à son adresse.

Excepté Votre Eminence, je ne saurais à qui adresser des notions qui me paraissent de la plus haute importance. Notre *admirable* Archevêque vient de présenter à S. M. I., en qualité de coadjuteurs des Evêques de Polock et de Lusk, MM. Lipsky et Ladunsky, que je ne connais pas personnellement; mais, sur ce qui m'est assuré par une autorité de poids, j'ose dire à Votre Éminence qu'il est peu d'occasions où Sa Sainteté soit plus dans le cas de se tenir sur ses gardes. L'ukase porte formellement que la nomination est faite sur la présentation de M. Siestrencewicz. Je n'aime point à appuyer sur certains détails dans les choses qui ne me regardent pas directement; mais l'excellent Evêque de Lusk ne manquera pas, j'espère, de faire parvenir les instructions nécessaires.

Le Marquis B..... me communiqua dans le temps les pièces que Votre Éminence lui avait remises, et que je lus avec beaucoup d'intérêt. Le *ministère des cultes*, comme on dit ici, niant formellement que l'Archevêque de Mohilev ait reçu du Saint-Siège aucun bref désapprobateur, je me suis gardé d'en parler publiquement ou de le faire circuler. Cependant, il est connu dans le monde.

On m'assure que l'Empereur a très mal pris ce bref, et qu'il le regarde comme une atteinte à ses droits. Toujours il voudra transporter sa suprématie dans notre système, rien n'est plus naturel. Au reste, Monseigneur, comme les actes de la Cour de Rome étaient et sont encore soumis, dans les pays catholiques, au *vidimus*, à l'*exequatur*, etc., en un mot à certaines formes préliminaires propres à calmer des autorités ombrageuses, je n'entre point dans la question de savoir ce qui peut ou doit être établi ici ; c'est votre affaire à Rome. Je me borne à faire connaître à Votre Éminence ce qui se passe ici. Il est tacitement défendu de parler du bref, et l'Archevêque n'en tient aucun compte, puisqu'il a paru depuis à la Société biblique.

Que Sa Sainteté daigne s'informer de la qualité de certains personnages qui, tant ici qu'à Varsovie, doivent beaucoup influer sur les affaires religieuses de Pologne et de Russie ; Elle verra ce que nous avons à craindre.

Un chambellan de S. M. I., nommé M. Stourdza, est sur le point de publier un ouvrage des plus violents, à ce qu'on assure, en faveur de l'Eglise grecque, contre la nôtre (question nouvelle, comme voit Votre Émi-

nence). Le but de l'ouvrage est de prouver que
c'est nous qui sommes schismatiques, l'Eglise romaine s'étant séparée sans raison de l'Eglise grecque. C'est la thèse favorite des savants de Pétersbourg qui savent lire couramment en français et un peu en russe.

M. Stourdza est un jeune homme de beaucoup d'esprit et d'instruction. Il appartient à une famille moldave qui s'est donnée à la Russie. Je ne sais s'il est né à Bucharest ou à Constantinople, c'est l'un des deux. Son ouvrage est écrit en français, et l'Empereur lui donne vingt mille roubles pour l'impression, ce qui a paru très significatif. Mais quel œil peut pénétrer dans le cœur de l'Empereur et démêler ce qui s'y passe, distinguer ce qu'il accorde à la politique de ce qu'il fait pour la religion, prévoir enfin ce qu'il veut faire d'après ce qu'il fait? Il a dans ce moment un ministre à Rome, et sûrement les communications directes sont en plein mouvement. Cependant, je crois savoir sûrement que l'Empereur est sur le point d'expédier un homme à Rome, *extra ordinem*, pour y traiter les affaires catholiques : c'est le jeune comte Léon Potocki, chambellan de S. M. I., fils du comte Séverin Potocki, sénateur, que je connais particulièrement. Ce jeune homme, qui porte un des noms les plus distingués de Pologne, est plein de bonnes intentions ; mais il manque d'instruction sur le fond des plus grandes questions. Il me paraît heureusement impossible qu'il n'en reçoive pas de quelque côté. Si l'Empereur a cru devoir choisir pour son organe auprès du Saint-Siège un catholique et un homme distingué sous tous les rapports, c'est un grand trait de délicatesse ; mais tous les catholiques craignent beaucoup.

Le devoir de tout homme prudent dans ces circonstances (j'entends dans notre cercle) est de ne hasarder aucune démarche, ni aucun mot qui puisse même faire soupçonner qu'on veut se mêler de ces grandes affaires : ce serait le comble de l'imprudence, et il pourrait en résulter les plus grands inconvénients ; c'est l'avis que je donne aux autres, et que je prends pour moi. Sachant que toutes mes dépêches non chiffrées sont présentées à S. M. I., j'écris quelquefois de ces choses, *quæ ad pacem sunt Jerusalem*, en évitant soigneusement tout ce qui pourrait choquer.

Votre Éminence trouvera ci-joint l'extrait d'une de ces dépêches qui devait certainement tomber dans les mains Impériales. J'espère qu'elle ne le désapprouvera pas.

Combien j'aurais encore de choses à dire à Votre Éminence ! Mais le temps me presse, et d'ailleurs il arrive souvent au zèle d'être indiscret. Je me borne donc à la simple narration des faits, qui est toujours utile et ne saurait avoir d'inconvénients.

Votre Éminence apprendra peut-être avec quelque intérêt une circonstance bizarre. Pendant que M. Stourdza s'apprête à publier un ouvrage contre le Pape, j'en achève un moi-même sur le même sujet, où j'ai réuni tout ce que je sais et tout ce que je puis. Le titre n'est pas long : *Du Pape*, avec cette épigraphe grecque tirée d'Homère : ΕΙΣ ΚΟΙΡΑΝΟΣ ΕΣΤΩ. Ce serait un singulier spectacle, Monseigneur, que celui qui montrerait deux athlètes laïques, l'un ministre et l'autre chambellan, l'un Moldave et l'autre Allobroge, luttant à la face de l'Europe, *en français,* sur cette grande question. Je ne puis dire si j'imprimerai ; je suis mal placé, trop loin des grands foyers de lumières, nullement soutenu, etc., etc. Au mois de mai, je pars pour me rapprocher de Votre Éminence. Avant le solstice, je serai à Turin. Là, je verrai ce que me conseilleront ou m'ordonneront les circonstances.

Je me recommande de nouveau à la bienveillance de Votre Éminence, en la priant d'agréer la vénération et le respect sans bornes, etc.

512

A M. le Comte de Vallaise.

Saint-Pétersbourg, 20 février (4 mars) 1817.

Monsieur le Comte,

Je n'ai point été étonné que S. M. ait envoyé M. le Comte de la Motte changer d'air pour quelque temps à la campagne ; mais je ne l'ai pas été médiocrement de cet esprit d'oppositon dont il ne peut se guérir. Il me semble cependant que le Roi ne s'est pas montré mauvais père à son égard. Ces petits inconvénients sont inévitables après les grandes révolutions, les maladies d'un certain ordre n'admettant point de guérison subite.

Quant à l'Édit qui a produit les propos déplacés de M. le Comte de la Motte, j'ai vu, par l'une des précédentes dépêches de Votre Excellence, qu'elle avait été trompée sur l'esprit public : il n'y a plus d'héroïsme dans ce moment, nous ne sommes que des calculateurs. En lisant le premier Édit, du 3 décembre, je ne sais comment il ne me vint point en tête qu'il pouvait me concerner.

Les expressions de Votre Excellence dans sa dépêche du 7 décembre dernier, annonçant qu'on répondrait librement aux intentions royales, cette affaire sortit tout à fait de ma mémoire ; maintenant le deuxième Édit, du 31, prouvant trop que S. M. avait trop compté sur les sentiments antiques, il me paraît que je suis appelé comme les autres à l'emprunt forcé, du moins si les *Commissions* sont taxées comme les *Emplois*. Je fais donc avertir, par la lettre ci-jointe à M. l'avocat Closio, M. Rolle, mon chargé de pouvoir, qu'il se hâte de me mettre en règle envers le Gouvernement.

M. de Zéa, frère de M. le Chevalier Zéa-Bermudez, Ministre de S. M. Catholique, est parti dernièrement, dépêché par son frère en courrier, pour Madrid. Il porte à S. M. la nouvelle Reine, de la part de S. M. I., de magnifiques présents en châles et en pelisses. M. de Tatistchef, que S. M. a connu en Italie, réussit beaucoup à cette Cour. Elle aura appris que S. M. Catholique l'a décoré de la Toison d'Or ; et quand on se rappelle que le fameux

Prince Potemkin, de triomphante mémoire, ne put jamais l'obtenir malgré tout l'ascendant de sa souveraine, on peut juger aisément de la faveur dont jouit aujourd'hui le Ministre Russe à Madrid.

Je ne puis rien dire encore à Votre Excellence sur ses n°ˢ 99 et 100, excepté que je m'acquitte sans délai de tout ce qu'ils m'ont prescrit.

Votre Excellence trouvera ci-joint un ukase de S. M. I. extrêmement intéressant. Je l'ai fait traduire pour moi, car il n'est point encore traduit officiellement. Pour l'entendre, il faut que Votre Excellence sache que parmi les innombrables sectes qui pullulent en Russie, il s'en trouve une extrêmement bizarre, dont le nom même n'est pas bien compris. Les hommes qui la composent se nomment *Douchoborzi;* ce mot signifie à peu près : *fort contre l'esprit.* Mais que signifie la signification ? c'est ce que personne n'a su me dire. Le mot se rapproche de celui d'*Israël* (fort contre Dieu).

Ces sectaires ayant été transportés d'une place à l'autre, sont aujourd'hui réunis dans la commune de *Militopolsk,* dans le gouvernement de Tauride, dont le gouverneur réside à Odessa. C'était le duc de Richelieu qui commandait là avec un succès et une réputation extraordinaires. Aujourd'hui, c'est M. le Comte de Langeron, autre militaire français que la révolution avait porté ici avec tant d'autres, et le seul, si je ne me trompe, parmi la classe distinguée, qui soit demeuré au service de l'Empereur de Russie.

Deux de ces *Douchoborzi,* convertis à la religion greco-russe, ont fait, sur le compte de leur secte, des révélations qui ont paru à M. le Gouverneur exiger quelques mesures répressives qu'il a proposées. S. M. I. lui adresse en réponse un de ces ukases qu'on peut appeler *Réprimande* (Vuigoozv), et qui sont imprimés pour les faire connaître de tout l'Empire. C'est celui dont j'ai l'honneur d'envoyer ci-joint une traduction à Votre Excellence, et je ne doute pas qu'elle n'intéresse infiniment S. M. Elle y verra les idées de tolérance qui distinguent S. M. I. et la juste latitude qu'Elle donne à ce mot.

Les *Douchoborzi* ont des dogmes tout à fait particuliers : ils n'admettent ni hiérarchie, ni sacrements ; et par un mot échappé devant moi à un homme qui, par état, ne peut être trompé sur ce point, je ne puis douter qu'à l'exemple des Anabaptistes, ils n'admettent la communauté des femmes : dogme salutaire, et le seul capable de prévenir les innombrables maux que produisent parmi nous les mariages mal assortis. Saint Paul est un peu contraire, mais tout le monde peut se tromper.

Les religions qui se pourrissent produisent des sectes, précisément comme le corps animal qui se pourrit, produit des vers. La multiplication des sectes est donc un objet de la plus haute importance politique, puisqu'elle annonce, partout où elle se manifeste, un principe de corruption. Très souvent les Conseils de Russie se sont occupés de ces sectaires de toute couleur ; mais il est difficile de prendre un parti qui n'ait point d'inconvénient, et l'on peut croire d'ailleurs que leur nombre toujours croissant les mettra bientôt au-dessus des lois. Ce cas est donc un de ceux où il faut se contenter de dire : *Quod Deus bene vertat.*

Recevez, Monsieur le Comte, etc.

P. S. — Le mariage de Son Altesse Impériale Mgr le Grand-Duc paraît fixé au moins de juin, et le départ pour Moscou au mois de septembre. S. M. l'Empereur a dit à l'un de nos Messieurs qu'il ne nous invitait point, vu l'embarras et les dépenses de ce déplacement, mais que ceux qui voudraient venir lui feraient plaisir. Votre Excellence se règlera en conséquence à l'égard du nouvel agent de S. M., qui *tombera en pleines fêtes.* Puisque Votre Excellence ne me dit rien sur son compte, je tiens pour une méprise ce qu'on m'avait mandé sur ce point.

513

Au Même.

Saint-Pétersbourg, 6 (18) mars 1817.

Monsieur le Comte,

Je n'ai point été surpris de toutes les chicanes que nous font nos bons voisins les Génevois : de tout temps ils nous ont impatientés. D'anciens droits et d'anciennes querelles ont perpétué une certaine antipathie qui n'a pas de remède, et qui est d'autant plus bizarre que nous ne pouvons nous passer les uns des autres ; car Genève est un coffre-fort ouvert à la Savoie, qui est à son tour un grenier ouvert à Genève. De là vient que les lois prohibitives n'ont jamais réussi entre Genève et nous. L'intérêt réciproque s'en jouera toujours.

Il n'y a pas, je crois, de ville au monde dont on ait dit autant de mal que de Genève ; tous les partis se sont réunis pour en penser et en parler désavantageusement. Le célèbre duc de Choiseul disait très plaisamment : *Si vous voyez un Génevois se jeter par la fenêtre, jetez-vous hardiment après lui, et soyez sûr qu'il y a quinze pour cent à gagner.*

Dans la *Décade philosophique* (1798, n° 22), on appelle Genève *un foyer de discordes civiles, une arène dans laquelle ses propres habitants se dévorent les uns les autres.*

Un révolutionnaire de 1795 lui reprochait l'*insatiable avidité de ses infatigables citoyens.* (*Courrier français* du 9 novembre 1795.)

Un magistrat français, aujourd'hui ministre, M. le le Comte Ferrand, l'appelle, avec une épouvantable énergie, *une pustule politique* (dans le livre *du Rétablissement de la monarchie*).

Mais rien n'égale la perspicacité d'un pape du seizième siècle, qui écrivait aux Rois de France et d'Espagne : *Prenez garde à vous ! Genève est un foyer éternel de révolution ; si vous voulez être tranquilles, éteignez son gouvernement.* Une jalousie entre les deux monarques rendit le conseil inutile. Cette anecdote, dont ma mémoire ne peut me rappeler dans ce moment tous les détails, est contée dans l'*Histoire du Concile de Trente* par le *digne* Sarpi.

Assurément, Monsieur le Comte, ce pape y voyait loin. Toute la théorie de la Révolution française est contenue dans la protestation des Conseils de 1782. Les instruments les plus actifs de cette révolution, depuis Necker jusqu'à Marat, naquirent dans les murs de Genève. En 1796, au milieu des horreurs de cette révolution et à côté des cadavres encore chauds de Fatio et de Naville, les auteurs génevois de la *Bibliothèque britannique* vantaient, dans le prospectus de cet ouvrage, la *période républicaine*, et tout ce qu'elle promettait au monde, etc., etc.

Genève est la métropole du système qui soutient la souveraineté du peuple et son droit de juger les rois : ceci n'a plus besoin de preuve ; on pourrait donc s'étonner à juste titre que cette ville ait trouvé tant de faveur de nos jours. Mais d'abord, soit qu'on juge des nations ou des particuliers, il faut être de sang-froid ; les torts et les ridicules des Génevois n'empêchent pas qu'on ne doive leur reconnaître beaucoup de talent, de connaissances et d'humanité. J'ai dans leur ville des amis que j'estime autant que d'autres.

D'ailleurs, Monsieur le Comte, il y a maintenant un grand secret européen à mettre dans tout son jour, c'est l'art avec lequel les novateurs ont su se servir de la Souveraineté contre la Souveraineté, présenter les choses sous le point de vue le plus décevant, mettre la gloire et l'honneur du côté des idées nouvelles, et le ridicule du côté des vieilles maximes. J'ai trop étudié la révolution, ses apôtres, ses livres, etc., pour que ses secrets ne me soient pas connus ; mais une lettre n'est pas une dissertation. J'espère avoir une fois l'honneur d'exposer de vive voix le véritable état des choses.

Quoique l'Almanach de Genève me coûte un peu cher, je n'en remercie pas moins Votre Excellence ; il m'a fort amusé ; on y voit l'esprit public de Genève, qui possède éminemment le plus éminent des ridicules, la morgue et la petitesse réunies.

J'ai eu connaissance d'une lettre de Suisse, dans laquelle on se plaignait beaucoup de la manière dont nous avons cédé Carouge ; mais il me semble qu'un Roi ne peut céder en riant des sujets qui pleurent. Il n'y a rien de si juste sans doute qu'une cession demandée par des traités qui ont d'ailleurs si fort favorisé Sa Majesté. Cependant, la tristesse des sujets cédés honore également le Souverain et les sujets : il est assez naturel que le maître donne quelques signes extérieurs de la sienne. Puisque le commandant de Carouge avait fait un pas de trop, il a fort bien fait, si je ne me trompe, de se tirer d'affaire en disparaissant. Une gaucherie vaut mieux qu'une faute.

L'affreuse disette, dont je reçois les nouvelles les plus affligeantes, n'a pu manquer d'augmenter encore nos embarras avec Genève. C'est un défilé qu'il faudra traverser comme nous pourrons.

Au milieu d'une misère presque générale en Europe, l'œil se repose avec un extrême plaisir sur la vaste Russie, qui jouit de la plus grande abondance et nourrit les autres peuples : il n'est pas entré moins de cent millions en argent dans l'empire pendant l'année 1816, uniquement pour le blé vendu. Dans ce moment, il se trouve encore à Odessa 48 vaisseaux portant chacun 1,500 *chetverts* de blé; chacune de ces mesures pèse 300 livres et coûte 45 roubles. En 1810, l'Empereur emprunta 20 millions en assignations de la Banque, promettant de rembourser, au bout de sept ans, un rouble d'argent pour deux de papier; le ministre des finances vient d'annoncer qu'il est prêt à payer. Toutes les apparences sont belles.

Sa M. I. vient d'ordonner de son propre mouvement que le diplôme de S. M. qui confère le titre de Comte à M. le général Michaud, serait enregistré par toutes les autorités du pays. L'acte du Sénat lui a été apporté le matin au saut du lit. Il n'y a rien à dire : en fait d'élégance souveraine, l'Empereur de Russie est un grand artiste.

514

Au Même.

Saint-Pétersbourg, 16 (28) mars 1817.

Monsieur le Comte,

La lettre de Votre Excellence du 12 février dernier, n° 101, m'est arrivée hier. Je suis charmé que mes relations des mois de décembre et janvier aient eu le bonheur d'intéresser S. M. et Votre Excellence. J'étais moi-même ému en les écrivant; ordinairement ce sentiment se communique ; il ressemble au mouvement : celui qui l'a reçu le transmet.

Je remercie avant tout S. M., en mon nom et en celui de mon fils, de l'approbation dont Elle veut bien honorer la grâce accordée à ce jeune homme par S. M. Très Chrétienne. Je tiens beaucoup à cette faveur, parce que j'ai tenu invariablement, depuis le commencement des troubles, pour la Maison de Bourbon et pour l'intégrité de la France, absolument nécessaire à l'équilibre de l'Europe. Il s'en faut de beaucoup au reste qu'on puisse être tranquille sur la France, ni même sur le reste de l'Europe. Ce n'est pas que les pouvoirs matériels ne soient fort bien balancés et que les puissances prépondérantes n'aient d'excellentes intentions ; mais si les opinions se gâtent, à quoi sert la force physique ? Tant que le dogme absurde et funeste (et malheureusement aussi très plausible au premier coup d'œil) *de la souveraineté du peuple* sera à peu près publiquement reconnu, tant que la fièvre constitutionnelle durera, et tant que les sectes et les sociétés secrètes diviseront la grande masse des esprits, je ne crois pas qu'un homme sensé puisse être tranquille. Au reste, Monsieur le Comte, défendons les bons principes, conservons les anciennes races (si toutefois elles y consentent), ensuite dormons tranquillement, le reste est l'affaire de la Providence qui se tirera très bien de là.

M. le Duc de Serra-Capriola a fait sa propre affaire de celle des frères et sœurs Avico, que Votre Excellence me recommande. Il doit lui-même quelque chose à cette succession, et il nous a promis que sa petite dette (de 800 roubles, je pense) sera incessamment mise entre mes mains. Mais hélas! Monsieur le Comte, combien il y a à retrancher des espérances de ces braves gens! D'abord le Duc m'assure que le legs n'est que de 1,000 roubles, au lieu de 2,000 ; en second lieu il s'agit de roubles *en papier*, et je ne sais pas même comment on a pu douter sur ce point. Enfin il y a des impôts à payer sur ces legs. Je ne négligerai rien pour hâter la décision de cette affaire, qui ne doit pas tarder, si j'en crois les bonnes intentions de M. le Duc de Serra-Capriola.

Dans trois ou quatre jours, Monsieur son fils, le Duc Nicolas, part pour Naples et passera par Turin. Je recommande particulièrement à Votre Excellence ce jeune Ministre, fils d'un homme qui a toutes sortes de droits auprès de nous. Il est lui-même très estimable et serait digne d'une meilleure santé. Il part comblé des bienfaits et des grâces publiques de son Maître, qui a bien réparé envers cette maison quelques soufflets de la fortune.

Je remercie Votre Excellence des soins qu'elle a bien voulu donner à la petite caisse envoyée par Madame de Saint-Réal. J'espère que M. le Comte de Rossi trouvera bientôt une occasion pour Saint-Pétersbourg.

Votre Excellence aura vu par l'une de mes précédentes dépêches que malgré les circonstances où je me trouve, je m'étais empressé de satisfaire aux dispositions du dernier Édit de S. M. J'aurais eu honte de demander une exception, mais puisque l'Édit ne concerne pas les Ministres, je jouis avec plaisir de l'équitable décision de S. M.

Je félicite très sincèrement Votre Excellence sur l'honorable décoration qu'elle a reçue de S. M. I. R. A.; il me semble que la 'grand'croix de Saint-Etienne est fort estimée en Autriche; plus elle le sera et plus elle sera faite pour Votre Excellence.

Je n'ai pas été peu surpris de voir que, dans sa dernière dépêche, elle ne me parle point encore du départ de mon successeur. Je suis alarmé et j'en ai dit les raisons à Votre Excellence, il serait inutile de me répéter, d'autant plus que je ne pourrais plus recevoir de réponse, mais je me flatte que mes représentations auront trouvé auprès de vous, Monsieur le Comte, l'assentiment dû aux vérités les plus évidentes.

Je suis enchanté que S. A. R. Mme la Princesse de Galles soit arrivée à Turin en passant par Jérusalem. Il y a longtemps qu'une grande Princesse n'avait pas fait un aussi long voyage.

Daignez agréer, Monsieur le Comte, etc.

515

Au Même.

Saint-Pétersbourg, 17 (29) mars 1817.

Monsieur le Comte,

Immédiatement après avoir mis à la poste mon dernier numéro, du 16, je reçus la réponse de M. le Comte de Nesselrode relative au commerce du Levant. Je profite de l'heureuse occasion de M. le Duc Nicolas de Serra-Capriola, qui se rend à Turin, pour faire parvenir à Votre Excellence la Note de M. le Comte de Nesselrode et ma Note verbale à laquelle la première servait de réponse. Je n'ai point voulu acheminer ces deux pièces par la poste à cause des curieux intermédiaires.

Il ne m'a pas paru prudent d'invoquer l'influence de l'Empereur de Russie d'une manière purement hypothétique; c'est-à-dire, au fond, en cas que nous en eussions besoin à Constantinople. Une puissance telle que celle-ci n'aime pas trop être invoquée de cette manière. Votre Excellence verra de quelle façon je me suis exprimé à la fin de ma lettre, ce sera ensuite à M. Comte de Saint-Laurent de voir comment il doit parler à Constantinople. Il ne saurait témoigner trop de confiance à l'envoyé Russe, M. le Baron de Strogonof que je connais assez particulièrement. L'Empereur, dans ce moment, est tout-puissant en Europe; tenons-nous serrés à lui. Il est peu de Princes sur lesquels la critique se soit plus exercée, même en Russie ; je l'ai toujours combattue, et j'espère conter bientôt à Votre Excellence des anecdotes sur ce sujet, qui la feront rire. Aujourd'hui, il me semble que mon jugement est justifié, et qu'il n'y a plus de doute sur le mérite de ce grand Prince. Les Campagnes de 1812 et 14 ont été conduites avec tant de prudence, de dexterité et de courage, qu'il n'y a pas moyen de lui disputer la gloire qui lui est due pour ces deux grands efforts de sagesse souveraine.

Dans l'intérieur il fait ce qu'il peut, mais la matière résiste à l'ouvrier. Tout ce qui est à craindre de sa part, c'est l'anéantissement de l'état civil et la création d'une nation de soldats, avec tous les maux qui résultent infailliblement de cet état de choses.

On peut encore redouter ses projets en fait de religion. Il n'est pas douteux qu'il en a de grands ; néanmoins, comme nous savons qu'il est en relation directe avec le Saint-Père, l'équité exige qu'on ne se presse point de juger. D'une manière ou d'une autre, nous devons voir des choses extraordinaires, mais quand même l'Empereur se tromperait, il n'en serait pas moins un des plus grands Princes qui se seraient trompés.

Je laisserais volontiers courir ma plume si ma mission ne devait pas incessamment finir. J'attends avec le plus grand empressement le moment de ma délivrance. Depuis l'heureuse restauration de S. M., ma situation est devenue intolérable. On me plaint beaucoup et généralement, c'est tout ce qui me reste ; mais c'est une cruelle consolation.

516

Au Même.

Saint-Pétersbourg, avril 1817.

Monsieur le Comte,

Il est peu de question que j'aie examinée avec plus d'attention que celle des biens confisqués. En 1793, je publiai une *lettre (anonyme) de quelques parents des militaires Savoisiens à la Convention nationale*, 44 pages in-8°, où j'employai des formes oratoires et pathétiques pour me faire lire généralement, mais où le raisonnement cependant et la jurisprudence même n'étaient pas épargnés. En 1796, je publiai *un Mémoire sur les prétendus Emigrés savoisiens et (niçards)*. Je le fis imprimer à Lausanne où je résidais alors ; il fut réimprimé à Paris et distribué aux membres des deux Conseils à l'époque très courte où les Royalistes, portés en foule au Corps législatif par les élections de 1795, furent un instant sur le point de relever le Trône.

J'ose croire que la question de droit public est épuisée dans ce Mémoire. Il fut inutile alors, mais il pourrait fort bien ne l'être pas aujourd'hui.

Les biens dits nationaux, Monsieur le Comte, ont porté à la Souveraineté un coup dont elle se relèvera difficilement ; et c'est sous ce point de vue essentiel que la question doit être examinée.

Tous les fidèles dépouillés joignaient naturellement dans leur esprit l'idée de la Restauration à celle de la restitution ; trompés dans cette espérance si naturelle, il était presque impossible qu'il n'échappât pas à la faiblesse humaine quelques murmures, quelques paroles légères, quelques signes de mécontentement.

La Souveraineté de son côté n'aime pas, et certes elle a raison, qu'on l'accuse, qu'on lui dise *pourquoi et comment;* qu'on la prenne pour ainsi dire au collet, et qu'on lui fasse des reproches.

La présence seule d'un gentilhomme dépouillé semble être une plainte, il le sent et il en souffre, il craint d'être craint, il a peur qu'on ne lui impute les pensées qu'il a et celles qu'il n'a pas, enfin c'est une situation respectivement pénible et dangereuse : voyez ce qui se passe en France !

Mais ce que le Souverain perd d'un côté, le gagne-t-il au moins de l'autre ? Nullement, et tout au contraire, car les usurpateurs et tous leurs adhérents, au lieu de lui savoir gré, se moquent de lui. Toutes les fois que le sujet, et surtout le sujet coupable, fait plier son Souverain, il cesse de le respecter. Il en est du Gouvernement comme de l'éducation, comme de la discipline militaire, etc. Tout supérieur qui recule est méprisé ; l'homme est fait ainsi.

Par conséquent, Monsieur le Comte, à cause de ces malheureux biens, moins de confiance d'un côté, et moins de respect de l'autre : c'est une fatale époque pour la Souveraineté. Pour étayer ce système de spoliation, on a mis en avant de singuliers sophismes. On dit d'abord *qu'il faut terminer les divisions et ramener la paix.* Mais que le spoliateur me haïsse parce qu'on lui arrache mon bien pour me le rendre, ou que je haïsse le spoliateur parce qu'on le laisse en possession, n'est-ce pas toujours une haine et une division dans l'Etat ? La seule différence est que, dans le premier cas, la conscience et la justice, qui peuvent beaucoup sur l'homme, auraient bientôt tranquillisé les esprits ; au lieu que, dans le second, les divisions seront éternelles. Ne pouvant laisser à mon fils que ma haine pour mes acquéreurs, je la lui léguerai, et il est trop honnête homme pour répudier l'hoirie, et ne pas la transmettre à son tour : les haines seront éternelles.

On objecte encore la multitude des acquéreurs, qui rend précisément la restitution plus facile ; car ce n'est point du tout la même chose d'ôter mille livres de rente à cinquante quidams qui se les sont procurés à vos dépens, ou d'ôter cinquante mille livres d'un coup à Votre Excellence. Le premier inconvénient n'est rien en comparaison du second ; il serait inutile de développer des idées aussi claires.

Mais je ne veux pas m'occuper de la question en général, je la restreins aux seuls sujets de S. M. le Roi de Sardaigne. S'il y a quelque chose d'évident, c'est que les Augustes Princes, auteurs du Traité de Paris du 30 mai 1814, furent trompés du blanc au noir, lorsqu'ils étendirent aux ventes faites chez le Roi de Sardaigne, la disposition de l'article XXVII de ce traité, qui concernait les biens nationaux de France (sur lesquels je me garde cependant bien de décider). Mais il faudrait être bien aveugle et bien injuste, pour reprocher cette erreur aux illustres sauveurs de l'Europe. Quels sont les vrais auteurs de cette fatale disposition ? Nous, Monsieur le Comte, nous seuls ; il faut avoir le courage de l'avouer. La Noblesse de Savoie et de Nice, si fidèle et si malheureuse, méritait bien sans doute qu'elle fût défendue par quelque homme de son corps. Une demi-heure de conversation avec l'Empereur de Russie aurait empêché le mal, et certainement il est trop bon et trop juste pour l'avoir refusée ; il ne s'agissait point d'une question douteuse : l'exposer c'était la résoudre, il n'était pas permis au bon sens de balancer.

S. M., notre bon et auguste Maître, peut aujourd'hui, *dans sa conscience trop tard éclairée*, évaluer justement les vues qui paralysèrent, dans le moment décisif, et condamnèrent à un indigne repos le défenseur le plus naturel de ces illustres victimes, au mépris de l'opinion publique, dont le cri se fit entendre inutilement de Paris à Pétersbourg.

Au reste, Monsieur le Comte, quoique je sois du nombre des victimes, je n'en suis pas moins calme et philosophe sur ce point. La Souveraineté est avant tout, et tout doit lui céder. Si nos biens étaient nécessaires à la Monarchie, nous devrions les perdre sans murmurer. Ils ne sont pas plus précieux que nos vies, qui lui sont rigoureusement dues sur le champ de bataille si Elle en a besoin ; mais si ces biens peuvent être sauvés en tout ou en partie, certainement il ne faut rien négliger pour y parvenir.

Le Mémoire que Votre Excellence m'a transmis appartient incontestablement à un excellent raisonneur, et si l'on ne considère que le droit, il n'y a rien à lui répondre ; cependant, comme il faut être toujours de bonne foi, j'avoue que, *pour le moment,* je penche pour le sentiment exposé dans l'autre écrit intitulé *Opinion,* dont l'auteur est d'avis que *dans le moment* il ne faut pas remuer.

En proposant à S. M. de sanctionner par un Edit solennel le brigandage des biens nationaux, sans autre fruit que d'éterniser les haines, on lui proposait, dans le fait, de jeter sur son règne une tache ineffaçable. Jamais son auguste main ne doit signer rien de semblable. S. M. est forcée, tout le monde le sait : en gardant le silence et laissant faire au temps, qui est infaillible et tout puissant, Elle demeure irréprochable envers ses contemporains comme envers la postérité.

Mais on lui tendrait un piège non moins dangereux, si on lui proposait de faire quelque démarche précipitée qui aurait exactement le même effet que la précédente ; et c'est ce que voudraient beaucoup de gens. On sait assez qu'une tentative mal faite serait repoussée d'une manière qui confirmerait le mal ; on peut donc proposer à S. M. *précisément* la même chose, sous deux formes *précisément* différentes, et c'est à quoi Elle doit bien prendre garde.

Votre Excellence voudra bien encore faire observer à S. M. que toute grande mesure de la politique intérieure doit toujours être préparée par certains actes préliminaires, par certains essais que la prudence indique, et sans lesquels le législateur s'étant une fois engagé imprudemment, demeure immobile sans pouvoir avancer ni reculer.

Ce qui fit manquer l'opération de l'affranchissement en Savoie, ou ce qui la rendit du moins excessivement difficile et quelquefois injuste, c'est qu'on débuta par un Edit magnifique, sans avoir sondé le terrain.

Lorsque Louis XIV voulut révoquer l'Edit de Nantes, il fit précéder le sien par une foule d'arrêts de son Conseil, qui avaient aplani la route et écarté les obstacles. Je ne dis rien ici du mérite intrinsèque de la loi ; je ne parle que de la forme, et je crois pouvoir avertir, avec l'assurance d'un mathématicien (sans parler de toute autre précaution), que moins on écrira et mieux on fera.

Je conçois les souffrances de S. M., je sens ce qu'il en doit coûter à son grand et généreux cœur de voir tant de fidèles serviteurs ruinés, sans raison même apparente, contre toutes les règles de la justice et de la politique ; mais le mal est fait. Je ne suis pas suspect, puisque je suis du nombre des victimes. L'intérêt personnel ne m'empêche point de sentir que le Roi est avant tout, et qu'on ne saurait marcher trop prudemment.

Votre Excellence, ainsi que tous les autres Ministres et hommes d'Etat piémontais à qui S. M. ferait l'honneur de les consulter sur cette grande affaire, doivent y mettre tout le zèle, toute l'application et toute la délicatesse possibles ; autrement on ne manquerait pas de dire *qu'ils ont beaucoup de philosophie pour supporter les maux d'autrui, et qu'ils ne seraient pas tout à fait si résignés si la confiscation les avait atteints.*

Il n'y a ici, comme Votre Excellence le sent assez, ni défiance, ni soupçon, ni épigramme, ce qui serait infâme et souverainement injuste : c'est un avertissement pur et simple à la délicatesse et à la générosité.

De mon côté, Monsieur le Comte, je ferai, pendant le reste de ma mission, tout ce qui dépendra de mes pouvoirs très affaiblis. Attentif observateur de tout ce qui se passait au commencement de la Révolution, j'enlevai, pour ainsi dire au vol, un rapport fait à la Convention nationale en décembre 1792, par Morisson, au nom du Comité de législation, touchant les prétendus *émigrés allobroges*. On proposait la confiscation de leurs biens s'ils ne rentraient pas ; mais la Convention nationale, qui trouva apparemment la chose atroce, refusa de décréter le projet ; ce qui frappe de nullité la loi du 25 brumaire an III (15 novembre 1795), en vertu de laquelle on a confisqué les biens. Je suis forcé encore de m'abstenir de tout détail, mais je me servirai de cette pièce et du Mémoire envoyé par Votre Excellence, et de tous mes moyens enfin ; reste à savoir *si et jusqu'à quel point* on daignera me prêter l'oreille ici.

En attendant, je supplie très humblement S. M. de ne pas faire un pas, de ne rien signer, de n'adopter aucun plan, jusqu'à ce que, de vive voix, ou, ce qui vaudra infiniment mieux, par une lettre raisonnée, j'aie pu faire connaître exactement ce qu'on peut craindre ou espérer.

Nous venons de perdre l'abbé de Pendilly, chapelain conventuel de Malte et curé de l'Eglise catholique de Saint-Pétersbourg, pour la langue française. Il appartenait à une famille noble de Bretagne, et il était jadis, dans cette province, curé d'une assez riche cure, où il eut l'honneur de recevoir l'Empereur Paul Ier, alors Grand-Duc de Russie, pendant son voyage en France. A l'époque funeste de la Révolution, ce grand Prince se souvint de lui, et lui envoya en Allemagne, où il essayait de vivre, un passeport et de l'argent pour venir en Russie, où il a passé une vingtaine d'années dans les travaux pénibles de son ministère, avec une estime universelle et sans aucun ménagement pour sa personne. Solliciteur intrépide, il faisait tomber une pluie d'or sur les pauvres, et il ne se laissait rien à lui-même. S. M. I., par un trait de bonté véritablement charmant, l'avait mis à même d'avoir une voiture ; mais depuis quelque temps l'abbé s'en était privé, et il se traînait de nouveau à pied pour donner cet argent aux pauvres. Sa dernière action a été de donner mille roubles à un soldat français prisonnier de guerre, et détenu pour cette somme. Ses obsèques ont été magnifiques, et j'ai cru y reconnaître un peu de cette magnificence russe anonyme, car il était très connu et estimé hors de son troupeau, pour qui cette mort est un grand vide.

517

Au Même.

Saint-Pétersbourg, avril 1817.

Monsieur le Comte,

Je m'empresse de faire part à Votre Excellence d'un changement bien inattendu qui vient de se faire dans tous mes projets de départ. Sa M. I. envoie en France une escadre considérable de bâtiments de guerre pour en ramener les soldats russes dont elle a bien voulu débarrasser la France. Ces vaisseaux partent sur leur lest, et dans la plus belle saison de l'année pour la navigation (vers la fin de mai). L'Empereur, toujours disposé à obliger tout le monde, a daigné permettre à un assez grand nombre de personnes de s'embarquer sur cette escadre. Je suis du nombre, avec toute ma famille. Je ne puis exprimer à Votre Excellence combien j'ai été sensible à cette faveur, qui m'ôte un poids énorme de dessus la poitrine; car ce voyage avec trois dames et tant d'équipages m'étouffait, au pied de la lettre. Je ne sais point encore si l'on prendra terre à Ostende, au Havre ou à Cherbourg. Tout cela m'est absolument indifférent. Dès que j'aurai le pied en France, je croirai être à Turin. Je m'arrêterai à Paris pour m'incliner devant le Maître, et tout de suite je continuerai ma route. Si je puis être de quelque utilité là, Votre Excellence aura la bonté de m'en informer chez notre Ambassadeur, auquel je me présenterai en descendant de voiture.

M. de Stourdza, Gentilhomme de la Chambre de S. M. I., attaché au département des Affaires étrangères, vient de publier un livre qui me paraît faire une espèce d'époque. Il est intitulé *Considérations sur la doctrine et l'esprit de l'Eglise orthodoxe*. C'est un véritable phénomène, après tous nos in-folios, de voir un homme du monde descendre dans l'arène pour traiter une question que les plus grandes têtes ont épuisée depuis mille ans. M. Alexandre de Stourdza appartient à une maison distinguée de Moldavie; il est né à Bucharest, ou peut-être à Constantinople, d'une mère qui appartient elle-même aux familles grecques de cette capitale, et c'est là, je pense, ou du moins avec ses parents maternels, qu'il s'est pour ainsi dire imbibé de la haine *grecque* contre l'Eglise *latine*. Il n'a guère que vingt-six ou vingt-sept ans. Je vénère et j'aime beaucoup sa famille, où la vertu, l'esprit et les connaissances se donnent la main. M. de Stourdza sait le latin et le grec, qui est sa langue naturelle; il écrit également bien en français, en russe et en allemand; il fait même des vers dans ces trois langues. Votre Excellence serait surprise de la force et de la pureté de style qu'on trouve dans ce livre, qui est écrit en français; personne ne pourrait imaginer que c'est un Moldave qui tient la plume, et que ce Moldave n'a jamais mis le pied en France.

L'ouvrage contient :

1° Une exposition des principaux dogmes chrétiens d'après l'Ecriture sainte, d'après les théorèmes métaphysiques, et d'après l'illuminisme moderne ou le *martinisme*, mot un peu vague, que je crois avoir suffisamment fait connaître à S. M.

2° Une apologie des dogmes et des rites de l'Eglise grecque, ou russe, ou orientale, ou orthodoxe, ou comme on voudra, car elle n'a plus de nom distinctif;

3° Une attaque des plus violentes contre la doctrine latine.

Dans toute la controverse qui nous regarde, on ne trouve point dans le livre de M. Stourdza cette aménité qui distingue ordinairement un homme du monde ; c'est plutôt la colère d'un professeur irrité. La partie qui concerne le christianisme en général contient de fort belles pages. Le protestantisme, qui s'avance tous les jours, se fait aussi sentir dans les principes, moins cependant que l'illuminisme. En parlant de l'enfer, l'auteur nie l'éternité des peines, du moins dans le sens où on l'entend communément. Si le Saint-Synode vient à comprendre le passage, qui est fort enveloppé, je suis fort curieux de savoir s'il ne fera point quelque chicane au Gentilhomme de la Chambre *théologien*. Par rapport à nous, il a tort sans doute sur le fond des choses, car il est impossible de dire la vérité contre la vérité : cependant rien n'empêche qu'à travers l'erreur on ne puisse apercevoir et louer le talent. Ici, M. de Stourdza a beau jeu, puisqu'on ne peut lui répondre ; mais si l'ouvrage tombe sous quelque plume française bien taillée et de mauvaise humeur, il sera traité rudement. J'ai pâmé de rire tout seul dans mon cabinet, lorsque je suis tombé sur l'endroit où l'auteur parle de l'*ignorance de l'Eglise latine*. Celui qui ferait une épigramme sur *la poltronnerie russe* me paraîtrait tout aussi sublime. On peut demander à propos de quoi cette attaque? La conscience de l'auteur lui a fait la même question, et il répond, en commençant, *que c'est pour repousser une agression évidemment dirigée contre la religion de l'Etat.* Il veut parler de tout ce qui se passa il y a deux ans. Ici M. de Stourdza est totalement trompé par la passion, car jamais nous n'avons écrit une ligne contre la religion du pays, ni contre ses ministres. Si quelques personnes ont fait mine de venir à nous, c'est autre chose ; la véritable représaille serait de convertir un pareil nombre de catholiques, ce qui serait très juste et ne pourrait être blâmé que par les catholiques.

518

Au révérend Père Rosaven,
De la Compagnie de Jésus, à Polock.

Saint-Pétersbourg, 6 (18) avril 1817.

Mon très révérend Père.

Après bien des recherches, je suis parvenu à me procurer une des brochures dont j'avais eu l'honneur de vous parler, et presque en même temps on m'assure que vous partez ; de sorte que je ne sais pas trop s'il faut vous envoyer ce bel ouvrage. Il est intiulé *Du Pape et des Jésuites.* Vous ne sauriez croire, mon très révérend Père, combien je suis fâché de voir arriver ces libelles ici, car Messieurs les Russes étant totalement étrangers à nos anciennes controverses, sont fort sujets à prendre pour évangile tout ce qu'ils lisent dans ces sortes d'ouvrages. Au reste, mon très révérend Père, vous connaissez l'emblème de la vérité, un soleil derrière un nuage, avec la devise : *Nubila vincet.* Si vous êtes curieux de connaître cette œuvre de ténèbres, vous pouvez la faire demander chez moi par quelque correspondant ; elle est à votre service. Rien n'est plus méprisable, comme vous verrez ; mais on n'aura pas moins dit : *Il n'y rien à répliquer.*

Le R. P. Pietroboni pourra-t-il me satisfaire sur la petite narration que je lui ai demandée ? Je vous prie, mon révérend Père, de lui faire mille compliments de ma part. Je vous recommande de nouveau le livre anglais de Dallas, où vous trouverez quelque chose de curieux, si je ne me trompe, sur le prétendu édit d'Henri IV. Ce n'est plus qu'un nuage dans ma tête. Vous y lirez aussi une fort belle réponse de ce grand Prince au Premier Président de Harley, dont je me repens fort de n'avoir pas retenu une notice, au moins quant aux sources. Cette pièce mériterait fort d'être imprimée à part, et répandue comme la lettre de Fénelon sur la lecture de l'Ecriture sainte.

A travers les injures qu'on vous adresse dans cet

aimable livre, vous y trouverez des choses qui vous feront grand plaisir : par exemple, *que le vent de la Cour est pour vous ; que tout le clergé de France, et nommément les Evêques, vous appellent à grands cris ; que l'esprit jésuitique souffle de toutes parts sur la France*, etc., etc. Vous voyez, mon révérend Père, que vous êtes des scélérats assez bien protégés. Si vous me demandez ce livre, je vous recommande les pages 90 et 94, où vous êtes formellement accusés de faire Dieu *beaucoup meilleur qu'il n'est*. Prenez garde, mon révérend Père ! il ne faut rien exagérer.

Mardi dernier, nous avons perdu notre bon abbé de Pendili. Il était malade depuis quelques jours, mais sans apparence de danger. Le vendredi précédent, il avait encore prêché la Passion. Lundi, jour de l'Annonciation, je quittai un moment l'église avant la messe, pour aller le voir. Il était au lit, mais on en parlait comme d'un homme *incommodé ;* cependant je lui trouvai la *face hippocratique*, et, de retour à l'église, je dis à ma famille que j'étais fort peu content des apparences. Dans la nuit, il cessa de vivre. Qui n'envierait sa mort ? Il n'a fait que du bien ; il n'a cessé de faire le bien et de le conseiller jusqu'au dernier moment de sa vie, qui a terminé ses bonnes œuvres et commencé sa récompense. Je ne vois jamais mourir nos véritables prêtres sans être tenté de désespérer de la *canaille mondaine, et quorum pars magna fui.* Ainsi, mon révérend Père, je me recommande fortement à vos bonnes prières pour cette bienheureuse fin. Mais voilà que vous me dites : *Il n'y a qu'un seul moyen de bien mourir, c'est de bien vivre.* A cela je n'ai rien à répondre; vous parlez comme un ange, quoique vous soyez jésuite.

Mille compliments respectueux à notre digne Père général. *Je vous ordonne de vous bien porter*, mon très révérend Père (j'espère que ceci est bon latin). Recevez l'assurance la plus sincère de l'invariable et respectueux attachement avec lequel j'ai l'honneur d'être,

Mon très révérend Père,

Votre très humble, etc.

P. S. — Ma femme et toute ma famille vous font mille compliments. Nous ne cesserons jamais de faire ensemble une honorable commémoraison de notre cher P. Rozaven.

519

A M. le Comte de Blacas.

Saint-Pétersbourg, 27 avril (8 mai) 1817.

Monsieur le Comte,

Auriez-vous pu le croire? Dans deux mois environ, je serai à Paris! Une flotte russe de sept à huit vaisseaux de ligne s'en va en France prendre et ramener les soldats, au nombre de cinq ou six mille (je crois), dont leur puissant Maître veut bien vous débarrasser. Il a bien voulu aussi permettre que je monte un de ces vaisseaux de 74, avec toute ma famille. Nous prendrons terre au Havre ou à Cherbourg, et vous pensez bien, mon très cher et excellent Comte, que je ne reverrai point le beau pays *ch' Apennin parte e 'l mar circonda e l'Alpi*, sans avoir vu la grande Lutèce. J'avais tout à fait renoncé à faire connaissance avec cette sage, folle, élégante, grossière, sublime, abominable cité ; et voilà qu'un événement unique m'y conduit de la manière la plus naturelle. Ce qui me pénètre de joie, c'est l'idée que j'aurai le plaisir d'être présenté à votre bon et auguste Maître, dont j'ai si bien compris la cause, et pour qui j'ai fait tant de vœux avec vous, et sans vous avant de connaître votre chère Excellence. J'espère qu'il daignera me recevoir comme un de ses meilleurs serviteurs étrangers, et je trouverai un plaisir infini à renouveler devant lui ma profession de foi. Vous avez le temps, Monsieur le Comte, de me recommander dans la grande capitale ; et si je trouve en arrivant un mot de vous, *poste restante*, j'avalerai votre prose comme une limonade. Nous ne mettrons guère à la voile que dans les premiers jours de juin. Dès que je serai à Paris, je me hâterai de vous écrire. C'est tout ce que je puis dire aujourd'hui, au milieu des visites, des emballages, des *impedimenti* et des *disturbamenti* qui me suffoquent.

Aimez-moi toujours un peu, Monsieur le Comte, si vous avez le temps. Pour moi, je vous aime, comme disait Mme de Sévigné, *à bride abattue*. Je suis pour la vie, Monsieur le Comte, par terre et par eau, avec les profonds sentiments que vous connaissez, etc., etc.

P. S. — Rodolphe veut que je vous le nomme, et il me querellera si je l'oublie. Moi, je vous prie en grâce de me mettre aux pieds de Madame la Comtesse.

520

A M. le Marquis de la Maisonfort.

Saint-Pétersbourg, 27 avril (9 mai) 1817.

Votre charmante lettre du 14 février, mon très cher et aimable Marquis, m'a transporté de joie, quoiqu'elle m'ait donné quelques remords, en me rappelant ce que je me suis dit mille fois : *Mais, bourreau que tu es, pourquoi donc n'écris-tu pas au Marquis de la Maisonfort ?* Sur mon honneur, je ne saurais pas répondre, ne pouvant comprendre moi-même comment on peut, pendant un siècle, ne pas faire ce qu'on a continuellement envie de faire. Enfin, votre douce épître est venue fort à propos flageller ma paresse et me remettre dans la bonne voie. Cependant, quoique chaque ligne de votre lettre m'ait fait grand plaisir, je n'y répondrai que très légèrement, n'ayant, pour ainsi dire, pas le temps de m'asseoir. Après une longue résidence, qui m'avait à peu près naturalisé, je pars, je fais mes paquets. *J'enfile, tout pensif, le chemin de Mycène, et quitte le séjour de l'aimable Trézène.* Mais, avant de m'en aller boire *les ondes du Pô*, ou, comme on le dirait en prose, l'eau des mauvais puits de Turin, je m'en vais faire un petit tour à Paris. — *Allons donc! vous me me faites un conte!* — Doucement, Monsieur le Marquis! — Ce n'est point ainsi qu'on répond à un homme comme il faut, qui affirme une chose dont il est sûr. Ecoutez mes preuves, je vous en prie; ensuite vous me direz ce que vous en pensez. S. M. l'Empereur de toutes les Russies, envoyant une flotte en France pour en ramener le nombre d'inspecteurs dont elle vous a fait grâce, Elle veut bien me *confier* un vaisseau de 74, que je mènerai parfaitement, avec les conseils du capitaine; et voilà comment, Monsieur le Marquis, Paris se trouvera pour moi sur la route de Turin; et voilà encore qui vous apprendra à ne pas vous presser si fort de dire: *C'est impossible! A d'autres! Vous me faites des contes*, etc., parce qu'encore une fois, cela ne se dit pas. Quand je pense au plaisir que j'aurai de sauter dans vos bras, il me semble que j'y suis déjà. J'aurai soin de ne pas toucher vos jambes, de crainte qu'elles ne vous fassent encore un peu mal; mais si, par hasard, vous aviez mal aux flancs, aux épaules, et surtout aux joues, croyez-moi, demandez main-forte au moment où j'entrerai, car vous courrez grand risque.

Toute la famille, mon cher Marquis, est en train de vous brutaliser aujourd'hui. Mon frère dit que *vous mentez par la gorge* en le traitant d'ingrat, et il jure *par la sienne* qu'il n'est point en arrière avec vous. Il me charge de mille tendresses pour vous, et vous prie de croire que jamais il ne pourra vous oublier. Je vous dis, de mon chef, que plus d'une fois sa distraction a été prise pour de l'indifférence. *Toutefois*, rien n'est plus différent. Ah! que vous m'avez diverti avec votre anecdote du lépreux. En vérité, il faut bien avoir ce que nous appelons à Turin *facia de tola*, pour se permettre de telles impudences; mais votre question à l'aimable lecteur est délicieuse. A propos de *Voyage autour de ma chambre*, avez-vous lu la préface de la dernière édition? Elle est de ma façon, et je serais curieux de savoir si vous trouvez cette bagatelle écrite en style *comme nous*. Puisque vous m'avez fait rire, mon cher Marquis, je ne veux pas demeurer en reste avec vous. Sachez donc qu'un censeur de cette capitale, en examinant pour l'impression le *Lépreux de la Cité d'Aoste*, dit, en jetant les yeux sur le titre : *Hein! On a déjà beaucoup écrit sur cette maladie* ! Ce qui signifiait que mon frère aurait bien pu se dispenser de se mettre sur les rangs. Cela ne vous paraît-il pas joli ? Malgré un avertissement aussi sage, je serais tenté d'écrire encore sur la lèpre, quand je pense à la France, qui est aussi lépreuse, et qui le sera jusqu'à ce qu'elle ait obéi à la loi. Il a été dit aux lépreux en général : *Allez, montrez-vous aux prêtres*. Il n'y a pas moyen de se tirer de là. Ce que vous me dites sur les *curés* est exquis; mais je ne puis allonger mon discours, il faut faire des coffres et des visites.

Vos jambes sont dans ma tête ; jugez si elles me font mal! J'en ai beaucoup parlé avec le Comte de Modène, qui m'a donné tous les détails. Que je vous ai plaint ! On est moins malheureux quand on est malade par la tête : alors au moins on ne sait pas qu'on l'est, et c'est beaucoup. J'espère que votre pressentiment se réalisera, et que j'aurai le plaisir de vous embrasser debout. Mon fils (lieutenant-colonel dans l'Etat-général) est bien sensible à votre souvenir et à celui de Monsieur votre fils, auquel je vous prie de présenter les tendres compliments du père et du fils. Sans doute, mon cher Marquis, ces enfants sont devenus des hommes, à mesure que nous devenions des vieillards. Ils nous poussent, et rien n'est plus juste, puisque nous avons culbuté nos pères. — *Ainsi, sur la plaine liquide, — les flots sont poussés par les flots.* — Sur cela, Monsieur le Marquis, je prie Dieu qu'il vous ait en sa sainte et digne garde ; et, dans la douce attente de vous voir face à face vers les derniers jours de juin, je vous prie de croire, comme au Symbole des apôtres, aux sentiments éternels d'attachement et de haute considération avec lesquels je suis, Monsieur le Marquis, etc., etc.

521

A M. le Vicomte de Bonald, à Paris.

Saint-Pétersbourg, 1er (13) mai 1817.

J'ai reçu, Monsieur le Vicomte, votre dernière lettre, à laquelle je pardonne de s'être fait un peu attendre. Les lettres sont comme les dames : quand elles sont extrêmement aimables, on leur pardonne volontiers d'arriver un peu tard. Je dois répliquer à cette épître par un mot très court et qui vous surprendra beaucoup : *A la fin de juin, je serai à Paris.* Vous me dites, Monsieur, *que vous irez rejoindre vos rochers.* Sera-ce avant cette époque ? J'en serais désolé. Quel chagrin pour moi de manquer cette occasion de nous connaître *face à face !* Si je dois avoir ce malheur, n'oubliez pas au moins de laisser votre adresse chez mon Ambassadeur (le Marquis Alfieri de Sostègne), afin que j'aie le plaisir au moins de vous écrire de Babylone, ville qui tire son nom de Babyl, comme l'observait très bien le profond Voltaire. — A propos de Voltaire, je vous remercie de la brochure qui le concerne, et des autres. Je vous y ai retrouvé tout entier, comme dans tout ce que vous écrivez (1). — Ah ! que vous avez bien raison ! Mais il faut finir. Au milieu des embarras immenses qui accompagnent mon déplacement, je n'ai que le temps d'insérer ce billet dans une lettre très sûre, pour vous faire connaître ma destinée, et l'extrême envie que j'aurais de vous exprimer de vive voix les profonds sentiments d'estime et de considération que vous m'avez inspirés pour la vie. Votre, etc.

---

(1) Nous ignorons à quelle brochure de M. de Bonald fait allusion M. de Maistre.

522

Au révérend Père Rosaven,
De la Compagnie de Jésus.

Saint-Pétersbourg, 4 (16 mai) 1817.

Mon très révérend Père,

J'ai reçu votre lettre du 22 avril (4 mai) dernier, et la précédente, qui est déjà enfouie dans le fond d'un portefeuille. Je vous remercie infiniment de l'une et de l'autre. Il me paraît impossible de rien ajouter à la démonstration négative dont vous m'avez envoyé le *supplément*, ou, pour mieux dire, le *complément*. Il faut cependant en convenir, c'est une bien atroce scélératesse que la supposition de cet édit! En vérité, mon révérend Père, la nature humaine fait peur; dès que la passion s'en mêle, la probité court grand risque : c'est pourquoi il est nécessaire de donner à celle-ci un tuteur de meilleure condition qu'elle.

Vous faites très bien, mon très révérend Père, d'écrire quelque chose pour vous défendre. *Cura de bono nomine*, c'est un précepte de saint Paul. Vous remplirez d'ailleurs ce devoir avec une modération qui ne permettra aucune critique sage. Si toutes mes paperasses n'étaient pas encaissées, clouées, liées, etc., j'aurais voulu vous envoyer ce qui m'aurait paru pouvoir vous être utile. Les chapitres xxxv et xxxvi de mon avant-dernier ouvrage (*Essai sur le principe générateur des institutions humaines*) sont assez chauds sur votre compte : le morceau de Plutarque, surtout, tourné en inscription pour le buste de saint Ignace, a semblé heureux. Si vous pouvez tirer parti de quelques lignes, *per me licet*, et j'en serai très aise. Je ne suis plus maître d'un morceau de papier, et cette lettre, mon cher et révérend Père, est la dernière que vous recevez de moi, datée de cette grande capitale. Je dois m'embarquer sur la flotte que Sa Majesté Impériale envoie en France. L'Empereur a daigné m'arranger parfaitement bien avec toute ma famille. C'est *le Hambourg*, de 74, qui m'est destiné ; mais, ne voyant point encore paraître mon successeur, je commence à craindre que la fortune (comme on dit) ne s'apprête à me jouer quelque mauvais tour. Les probabilités cependant sont toutes pour le départ.

Vous m'avez fait grand plaisir de me faire connaître le fabricateur du libelle que j'ai eu l'honneur de vous adresser. J'aurais bien voulu atteindre les autres pamphlets dont je vous ai parlé ; mais il n'y a pas eu moyen : vous en avez les titres, c'est assez pour qu'enfin ils vous arrivent. J'aurais bien voulu aussi vous adresser le livre tant attendu de M. Stourdza ; mais la chose m'a été de même impossible, quoiqu'il y en ait quelques exemplaires dans la société de Pétersbourg ; cependant, on ne le vend point encore. L'animosité qui dure toujours, et d'autres circonstances encore, doivent donner beaucoup de vogue à ce livre. L'auteur s'y montre sous le triple aspect de chrétien, d'illuminé et de Grec. Sur le premier point, nous sommes d'accord ; sur le second, on n'en finirait pas. Le jeune homme soutient ouvertement le système d'Origène sur l'éternité des peines : je ne sais pas trop comment il s'accordera avec le Saint Synode ; mais on m'assure, pendant que j'écris ceci, qu'après avoir un peu balancé, l'aréopage ecclésiastique avait permis l'impression à Saint-Pétersbourg, ce qui me paraît très digne de remarque (la première édition n'a pu se faire qu'à Weimar). Par le côté de l'Illuminisme ou du Martinisme, M. Stourdza plaira beaucoup dans une ville où ce système gagne tous les jours ; comme je l'ai jadis étudié à fond, je m'amuse beaucoup de tout ce qui s'y rapporte. La conscience de l'auteur, qui est certainement très bonne, lui a dit assez que son livre n'avait été nullement provoqué ; il prend donc ses précautions dans la préface, où il dit que *quelques hétérodoxes* (mille pardons, mon révérend Père), *ayant outragé la religion de son pays, la défense était de droit naturel;* mais, avec sa permission, c'est un sophisme. Quelques personnes s'étaient présentées à la porte de l'église *hétérodoxe* : on l'ouvrit ; c'était mal fait, à la bonne heure ; mais cela ne s'appelle point *attaque*. Jamais on n'a manqué de respect ni d'égards envers les *orthodoxes;* jamais on ne s'est permis des discours, ni, à plus forte raison, des écrits offensants ; ainsi, il n'y a point de parité. Une vengeance juste et noble eût été de compter à peu près le nombre des orthodoxes pervertis il y a deux ans, et de convertir cette année un nombre égal de catholiques. Vous trouverez le style de l'ouvrage bon, ferme et pur, excepté dans les endroits où il est un peu déparé par le pathos mystique. Dans tout ce qui concerne nos querelles particulières, l'auteur est d'une ignorance ou d'une mauvaise foi sans égale, et prêterait le flanc à une critique terrible. Ce qui vous étonnera, mon révérend Père, lorsque vous lirez le livre, c'est le ton général, qui n'est point celui d'un homme du monde, mais plutôt celui d'un régent de mauvaise humeur. M. Stourdza est cependant un homme de beaucoup d'esprit et de talent; et quand on pense qu'il est en état d'écrire en allemand et en russe aussi bien qu'en français, on doit convenir que bien peu de jeunes gens pourraient lui être comparés. Je suis fâché qu'il ait employé ses talents à cette diatribe, et qu'un livre de pure colère soit sorti d'une main que j'aime. Il parle dans un endroit de l'*ignorance de l'Église latine*, ce qui m'a fait dire que je voulais composer un livre sur la *poltronnerie de l'armée russe* : l'un vaudra bien l'autre, en vérité. Bel exemple, mon révérend Père, entre un million d'autres, que, lorsque la passion se montre, le bon sens disparaît.

Je sais bon gré à M. Stourdza de ne nous avoir pas nommé dans son écrit : à cet égard, il a retenu sa plume; je ne sais pourquoi, mais il a bien et noblement fait.

Je ne saurais trop vous remercier du discours de Henri IV. Ne feriez-vous pas bien de l'imprimer à la suite de l'ouvrage que vous méditez? Nous nous sommes parfaitement rencontrés dans le grand argument tiré *des amis et des ennemis*. Je l'ai beaucoup fait valoir moi-même ; et, dans ce genre, mes portefeuilles étaient riches. Dites, je vous prie, à mon cher Père Pietroboni que, si j'avais encore besoin de sa relation, je lui aurais rappelé un discours d'Ovide que nous avons tous les deux récité au Collége : — *Cum subit illius tristissima noctis imago,* — *Labitur ex oculis nunc quoque gutta meis.* Mais, en remuant mes papiers, j'ai trouvé la lettre qu'il avait écrite, qui me fut communiquée dans le temps, et que j'avais égarée ; je ne lui demande donc plus rien. Je lui envoie mille tendres compliments, espérant toujours que tôt ou tard il viendra nous voir en Italie. Mille hommages respectueux au très révérend Père général. J'espère que vos prières accompagneront la famille voyageuse. Il est douteux que je passe encore ici quinze jours ; si donc je puis vous être utile à Paris, écrivez plutôt ici à quelque correspondant qu'à moi, afin qu'au moins il n'y ait pas de lettre perdue. Arrivé à Turin, je m'empresserai de vous donner de mes nouvelles. Ce que vous m'écrirez vous-même *poste restante* m'arrivera toujours.

Mon très révérend Père, nous ne vous oublierons jamais, bien sûrs d'un retour parfait. Recevez en particulier l'assurance de l'inviolable attachement et de la haute considération avec laquelle *je demeure*, comme disaient nos aïeux, mon très révérend Père,

Votre très humble et très obéissant serviteur.

523

A Mme la Princesse de Beloselski.

Saint-Pétersbourg, 2 (14) mai 1817.

Je pars, Madame la Princesse, je pars presque subitement, quoique d'une manière fort agréable. Je laisse à la plume de M. de Laval le soin de vous faire cette narration; car, pour moi, je trouve à peine le temps de vous griffonner quelques lignes à la hâte. Je ne pourrai plus recevoir votre réponse ici. Quelle douloureuse idée, Madame la Princesse, que celle de ne plus vous revoir! Vous m'y aviez préparé par votre établissement à Moscou ; mais, je ne sais comment, vous m'étiez toujours présente tant que je pouvais voir Madame votre sœur, et passer devant votre porte. D'ailleurs vous nous auriez toujours fait quelques visites : maintenant tout est dit. Bonne Princesse, bâtissez-moi un mausolée chez vous, je serai une de vos ombres les plus chéries. La réalité sera bien loin de vous, mais vous serez toujours au rang de mes plus chers souvenirs. En quittant la Russie, je vous remercie de toutes les douceurs que vous m'y avez fait goûter, je ne cesserai de m'honorer du titre de votre ami, et j'espère aussi que vous ne me laisserez jamais glisser hors de votre mémoire. J'embrasse tendrement votre cher Hesper, je lui recommande sa maman. Puisse-t-il, par ses vertus et ses talents payer pleinement vos soins et votre tendresse; je lui donne de tout mon cœur ma vieille bénédiction.

Ma femme et mes filles me chargent de mille compliments pour vous, Madame la Princesse; je laisse ici Rodolphe : s'il peut vous voir, j'en serai bien jaloux. Le Comte de Laval vous dira le reste.

Adieu, Madame la Princesse, adieu ! Ne voyez-vous pas comment je vous fais signe en m'éloignant, mais je diminue à vos yeux et déjà vous ne me voyez plus.

Je suis pour la vie, Madame la Princesse, avec tous les sentiments que vous connaissez, etc.

524

A Mlle Constance de Maistre.

Turin, 6 septembre 1817.

A la bonne heure ! — Quand ta lettre est dans la poche d'un ami, on peut bien passer à la tendresse d'une fille quelques bouffées de ressentiment contre les *petits-maîtres;* mais, par la voie ordinaire, je te renouvelle toutes mes défenses, et plus sévèrement encore que jamais. J'ai donc reçu hier la lettre que tu as remise au bon Marquis, et je te réponds, quoique je n'aie pas le temps de te répondre. C'est pire qu'à Paris ; la tête me tourne. Hier matin, neuf lettres, bien comptées, tombèrent sur ma table, et toutes lettres à prétention qu'il n'est pas permis de négliger. Les visites, les devoirs de tout genre vont leur train. Je me tuerais, si je ne craignais de te fâcher.

Il n'y a rien de si beau, ma chère Constance, il n'y a rien de si tendre ni de mieux exprimé que tout ce que tu me dis ; mais, hélas ! tout cela est inutile : le dégoût, la défiance, le découragement sont rentrés dans mon cœur. Une voix intérieure me dit une foule de choses que je ne veux pas écrire. Cependant je ne dis pas que je me refuse à rien de ce qui se présentera naturellement ; mais je suis sans passion, sans désir, sans inspiration, sans espérance. Je ne vois d'ailleurs, depuis que je suis ici, aucune éclaircie dans le lointain, aucun signe de faveur quelconque ; enfin, rien de ce qui peut encourager un grand cœur à se jeter dans le torrent des affaires. Je n'ai pas encore fait une seule demande ; et, si j'en fais, elles seront d'un genre qui ne gênera personne. En réfléchissant sur mon inconcevable étoile, je crois toujours qu'il m'arrivera tout ce que je n'attends pas.

Tu ne me dis pas moins d'excellentes choses, toutes étrangères à cette étoile et à mon caractère. Le *capital* et l'établissement dont tu me parles sont des rêves de ton cœur ; je les vénère, à cause du pays dont ils partent : néanmoins, ils sont ce qu'ils sont.

Je te répète ce que je t'ai dit si souvent sur ce grand chapitre : Je n'ai ni ne puis avoir aucune idée qui ne se rapporte exclusivement à vous, mes pauvres enfants !

Que m'importe à moi, qui ne suis plus qu'un *minutiste* (comme dit Homère)? Et quand je verrais un siècle devant moi, que m'importerait encore ? Je n'aime pas *moi*, je ne crois pas *moi*, je me moque de *moi*. Il n'y a de vie, de jouissance, d'espérance que dans *toi*. Il y a longtemps que j'ai écrit dans mon livre de maximes : *L'unique antidote contre l'égoïsme, c'est le tuïsme*. — C'est toi surtout, ma chère Constance, qui me verses cet antidote à rasades ; j'en boirai donc de ta main et de celles d'un petit nombre d'autres *tois*, jusqu'à ce que je m'endorme sans avoir jamais pleinement vécu. Avec de certaines dispositions, un certain élan trompeur vers la renommée, et tout ce qui peut l'obtenir légitimement, un bras de fer invisible a toujours été sur moi comme un effroyable cauchemar qui m'empêche de courir et même de respirer. Regarde bien la masse qui est sur ma poitrine, et tu cesseras d'espérer. Je ne te cache pas cependant que nombre de personnes pensent bien autrement : nous verrons. En attendant, je m'en tiens à mon éternelle maxime de supposer toujours le mal, et de me laisser toujours étonner par le bien.

Adieu, petite follette ; jamais je ne t'aurai assez dit combien je t'aime !

525

A Monsieur X.

Turin, 7 septembre 1817.

Monsieur le Comte,

Je réponds pour mon frère à la lettre extrêmement aimable que vous lui avez écrite le 22 du mois dernier, et que j'ai ouverte ici en vertu d'un accord fait entre nous. Je ne perds cependant pas un moment pour lui faire parvenir cette lettre à Saint-Pétersbourg, où il est marié, et établi probablement pour toujours ; et je vous suis garant, Monsieur, qu'il la lira avec le plus grand plaisir. L'auteur du *Voyage autour de ma chambre* et du *Lépreux de la Cité d'Aoste* est fait pour sentir et apprécier des éloges aussi bien tournés et aussi séduisants que ceux que vous avez la bonté de lui adresser. Mon frère s'empressera certainement de vous répondre : en attendant, Monsieur, je puis vous apprendre que l'infortuné lépreux a certainement existé (quoique nous ne sachions plus s'il existe encore), que mon frère, dont le régiment se trouvait, il y a vingt ans peut-être, à la cité d'Aoste, passait tous les jours devant la cabane de ce pauvre homme, et qu'il lui a parlé souvent. Mettez tout le reste, s'il vous plaît, sur le compte de la vigoureuse et philosophique imagination qui a eu l'honneur de vous intéresser si vivement, et, croyez-moi, Monsieur, n'allez point à la cité d'Aoste, du moins pour y voir le lépreux.

Un certain clerc de paroisse disait avec une belle emphase, à propos d'un sermon qu'il entendait porter aux nues : *C'est bien moi qui l'ai sonné!* J'aurais quelque droit de m'attribuer un mérite à peu près de ce genre, au sujet du *Lépreux*, car *c'est* bien *moi* qui l'exhumai, il y a cinq ou six ans, du portefeuille où le plus insouciant des hommes le tenait enseveli, et qui le jetai dans le monde à Saint-Pétersbourg, malgré l'auteur qui disait très sérieusement : *Peut-être que cela ne vaut rien!* Arrivé à Paris, qui est la ville des succès, le *Lépreux* y a fait la fortune que vous connaissez et dont votre lettre est une excellente preuve.

Je pourrais aisément, Monsieur, répondre aux différentes questions que vous adressez à mon frère ; mais j'aime mieux m'en reposer sur lui.

Recevez, je vous prie, l'assurance de la considération distinguée avec laquelle jai l'honneur d'être, Monsieur, etc.

526

A Mlle Constance de Maistre.

Turin, 16 septembre 1817.

Tiens, follette, voilà une lettre de Saint-Pétersbourg, que je crois de ton oncle. J'ai reçu la tienne du 10. Continue toujours à m'envoyer tes admonitions tendres et éloquentes : elles m'amusent infiniment, pas davantage, ma chère enfant, mais c'est beaucoup. J'aime ton esprit, lors même qu'il ne me persuade pas du tout. Je serais un grand sot, si, à mon âge, je ne me connaissais pas du tout ; ou, pour mieux dire, si je ne me connaissais pas parfaitement. Or, l'unique chose qui me distingue d'un sot, c'est de savoir en quoi je suis sot. Je sais bien servir les hommes, mais je ne sais pas m'en servir : l'action me manque. La troisième personne de la trinité humaine que je n'ai pas tant mal déchiffrée, ce me semble, est blessée dans moi. *Je voudrais vouloir*, mais je finis toujours par penser, et je m'en tiens-là. Tout ce que tu pourras dire, ma bonne Constance, est parfaitement inutile ; tu ne me feras pas remuer ! Comment pourrais-je agir sans vouloir ? C'est cependant l'état où je suis, car je suis fort éloigné d'avoir une volonté déterminée ! Un certain mouvement me rappelle

encore où tu es; je m'y figure un état fantastique et patriarcal qui aurait ses douceurs : bientôt je me moque de moi-même, et. . . . .
. . . .
. . . .
. . . .

527

A Mme la Comtesse de Rzewuska.

Turin, 14 octobre 1817.

Qui, moi, Madame la Comtesse, je pourrais vous oublier, je pourrais ne pas répondre à vos lettres? Comment pouvez-vous me soupçonner d'un tel forfait? J'ai répondu très exactement à la charmante lettre que vous eûtes la bonté de m'écrire à Paris, et je copiai scrupuleusement l'adresse que vous m'aviez donnée. N'est-elle pas écrite dans ces tablettes rouges qui ne m'abandonneront plus? Les petits meubles sont immortels de leur nature; quant au maroquin, il peut se faire qu'il se frippe, mais alors je vous enverrai les tablettes, Madame la Comtesse, afin que vous le fassiez changer; amassez de l'argent d'avance pour la circonstance.

C'est mon ami Rodolphe qui m'a remis votre lettre : je radote, je voulais dire *la lettre d'Adèle;* mais c'est la même chose. Chez nous tout est commun, une lettre de vous est un bien de famille; elle vous aime bien cette Adèle, et Rodolphe pas mal. Madame la Comtesse, nous nous levons en masse pour nous ressouvenir de vous, et vous chérir de tout notre cœur. Le chef de la famille, avant tous les autres, attache un prix extrême à se voir constamment écrit dans le livre de vos souvenirs. Il ne demande pas des lettres majuscules, cependant il voudrait quelques petites distinctions : écrivez-le, si vous voulez, en lettres italiques, pourvu que ce soit autrement que tous les autres. C'est, comme vous voyez, Madame la Comtesse, de l'humilité orgueilleuse. Et voilà comment est faite ordinairement l'humilité des hommes.

Est-il possible, ô Rosalie (ceci est une forme antique)! est-il possible que je ne doive plus vous parler, que je ne doive plus voir marcher l'*Esprit sur deux jambes?* — N'ai-je pas eu l'honneur de vous dire que c'était votre nom ? — Vous pourriez fort bien me lire avant de m'adresser la parole : cependant je ne puis vous l'assurer. Je n'ai point encore de réponse définitive. Si l'on vient à m'imprimer, j'ai beaucoup réfléchi aux moyens de prévenir les libraires auprès de vous. Mais c'est une chimère, soit que vous demeuriez à Saint-Pétersbourg, soit que vous retourniez en Sarmatie ou ailleurs. Si donc il arrive que je sois imprimé, vous en serez instruite sur-le-champ, et dans ce cas, arrangez-vous avec les *Bibliopoles* pour être servie sur-le-champ, car ma bonne volonté n'aboutira qu'à vous faire tenir un second exemplaire l'an 1900. Rodolphe m'a dit qu'il y a déjà des commissions et des accaparements à Saint-Pétersbourg, chez S. Florent. Mon imprimeur à Paris sera Le Normand; si l'on ne m'a pas parlé *normand*, je ris beaucoup de l'empressement de Saint-Pétersbourg.

A propos, Madame la Comtesse, je vous dois des remerciements infinis pour l'heureux éclat de rire que vous m'avez procuré à Paris, en m'apprenant comment l'été commençait à Saint-Pétersbourg. Je ne vous croyais pas si forte en météorologie. Tant y a que je jurai de vous en remercier à la première occasion.

Je m'incline, Madame la Comtesse, avec le plus respectueux attachement devant votre sainte et charmante amabilité.

528

A M. le Vicomte de Bonald.

Octobre 1817.

Monsieur le Vicomte,

Chaque jour, en m'éveillant, je me répète le fameux vers de Voltaire :

L'univers, mon ami, ne pense point à toi.

Si donc Mme la duchesse de Duras a *pris la liberté* d'oublier parfaitement et moi et mon manuscrit, je l'en absous de tout mon cœur. Je trouve très juste qu'elle mette mille et une pensées avant celle d'un Allobroge qui a passé devant elle comme une hirondelle, et qui n'a eu, par conséquent, ni le temps ni l'occasion de s'enfoncer un peu plus dans son souvenir.

Par la même raison, Monsieur le Vicomte, je ne m'avisais point du tout d'être *étonné* de votre silence. Je dirai toujours de vous : *Virgilium vidi tantum!* Moi qui avais tant d'envie de vous voir, je n'ai pu que vous entrevoir. D'où me viendrait le droit de vous voler votre temps ? Je n'en ai d'autre auprès de vous que celui d'être un de vos admirateurs ; mais, dans ce cas, tout Européen aurait droit de vous donner des commissions, ce qui ne laisserait pas que d'être un peu fatigant. Je me sens glacé lorsque je lis dans votre lettre : *Je vais lire votre manuscrit.* Bon Dieu ! auriez-vous cette complaisance ? La lecture d'un manuscrit m'a toujours paru le tour de force de l'amitié ; c'est trop demander à la courtoisie ; si cependant vous avez cette bonté, rien n'égalera ma reconnaissance.

Mais voici un imbroglio du premier ordre : des personnes qui s'intéressent fort à la publication de mon ouvrage m'assurent qu'elle ne sera point permise en France, à cause du ive livre, où je prouve jusqu'à la démonstration (du moins je m'en flatte), que le système Gallican, exagéré dans le siècle dernier, nous avait conduits à un véritable schisme de fait, infiniment nuisible à la religion. Quoique j'élève d'ailleurs l'Eglise Gallicane aux nues, cependant ou se tient sûr que la censure me chicanera sur les vérités que je dis à ce sujet à cette vénérable Eglise. Alors, quel chagrin pour moi si je venais à embarrasser Monsieur Le Normand, à créer un procès d'indemnités, etc. ! Dans le doute, voici le parti que j'ai pris : je remets cette lettre à M. le Marquis de Clermont Mont-Saint-Jean, qui veut bien se charger de vous la rendre en mains propres, et en qui j'ai toute confiance. Si vous prévoyez la moindre difficulté du côté de la censure, ayez la bonté de rendre le manuscrit au Marquis de Clermont. Il voudra bien se charger de me l'adresser, et tout est fini à Paris ; je suis sûr d'un imprimeur dans nos parages.

Dans la supposition contraire, j'aurai l'honneur de vous faire passer la fin de l'ouvrage aussitôt que je le pourrai. Ce sera à M. Le Normand de diviser l'ouvrage comme il l'entendra. Le titre du IIe volume est mobile, il peut le placer où il voudra pour égaliser les volumes.

Vous ne voulez pas me corriger? Trêve de compliments, Monsieur le Vicomte, tant pis pour moi. Combien j'aurais gagné à cette revue ! Mais c'est trop exiger. J'aurais bien voulu au moins avoir de vous quelques mots laconiques sur certains points capitaux : La *Souveraineté* par exemple, *l'Esclavage*, le *parallèle de la Dispense et de l'Insurrection*, le *Célibat*, mais surtout et avant tout l'*analogie mystérieuse* que je crois avoir découverte *entre la pureté du système religieux et la longueur des règnes*. C'est sur quoi j'avais pris la liberté de vous demander le secret jusqu'à l'impression, car il ne me semble pas que cette observation ait été faite jusqu'à présent, mais peut-être que je me trompe.

Très peu de temps après vous avoir écrit ma dernière lettre, Monsieur le Vicomte, j'appris les cruelles angoisses qui vous oppressaient. Je vous félicite de tout mon cœur de ce qu'elles ont cessé. Le mois de novembre vous en amènera d'une autre espèce. Hélas ! Qu'arrivera-t-il ? Dieu seul le sait, et peut-être aussi que le diable est du secret. Quant à moi, je suis toujours plein d'espérances.

Vous les avez lues peut-être dans mon *discours préliminaire*. Toujours elles sont les mêmes : il faut que la religion refasse la monarchie, et c'est ce qui arrivera, malgré toutes les apparences contraires. Mais par quelles secousses parviendra-t-on à ce point final? Sur ce point je m'incline, et je charge mon fils de battre des mains à la fin de la pièce. C'est à lui d'entendre : *Ultimum illud, plaudite !*

Conservez-moi votre bienveillance, Monsieur le Vicomte, et croyez à l'intérêt particulier que je prendrai constamment à tout ce qui pourra vous concerner. Recevez, je vous en prie, l'assurance de ma reconnaissance sans bornes, et de la haute considération avec laquelle je suis, Monsieur le Vicomte, etc.....

P. S. — Oserais-je vous prier de vouloir bien écrire sous l'épigraphe de mon ouvrage Εἷς κοίρανος ἔστω, après le mot Homère, Iliade, II, 197 ; et sur le revers de la même page, à la suite du même mot Homère, Iliade, II, 196-200. C'est une traduction rigoureuse d'Homère, mot pour mot.

529

Au Même.

Turin, 15 novembre 1817.

Monsieur le Vicomte,

Ce qu'on appelle un homme parfaitement *désappointé*, ce fut moi lorsque je ne vous trouvai point à Paris, au mois d'août dernier. Comme on croit toujours ce qu'on désire, je m'étais persuadé que je vous rencontrerais encore; mais il était écrit que je n'aurais pas le plaisir de connaître personnellement l'homme du monde dont j'estime le plus la personne et les écrits. Pour me consoler, autant que la chose était possible, ma bonne fortune me présente deux de vos ouvrages : *votre fils et vos pensées*, rendues plus intéressantes encore, parce que le second ouvrage était présenté par le premier. Il m'eût été bien agréable, Monsieur le vicomte, de pouvoir jouir à mon aise de la société de M. l'abbé de Bonald ; mais il m'est arrivé ce qui arrive à tous les étrangers : le tourbillon m'a saisi, et ne m'a abandonné que lorsque, tout étourdi et tout haletant, je suis monté dans ma voiture pour me rendre à Turin. La Cour, la ville, les Tuileries, les Variétés, le Musée, les Montagnes, les ministres, les marchands, les choses et les hommes se sont si fort disputé ma pauvre personne, qu'il me semble aujourd'hui n'avoir rien fait et n'avoir rien vu, et que je ne suis pas même bien sûr d'avoir été à Paris. Je crois néanmoins, en y pensant mûrement, que réellement j'y ai été, et que j'ai pu même y faire quelques observations. J'ai bien senti, par exemple, *ce je ne sais quoi* qui fait de Paris la capitale de l'Europe. Il est certain qu'il y a dans cette ville quelque chose qui n'est pas dans les autres ; il n'en est pas, je crois, où l'étranger soit plus à son aise, *plus chez lui,* si je puis m'exprimer ainsi ; sans doute je n'ai pu y séjourner assez pour... Mais je ne veux pas faire un *Essai sur Paris.* Je cours à vos *pensées,* dont j'ai été enchanté : elles sont tour à tour jolies, belles, fines, consolantes, profondes, pointues, etc., etc. Il en est aussi qui sont des *thèses,* des sujets de discours ; mais, en choisissant celles qui appartiennent plus particulièrement à la classe des maximes ou qui s'en approchent, on en ferait encore un excellent volume, qui vous mettrait à côté des plus excellents *pensiers* français. Après avoir exprimé ainsi mon jugement avec une parfaite franchise, je ne sais comment faire pour vous exprimer aussi le plaisir que m'a fait éprouver une coïncidence d'idées telle que peut-être il n'en a jamais existé. J'ai peur qu'il n'y ait de l'impertinence à faire cette observation ; mais, bon Dieu ! je ne sais qu'y faire, la chose est ainsi ; et si j'avais l'inexprimable plaisir de vous voir au milieu de tous mes papiers, je vous amuserais vous-même, Monsieur le Vicomte, en vous montrant dans mes griffonnages ce que les théologiens appellent *loca parallela.* Dites-moi je vous en prie, si vous n'avez point senti que je vous sautais au cou après avoir lu ce que vous dites en deux ou trois endroits de ce détestable Condillac, l'idole fatale de la France, et l'instituteur de votre jeunesse. Vous faites aussi bonne justice de monsieur son frère, et même de Buffon. Mais Buffon me rappelle une anecdote que je veux vous conter. Je m'entretenais un jour (il y a bien longtemps que ce jour est passé) avec un terrible répétiteur piémontais, sans goût ni grâce, ni linge blanc; mais, du reste, profondément instruit. Buffon m'ayant passé dans la tête je ne sais comment, je dis à mon savantasse : *Abbate mio, cosa pensate del nostro gran Buffon?* Alors, avec un ricanement à faire peur, il me répondit, en haussant les épaules et jouant sur le mot : *Gran Buffone!*

Je vous ai trouvé excessivement Français dans quelques-unes de vos pensées. On vous en blâmera ; mais pour moi, je vous pardonne. *Je le suis bien, moi qui ne le suis pas.* Pourquoi n'auriez-vous pas le même droit? Buffon dont nous parlions tout à l'heure, et qui était au moins un très grand écrivain, a dit, dans son discours à l'Académie, que *le style est tout l'homme.* On pourrait dire aussi qu'*une nation n'est qu'une langue.* Voilà pourquoi la nature a naturalisé ma famille chez vous, en faisant entrer la langue française jusque dans la moelle de nos os. Savez-vous bien, Monsieur le Vicomte, qu'en fait de préjugé sur ce point, je ne le céderais pas à vous-même. — Riez, si vous voulez : mais il ne me vient pas seulement en tête qu'on puisse être éloquent dans une autre langue autant qu'en français. Si vous me chicanez à cet égard, je vous ferai à mon tour mauvais parti sur vos pensées françaises.

Je ne vous ai rien dit encore sur votre second volume ; mais c'est un ouvrage d'un autre ordre et déjà jugé. Qui n'a pas admiré les opinions que vous avez émises dans la Chambre ? Je m'attends à vous admirer encore incessamment sur le même théâtre ; hâtez-vous, je vous en prie, et surtout défendez bien le Concordat.

Il y a un temps infini, Monsieur le Vicomte, que je voulais vous demander des nouvelles de ce fameux ouvrage posthume de Leibnitz, qu'une dame protestante, tournant au catholicisme, m'avait fait connaître déjà en 1796. Vous me fîtes l'honneur de m'écrire à Saint-Pétersbourg, il y a bien deux ans, je crois, que *l'ouvrage s'imprimait*, et dès lors il ne m'a plus été possible d'en savoir davantage. Au nom de Dieu, Monsieur le Vicomte, lorsque les *Chambres*, les Cabinets, et tous les autres ennemis de votre loisir, vous accorderont trente ou quarante minutes disponibles, profitez-en pour m'apprendre ce qu'il en est de ce livre, et que Dieu vous le rende !

Je ne connais point encore les intentions du Roi à mon égard. — Je suis fort bien traité à la Cour, mais sans prévoir encore ce que tout cela signifie ; il est vrai que je n'y tâche pas. Je n'ai pas fait une demande, ni une visite *intentionnelle*. Ma philosophie fait rire le Roi, qui me dira son secret quand il voudra. En attendant, le public, dans sa bonté, me donne tous les jours un emploi auquel il ne manque que des *lettres patentes*.

Voilà six lignes à prétention bien comptées, car j'ai celle de croire que je ne vous suis pas totalement indifférent.

Agréez, etc., etc.

530

A M. le Comte de Stolberg, à Munster.

Turin, décembre 1817.

Monsieur le Comte,

Il s'est établi à Turin, depuis quelques années, sous le nom modeste d'*Amis catholiques,* une société dont le but principal est de propager la lecture des bons livres, en les tenant à un prix très bas, et souvent même en les donnant, autant que ses moyens le lui permettent, afin de faire circuler la bonne doctrine jusque dans les dernières veines de l'Etat. Vous voyez, Monsieur le Comte, que notre but est précisément la contre-partie de la funeste propagande du siècle dernier, et que nous sommes parfaitement sûrs de ne pas nous tromper, en faisant précisément pour le bien ce qu'elle a fait pour le mal avec un si déplorable succès. Parmi les livres, nous choisissons surtout ce qu'il y a de plus court et de plus à la portée de tout le monde ; mais nous tâchons de nous proportionner, autant qu'il est possible, aux âges, aux caractères et aux capacités différentes. Le genre polémique, l'historique et l'ascétique occupent alternativement notre pensée, et nous varions nos armes suivant les circonstances. Les petits traités qui nous occupent principalement n'écartent cependant pas nos yeux des ouvrages capitaux, et bientôt nous aurons le plaisir d'écrire dans la liste de nos livres une traduction italienne de votre précieuse *Histoire ecclésiastique*. Cette traduction part de la plume élégante de M. le chevalier de Rossi, et tout nous porte à croire qu'elle sera digne de l'original.

Notre correspondance s'étend déjà à Rome et dans les principales villes d'Italie, à Paris, à Vienne, à Genève, etc.

Nous avons pensé, Monsieur le Comte, que vous associerez volontiers votre respectable nom à ceux dont vous trouverez la liste ci-jointe. Car il faut bien que vous connaissiez, au moins de cette manière, les *amis* qui se présentent à vous. Je suis enchanté, Monsieur le Comte, d'avoir été choisi par eux pour être auprès de vous l'organe de leur profonde estime : il faudrait ne pas habiter l'Europe pour ignorer votre caractère, vos travaux et vos saintes résolutions.

Je ne sais pourquoi, Monsieur le Comte, je n'ai pas commencé par vous dire que nous avons mis notre société sous l'inspection et la présidence immédiate de l'Archevêque de Turin. Ennemis mortels de l'*esprit particulier*, notre premier devoir était de le chasser absolument de chez nous.

Permettez-moi maintenant, Monsieur le Comte, d'ajouter quelques lignes en mon nom. Pendant mon séjour à Pétersbourg, où j'ai résidé très longtemps en qualité d'Envoyé extraordinaire et Ministre plénipotentiaire de S. M., je cédai au désir de vous adresser un opuscule qui venait de tomber de ma plume, et qui n'est plus sous ma main dans ce moment : je l'accompagnai d'une lettre du 10 (22) juillet 1814, et le tout fut remis à un homme qui prit auprès de moi l'engagement de vous faire parvenir mon paquet; j'ai eu dès lors, indépendamment même de votre silence, les plus fortes présomptions que mon paquet avait été supprimé par la plus inexcusable curiosité : cependant il est possible que vous m'ayez fait l'honneur de me répondre, et que votre lettre se soit égarée ; je ne voulus point, dans le temps, vous ennuyer de cette misère ; mais, puisque je trouve l'heureuse occasion de vous écrire, je vous prie de me faire savoir si, en effet, ma lettre ne parvint pas. Elle ne contenait, au reste, que l'expression de mes sentiments pour votre personne, et par conséquent ce que tout homme pensant comme moi vous aurait écrit comme moi.

Agréez, Monsieur le Comte, les assurances de la haute considération, etc.

531

A M. Dumont,
Bachelier en droit, à Cluses, province de Faucigny, en Savoie.

Turin, 3 janvier 1818.

MONSIEUR,

Rien ne pouvait m'être plus agréable, sous tous les rapports, que votre lettre du 22 décembre. D'abord, j'ai été enchanté de n'être point tout à fait oublié de M. le Chevalier de Maimieux, après vingt ans d'un silence ordonné par des circonstances déplorables qui se sont jetées entre lui et moi, et qui ont fait disparaître surtout le lien si respectable, du moins pour moi, de notre ancienne correspondante, l'excellente Chanoinesse de Pollier. Quels efforts n'ai-je pas faits pour savoir si elle existait, et pour découvrir le lieu où elle s'était cachée ! Mais tous ces efforts ont été vains ; et quand je vis que notre amie commune, la digne Baronne de Pont, qui a disparu de cette malheureuse planète, n'avait pas été plus heureuse que moi, je pensai bien que je devais renoncer a tout espoir ; et jamais, en effet, je n'ai pu découvrir aucune trace de cette excellente Chanoinesse. Vous ne me dites pas, Monsieur, si elle existe encore. — Je n'ose pas vous faire une question.

Si je n'en croyais que les mouvements de mon cœur, je m'empresserais d'écrire à M. le Chevalier de Maimieux ; mais je crains d'ouvrir de nouvelles correspondances sans pouvoir y satisfaire, tant je suis oppressé et presque étouffé dans ce moment. Chargez-vous, Monsieur, je vous en prie, de lui faire passer les témoignages les plus sensibles de ma reconnaissance ; c'est un véritable bonheur pour moi d'avoir pu intéresser un personnage de ce mérite ; et s'il a donné son approbation à quelques lignes tombées de ma plume, je veux qu'il sache qu'elle est pour moi au-dessus de mille autres.

Passant de l'inventeur à l'invention, je ne puis vous exprimer, Monsieur, l'immense intérêt que m'inspire cette *pasigraphie ;* en admettant la certitude de cette méthode et son usage général, elle éclipse celle de l'imprimerie, de la boussole, des pendules, de la pompe à feu, en un mot tout ce qu'il y a de plus grand dans le domaine du génie. — Je dis, du fond de mon cœur : *Quod felix faustumque sit* !

Il y a vingt ans que je disais, au moins quant au sens général, dans un Mémoire remis à la Chanoinesse de Pollier : « Je désirerais savoir en quoi la pasigraphie
« diffère de l'écriture chinoise ; car l'homme, de quel-
« que manière qu'on s'y prenne, ne peut peindre que
« des idées ou des sons. Dans le premier cas, il parle
« chinois ; car tout le monde sait qu'un Chinois, un
« Japonnais, un Coréen, un Cochinchinois (et d'autres
« peut-être) qui lisent un livre chinois, lisent chacun
« dans sa langue sans se comprendre nullement : ce qui
« constitue bien précisément une pasigraphie. »

Je demandais, en second lieu, « *si,* et *par quel moyen,* la pasigraphie peut éviter la synonymie. » Vous me pasigraphiez, par exemple, cette phrase française : *Il est tombé dans le gouffre ;* qui m'empêchera de lire : *il a roulé dans l'abîme ?*

La difficulté est la même à l'égard de la langue chinoise, lorsqu'il s'agit de traduire la langue écrite dans la langue parlée. Je la proposai donc à Saint-Pétersbourg aux interprètes de l'Empereur ; mais, comme ils savaient très mal le latin, unique langue commune entre nous, ils ne surent pas me satisfaire.

Je me rappelle que M. le Chevalier de Maimieux, dans une lettre à la Chanoinesse, lui disait en passant, et sans aucun détail, que *la pasigraphie n'était point une langue chinoise.*

Dans ce moment la foudre éclata ; je partis. Le tourbillon m'emporta en Piémont, à Venise, en Toscane, en Sardaigne, et enfin en Russie, d'où je rapporte la même ignorance et la même curiosité. Je ne pourrais, Monsieur, vous exposer mes idées sur ce point, sans sortir tout à fait des bornes d'une lettre. Je me borne donc à vous féliciter d'être devenu l'un des organes d'une invention qui doit les passer toutes dès qu'elle sera adoptée, et qui fait dès à présent le plus grand honneur à l'éminente sagacité de l'inventeur.

En vous choisissant, Monsieur, pour son disciple, son ami et son collaborateur, il a fait de vous un éloge qui vous recommande suffisamment à tous les amis des sciences. Recevez, Monsieur, l'assurance la plus sincère de toute ma reconnaissance, de ma profonde estime, et de la considération la plus distinguée avec laquelle j'ai l'honneur d'être, etc.

532

† *A M. l'Abbé Vuarin,*
Curé de Genève.

Turin, 26 janvier 1818.

Monsieur l'Abbé,

J'ai reçu votre lettre du 30 décembre, et toutes les pièces intéressantes que vous y avez jointes. Je vous en remercie infiniment ; rien n'est ausssi amusant que de voir les combats de ces Messieurs. Il nous a été dit : *Rogate quæ ad pacem sunt Jerusalem.* Or, rien n'établit la paix dans Jérusalem comme les divisions intestines de Moab et d'Amalec. Ainsi, il n'y a pas de mal d'attiser un peu la querelle. Je ne sais si je pourrai joindre à cette lettre l'esquisse d'une réponse à M. Célerier. Depuis plusieurs jours, je cherche, sans le trouver, le moment d'écrire cette feuille ; et quand elle vous arrivera, Monsieur l'Abbé, je crains qu'il ne soit plus temps. J'aurais cru jouir ici d'un peu de liberté ; mais point du tout, jamais je n'ai moins disposé de mon temps Enfin, Monsieur l'Abbé, on fait ce qu'on peut, et j'espère que vous me pardonnerez si je ne remplis pas toutes vos vues. Le temps approche où, suivant toutes les apparences, il faudra jeter ma plume philosophique et m'enfoncer de nouveau dans les affaires. Je suis prêt à dire : *Quod Deus avertat!* mais j'ai peur que ce soit un péché.

J'ai de terribles notes sur Genève et sur Calvin. Mais tous mes papiers sont encore emballés. Trouveriez-vous à Genève les opuscules de Lessius (*Leonardi Lessii, e Soc. Jesu, opuscula;* Lyon, in-folio) ? Dans ce volume, vous trouverez son traité *De vera capessenda religione.* Saint François de Sales disait : *C'est Dieu qui vous l'a dicté;* et véritablement c'est un ouvrage admirable. Vous y trouverez un chapitre *sucré* sur Calvin, et sur les honorables causes qui le firent chasser de Noyon, sa patrie. Voyez cela, et lisez aussi l'article *Lessius,* dans le Dictionnaire historique de Feller. — Dans les représentations du curé (p. 6), d'ailleurs excellentes, j'ai remarqué le passage « *Le second est un recueil des principaux passages,* etc. » Ici, peut-être, le curé est allé trop loin. Il est permis au théologien protestant de citer l'Ecriture contre nous (bien ou mal), pourvu qu'il n'insulte pas. C'est ici un grand point, Monsieur l'Abbé, et sur lequel il faut bien se garder de passer légèrement ; vous verrez, j'espère, une note dans mon ouvrage relative à cette observation.

Quant à vous, *anti-picot,* prenez bien garde, je vous prie, à l'objection tirée de la science. L'article est délicat. Je n'ai pu lire encore ce qu'on a répondu à ce polisson de Villier (apostat, comme vous savez); mais c'est un sujet que j'ai beaucoup médité. La science est une plante qu'il faut abandonner à sa croissance naturelle. Je regarde le protestantisme comme un engrais brûlant qui a forcé la végétation. Ce n'est pas le tout d'être savant ; il faut l'être comme il faut, et quand il faut, et autant qu'il faut. Le feu qui fait vivre l'homme, le feu qui le réchauffe quand il a froid, et le feu qui le brûle s'il y tombe, ne sont pas tout à fait la même chose quant au résultat ; c'est cependant toujours *le feu*. Il y a beaucoup à dire là-dessus, mais il n'y a, comme vous le savez probablement, que vingt-quatre heures dans le jour. Là-dessus, sommeil, repas, visites actives et *très passives*, bavardages inévitables, correspondances terribles, affaires proprement dites, etc.., Malheur à l'homme du monde ! Sans cette dame qui est là, à côté de moi, et qui vous fait ses compliments, je me ferais Jésuite, mais elle ne veut pas se faire religieuse, et je ne me sens nulle éloquence pour l'y déterminer. Ainsi, je barbouillerai quelques pages de moins dans ma vie.

Pour en revenir au sérieux, je ne saurais vous exprimer, Monsieur, à quel point le cœur me bat dans ce moment où l'impression de mon ouvrage paraît décidée. Qui sait comment ma hardiesse sera jugée ? Mon duel avec Bossuet sera regardé comme un sacrilège. En tout cas, je l'ai attaqué en face après l'avoir averti ; ainsi, je suis en règle, suivant toutes les lois de l'honneur. Vous trouverez peut-être que j'exagère, mais je pense que les maximes gallicanes et l'autorité gigantesque de Bossuet sont devenues un des grands maux de l'Eglise. Il faut absolument que le clergé apostolique de France me soutienne dans cette occasion, de sa plume même, s'il est nécessaire ; car ces nouvelles et grandes entreprises ont besoin d'un concert général de *tous les frères*.

Par ce courrier, ou par le suivant, j'aurai l'honneur de vous adresser encore quelques corrections pour mon ouvrage. Je sens bien que c'est une grande indiscrétion envers le pauvre correcteur ; mais si c'est un homme à vous, je suis persuadé qu'il s'y prêtera *pour l'amour de Dieu*. Recommandez donc encore cette petite affaire, je vous en prie.

J'oubliais de vous dire que, sur l'article de la science, il faudra marcher droit dans l'*anti-picot* pour n'être pas injuste. Spon, Senebier, Cramer, Saussure, Deluc, Rousseau, etc., etc., sont bien incontestablement Génevois, et ce ne sont pas des noms vulgaires.

J'ai profité d'un bal de Cour, dont je me suis dispensé, pour esquisser la réponse que vous m'avez demandée. Je l'ai écrite, *calamo scribæ velociter scribentis*, et pour ainsi dire sans respirer ; c'est ainsi que je l'écrirais, mais qui sait si c'est la manière qui vous convient ? Tirez-vous de ce vilain brouillard comme vous pourrez, et si le projet ne vous plaît pas, livrez-le sans façon au dieu Vulcain. Ce que je vous demande, Monsieur l'Abbé, très explicitement et sur votre parole d'honneur, c'est que mon nom ne soit point prononcé, et que pour aucune raison mon écriture ne paraisse.

J'ai vu à Paris M. l'Abbé de Trevern, qui est un homme d'un très grand mérite. Je n'ai pu lire encore son ouvrage, faute de temps. Je sais cependant qu'il contient d'excellentes choses ; malheureusement l'ouvrage est gallican à l'excès, et j'ai eu lieu de me convaincre, par la conversation même de l'auteur, que, suivant lui, *les prétentions de la Cour de Rome sont le véritable obstacle à la réunion des chrétiens.* Vous voyez que nous ne sommes pas tout à fait du même régiment. Croyez que les Quatre Articles font à l'Eglise autant de mal qu'une hérésie formelle.

Agréez, Monsieur l'Abbé, l'assurance bien sincère de la haute estime et de la respectueuse considération avec laquelle j'ai l'honneur d'être, etc.

533

A M. Dumont,

Bachelier en droit, à Cluses, province de Faucigny, en Savoie.

Turin, 27 février 1818.

Monsieur,

Si je n'ai pas répliqué plus tôt à votre intéressante lettre du 16 janvier, c'est que je suis très peu maître de mon temps, et que, d'ailleurs, je désirais connaître le sentiment de l'Académie des sciences, juge naturel de ces sortes de choses. Je vous le dis avec un véritable regret, Monsieur, mais je ne crois pas que vous obteniez ici aucune protection, et je doute surtout que l'Académie vous soit favorable. Vos lectures auront pu vous convaincre, Monsieur, qu'il y a une opinion générale contraire à la pasigraphie ; dernièrement encore, en feuilletant un ouvrage immense et singulier de M. An-

quetil (*Oupnek'hat*, ou Philosophie indienne), j'ai rencontré un trait assez violent contre le nouvel *arcane*. Je suis en mon particulier, ainsi que j'ai eu l'honneur de vous le dire, au nombre des hommes les plus désireux d'être détrompés et instruits ; mais, en attendant, mes doutes subsistent de toute leur force, et j'en reviens toujours à l'écriture chinoise. Vous êtes surpris, Monsieur, que je compare une langue *qui compte quatre-vingt mille caractères*, avec la pasigraphie, qui n'en présente que douze ; mais je suis surpris, à mon tour, de votre manière de concevoir cette prodigieuse langue chinoise : « Elle n'a que trois caractères (je cite un au-
« teur sûr) : la ligne droite, la ligne courbe, et le point.
« Chacun d'eux est différemment placé et répété plus
« ou moins de fois, mais toujours sans faire aucune
« confusion à la vue. Les diverses combinaisons de ces
« trois sortes de traits forment les deux cent quatorze
« caractères radicaux, ou éléments de la langue chi-
« noise. Chacun de ces éléments répond à une idée
« simple ou générale et plus commune ; et ces éléments
« combinés les uns avec les autres forment les soixante
« ou quatre-vingt mille caractères dont l'écriture chi-
« noise est composée. On nomme ces deux cent qua-
« torze caractères *clefs* ou *racines*, et ils forment dans
« les dictionnaires les deux cent quatorze classes ou
« genres différents, sous lesquels on range les carac-
« tères dont ils font la partie principale, etc., etc. »

Et que peuvent être vos *tableaux*, Monsieur, sinon les *classes* ou *genres* chinois ? La langue de la Chine n'a que quinze cents mots, tous monosyllabes, de sorte que chacun de ces mots doit avoir de quarante à cinquante significations ; mais celui qui en connaît quinze ou vingt peut déjà lire un très grand nombre de livres.

Le Chinois veut-il exprimer un son et non une idée (par exemple, un nom propre)? Il cherche dans sa langue les sons dont il a besoin, il trace à côté une ligne qui avertit de les prendre *comme sons*. Supposons, par exemple, que le monosyllabe *du*, dans sa langue, signifie *poudre*, et que l'autre monosyllabe *mont* signifie *canon ;* s'il écrit $\left|\begin{array}{c}du\\mont\end{array}\right.$, on lira *Dumont*, et non point *poudre à canon*, et l'on sait qu'il s'agit d'un nom propre ; que s'il ne trouve point dans ses quinze cents monosyllabes de sons propres à rendre ceux du nom qu'on lui propose, le Chinois ne peut plus l'écrire, ou il faut qu'il le défigure de la manière la plus étrange. C'est ainsi que mon nom, sous la plume des Chinois, est devenu Massiteli.

J'ai sous les yeux, dans ce moment, une ode chinoise traduite en français par le P. Amiot, et en anglais par le Chevalier Jones. Elles renferment des différences qui tiennent à la langue, parce que, dans toute langue qui représente les idées, l'exactitude est impossible. Vous me parlez de *langage humain oculaire :* je vous demande pardon, Monsieur, mais je ne puis vous comprendre. Si vos caractères ont des noms, et si ces noms réunis en forment d'autres, comme dans la langue chinoise, c'est autre chose. Je comprends, par exemple, que vous pouvez écrire *abîme*, et m'empêcher de lire *précipice ;* différemment, la chose me paraît métaphysiquement impossible. Je ne vois, ni dans votre prospectus ni dans votre lettre, si vos caractères ont des noms. Les prononcez-vous, ou ne sont-ils faits que pour les yeux? Pouvez-vous dire, comme le Chinois, le signe *pi*, le signe *fo*, le signe... etc.? Une expérience décisive serait fort de mon goût: je voudrais dicter quarante ou cinquante mots à un pasigraphe, puis les mêmes à un autre et *à part :* ensuite je les prierais d'échanger les deux écritures pasigraphiées, et de m'en faire lecture l'un après l'autre, et *à part :* s'ils me lisent les mêmes mots, la question est décidée quant à la réalité de l'invention. — Mais prenez garde, Monsieur, qu'elle ne le serait point encore sous le rapport de l'utilité; ce qu'il me serait aisé de prouver, si je n'étais pas forcé de ménager le temps. — Toutes ces difficultés, au reste, partent d'un homme qui prend le plus vif intérêt à la chose, et qui voudrait de tout son cœur se tromper. Je fais le plus grand cas des lumières, de la sagacité de M. le Chevalier de Maimieux et de l'intrépide persévérance (mère unique des grands succès) avec laquelle il s'est appliqué, depuis tant d'années, à la découverte et au perfectionnement de son grand œuvre. A tous les sentiments que m'inspirent ses talents j'ajoute celui de la reconnaissance que je dois à l'intérêt qu'il veut bien accorder à quelques opuscules que j'ai lancés dans le monde.

Rien n'égale, Monsieur, l'intérêt que je prends à vos succès, et vous me trouverez toujours disposé à vous donner des preuves de l'estime particulière et de la considération la plus distinguée avec laquelle j'ai l'honneur d'être, votre très humble,

Le Comte DE M.

P. S. — Si vous écrivez à M. le Chevalier de Maimieux, faites-lui sentir l'extrême importance d'une dissertation métaphysique qui fasse connaître l'essence de sa découverte. Je ne sais pas le chinois, et cependant je sais ce que c'est, comme je connais l'essence de l'algèbre, quoique je ne sois pas algébriste. Entendez-vous donc avec M. le Chevalier de Maimieux, et mettez-moi en état de célébrer sa découverte : personne ne parlera plus haut que moi, dès que je saurai de quoi il s'agit.

534

A M. de Tchitchagof (1).

Turin, 4 mars 1818.

Monsieur,

Votre lettre du 11 février m'a fait tout le plaisir imaginable, en m'apprenant que vous êtes enfin sous notre beau ciel, et que vous étiez venu cueillir les premières violettes de l'Etrurie. Soyez donc le bien arrivé, Monsieur. Je vous remercie de votre aimable épître, et du paquet qu'elle accompagnait. Que vous avez bien fait de venir joindre votre excellent frère ! *Il ne lui est pas bon d'être seul.* Plût à Dieu que je fusse libre ! Je courrais

---

(1) Frère de l'Amiral.

sur vos pas, et j'espère que vous me recevriez en tiers. Il me serait bien doux de me trouver encore à table, avec vous, sur les bords du Tibre, pour dire à l'amiral : *Ah ! le vilain petit ruisseau fangeux, en comparaison de la profonde et belle Néva !* Je serais curieux de voir comment il me prouverait le contraire ; malheureusement je ne puis me procurer ce plaisir. Toujours chargé de chaînes, il faut que je me contente du Pô, sans savoir encore sur quel autre bord j'irai végéter. Mon sort est toujours douteux, l'oracle n'a pas parlé ; il est probable cependant que je finirai par ce pays avec lequel M. l'amiral a fait connaissance, où il a été embrassé avec tant de plaisir par mon frère *le pope*, et où j'espère toujours le revoir, tôt au tard. Priez-le de vous expliquer la partie d'échecs que nous jouons depuis plus d'une année, et qui est très curieuse. Dans ma dernière lettre, je lui avais donné *échec au roi par la dame ;* il a paré le coup, mais je médite une autre attaque *par les fous,* qui font tant de belles choses dans ce monde. Si les siens sont aussi instruits que les miens, je perds l'espérance de vaincre. La partie sera *pat,* et nous recommencerons. — Qu'il m'en croie cependant : tôt ou tard, la reine fera une des siennes.

Il me paraît absolument ridicule que vous soyez en Italie et que nous ne vivions pas ensemble. Embrassez bien ce cher amiral pour moi. Dites-lui bien qu'aucun temps, aucune distance, aucune affaire ne peut le chasser ni l'éloigner de mon souvenir. Hélas ! tout passe, — excepté ce qui ne passe pas.

Comment s'est-il amusé dans la *Ville éternelle ?* Comment a-t-il été frappé de tant de grands souvenirs et de tant d'oppositions brillantes? Qu'a-t-il dit de cette lutte, unique dans l'univers, du génie antique et du génie moderne, qui semblent s'être donné rendez-vous sur le Capitole, pour se *colleter* en face de l'univers? Que lui ont dit ces murs qui ont vu l'enlèvement des Sabines, le tribunal de Brutus, l'invasion des Gaulois, le camp d'Annibal, le triomphe de Scipion, la croix de saint Pierre, les bacchanales de Néron, le couronnement de Charlemagne, le trône de Grégoire VII et de Léon X, la République française, et le retour de Pie VII? — En vérité, il y a bien de quoi parler. — Mais, pour terminer le chapitre des *antiquités*, je vous prie en grâce de parler quelquefois de moi ensemble, et d'être bien persuadé que je vous *entends*, puisque je vous *écoute*.

Je vous embrasse tendrement, Monsieur, en vous assurant des sentiments éternels d'estime et d'attachement avec lesquels je suis, plus que je ne puis vous l'exprimer,

        Votre très humble serviteur et bon ami.

P. S. — Mon fils est à Novare; bientôt il aura connaissance de votre souvenir obligeant. Ma femme et mes filles, qui se portent à merveille, me chargent de mille compliments pour vous. Le frère *pope*, qui est depuis quelque temps Evêque d'Aoste et qui est venu à Turin pour être sacré, a de grandes prétentions sur le souvenir de M. l'Amiral. Il veut que je lui parle du nouvel évêque comme d'une vieille connaissance.

535

A M. l'Amiral Tchitchagof.

27 mai 1818
(anniversaire de mon départ de Saint-Pétersbourg).

Excellent ami, j'ai pensé qu'aujourd'hui je vous devais une lettre. C'est le jour où j'ai quitté la Russie. Jugez de ma tristesse. Hélas ! oui, Monsieur l'Amiral, ce fut le 27 mai 1817, à onze heures du matin (je vous écris à la même heure), qu'un cutter du plus libéral des monarques m'emporta de ces bords que je ne devais plus revoir. J'espère que vous partagerez ma douleur, et que vous ne dédaignerez pas de m'en assurer.

Le 4 du mois de mars dernier, j'ai eu l'honneur d'adresser à votre excellent frère une lettre qui sans doute lui sera parvenue, car je l'avais mise très exactement sous l'adresse que vous m'avez donnée. J'entendais bien que mon épître serait commune aux deux frères. Aujourd'hui il faut, s'il vous plaît, Monsieur l'Amiral, que vous me donniez des nouvelles de Paul et de Basile, ces deux hommes chéris qui ne sortiront jamais de ma mémoire. Comment vous trouvez-vous à Rome l'un et l'autre ? Je ne parle pas des choses, qui ont dû nécessairement vous frapper ; je voudrais savoir si vous êtes content des hommes, et s'ils ont été à votre égard hospitaliers et courtois, comme on doit l'être. Que ne donnerais-je pas pour avoir parcouru Rome avec vous ! J'espère que le spectacle principal qu'elle présente ne vous aura pas échappé : c'est celui du génie antique et du génie moderne qui se rencontrent dans cette ville unique, et qui se prennent pour ainsi dire *au collet*, sous l'œil de l'observateur. Rien ne m'a plus frappé, rien ne m'a plus intéressé que ce contraste. Le gouvernement, que vous aurez trouvé, j'espère, *libéral*, et même *libre*, est encore infiniment digne d'observation, parce qu'il est aussi unique dans l'univers. On n'a jamais vu, et l'on ne verra jamais dans l'univers (Rome exceptée), *une monarchie élective où le souverain, toujours vieux et toujours célibataire, est élu par des électeurs de même toujours célibataires, élus à leur tour par le souverain, sans distinction de patrie ni de condition.* Trouvez, si vous pouvez, quelque chose de semblable. Le monde antique vous était nécessairement absolument inconnu : il sera sorti de terre pour vous depuis que vous habitez l'Italie. *I take for granted* que vous avez fait une excursion à Naples, et que vous avez vu Herculanum et Pompéia. Voilà encore des lieux que je voudrais parcourir avec vous. — A propos ! n'avez-vous point vu trembler l'église de Saint-Pierre? Si elle n'a pas peur, cependant elle a bien tort, puisqu'elle est menacée du plus grand malheur, celui de n'être plus le premier temple du monde, et même d'être totalement effacée par une autre église devant laquelle le temple de Saint-Pierre ne sera plus qu'une chapelle de village. — Sur la *montagne des Moineaux* s'élève un temple construit par un jeune homme, qui à la vérité n'est pas architecte et n'a jamais rien construit, mais qui a reçu en songe le plan de la nouvelle basilique par une révélation immédiate. — Riez, riez, Monsieur le rieur ; l'Eglise du *Sauveur* n'en sera pas moins bâtie, et je ne doute pas qu'un jour il ne soit plus aisé de l'admirer que de l'échauffer. — Mais parlons d'autre chose.

Mon frère l'abbé, qui a eu le bonheur de faire connaissance avec vous à Chambéry, a été fait Evêque (de la val d'Aoste). Il est ici depuis quelque temps, en attendant le sacre et le rétablissement des revenus dilapidés, et il me charge très expressément de le rappeler à votre souvenir, et de vous assurer du sien dans les siècles des siècles. Hier, nous parlions de vous en famille, en présence d'un de nos bons amis, qui s'écria, après nous avoir entendus quelque temps : *Ah ! que je voudrais connaître cet amiral T…!* Nous eûmes beau l'assurer qu'il serait totalement *désappointé*, que cet amiral n'avait point d'esprit, etc.; jamais il n'en voulut démordre.

Toujours vous me manquez, Monsieur l'Amiral, mais surtout lorsque je lis les gazettes. Hélas ! je n'ai pas eu le plaisir de lire avec vous le *Discours d'ouverture* et le *Discours de clôture*. Si vous aviez été là, mon digne ami, vous auriez pleuré d'admiration et d'attendrissement. Quelle grandeur ! quelle générosité ! quelle fermeté dans les principes, et quelle brillante perspective pour votre *patrie*, qui voit dans un avenir très proche son affranchissement, et ses lois fondamentales établies sur la parole d'honneur d'un souverain ! Je ne doute ni de votre admiration ni de votre reconnaissance ; cependant je serais bien aise d'en être assuré par vous. De ce moment, Monsieur l'Amiral, le sujet éternel de nos disputes disparaît pour toujours, puisqu'il est *certain* que, dans peu de temps, toute la Russie sera constituée, et plus libre que l'orgueilleuse Angleterre. — Mandez-moi, je vous en prie, si vous voulez être pair ou député, et si vous intriguez déjà pour l'une ou pour l'autre de ces deux places ; car, du moment où la Constitution pointera, je ne doute pas que vous n'accouriez pour prendre votre poste. — Et comme je puis me trouver sur le chemin de la Constitution, suivant la manière dont vous l'aborderez, je ne désespère point de vous voir encore.

En attendant, votre prophétie n'est point encore accomplie à mon égard. Je me promène toujours sur le pavé de Turin, sans savoir ce que je deviendrai ; mais peut-être que je touche au moment qui changera *Monsieur de sans affaires* en *Monsieur de cent affaires*. Aux appointements près, le premier emploi vaut infiniment mieux que le second, et je suis bien fâché que la révolution ne m'ait pas laissé le choix. Il arrivera donc tout ce qu'il plaira à Dieu et au Roi de Sardaigne.

Pour aucune raison, Monsieur l'Amiral, ne vous permettez pas de m'oublier ; ce serait un crime qui crierait vengeance. Pour moi, je vous retrouve toujours peint en première ligne sur cette *toile légère* que mon frère a décrite dans le *Voyage autour de ma chambre,* et qu'on appelle *Mémoire*. Je pourrais vivre mille ans sans rencontrer jamais rien qui vaille nos soupers. La foudre les a frappés. — Ils n'en restent pas moins gravés au rang de ces souvenirs adorables qui nous déchirent et qu'on chérit. — Heureusement le papier me manque. Mille tendresses à Basile Basiliévitch.

Votre éternel ami.

536

A M. le Vicomte de Bonald.

Turin, 10 juillet 1818.

Monsieur le Vicomte,

Je l'ai lu avec délices, votre excellent livre (1) ; mais, voyez le malheur ! Je suis peut-être le seul homme en Europe qui n'ait pas le droit de le louer. Est-il possible, Monsieur, que la nature se soit amusée à tendre deux cordes aussi parfaitement d'accord que votre esprit et le mien ! C'est l'unisson le plus rigoureux, c'est un phénomène unique. Si jamais on imprime certaines choses, vous retrouverez jusqu'aux expressions que vous avez employées, et certainement je n'y aurai rien changé !

Votre dernier livre, Monsieur le Vicomte, est une belle démonstration d'une thèse que j'ai souvent soutenue, que *celui qui ne sait pas écrire n'est pas métaphysicien.* Vous

---

(1) *Les Recherches philosophiques.*

avez réellement droit de parler du *verbe*, parce que vous savez *verber*. Je vous sais un gré infini d'avoir commencé une noble attaque contre les faux dieux de notre siècle. Il faudra bien qu'ils tombent ; il faudra bien que nous revenions au spiritualisme, et que nous n'accordions pas tout à l'*organe sécréteur des pensées*.

Le plus coupable de tous les conjurés modernes, c'est Condillac. Vous en avez fait justice, cependant avec quelque bonté. Pour moi, je vous l'avoue, je ne serais pas si patient. Je ne puis penser à cet homme sans colère.

Sur Bacon, je vois que nous sommes à peu près d'accord. J'ai fait un ouvrage assez considérable, intitulé *Examen de la philosophie de Bacon*. Je suis persuadé qu'il vous intéresserait, et même qu'il vous étonnerait ; car, à moins de s'être livré à une étude particulière et minutieuse de cette étrange philosophie, il est impossible de connaître tout le mal et tout le ridicule qu'elle renferme.

Dans tout ce que vous dites des philosophes anciens et modernes, je ne vois pas qu'il soit possible de vous chicaner, excepté peut-être sur Aristote, auquel il me semble que vous faites un peu tort en le rangeant parmi les *sensibilistes*. Il n'a point dit du tout que toutes nos idées nous viennent par les sens. Il a dit des choses admirables sur l'essence de l'âme : on a besoin d'un grand effort pour les comprendre, et d'un autre effort pour les traduire.

Vous parlez comme un ange, Monsieur le Vicomte, sur les langues, qui sont à peu près toute la métaphysique. Il faut être possédé de quatre ou cinq diables pour croire à l'invention des langues. Il est dit, dans un vieux cantique que j'appris jadis de ma nourrice :

> Le diable, pour punition,
> Les prit en sa possession.

Or, c'est ce qui est arrivé, n'en doutez pas, aux idéologues de notre siècle. Tous furent *possédés*, ou bien ils demeurent inexplicables.

Je ne vous ai pas trouvé moins juste et moins disert sur l'écriture (*mansura vox*) que sur la parole. Vous êtes de l'avis de Pline l'Ancien : *Apparet œternum litterarum usum*. Jamais cet art n'a pu être inventé ! Bryant soutient qu'il est né sur le Sinaï ; mais cette idée n'est pas soutenable.

Vous avez parfaitement bien attaqué, ou, pour mieux dire, réduit à sa juste valeur, ce terrain mouvant, nommé en général *philosophie*, et sur lequel jamais aucun pied humain n'a pu se tranquilliser.

Vous avez parfaitement exposé nos deux titres principaux de noblesse : l'empire sur les animaux, et l'usage exclusif du feu. L'orang-outang aime le feu comme nous, il s'assied comme nous devant le feu, il présente les mains comme nous ; mais, dans les siècles des siècles, il n'avancera pas un tison. Le monde serait visiblement inhabitable pour l'homme, si l'animal pouvait disposer du feu. *C'est une heureuse chance pour nous*, diraient certains philosophes que j'admire de tout mon cœur, autant que j'admire cet homme d'esprit qui disait à

Lyon : — *C'est cependant un grand bonheur que le Rhône et la Saône passent dans cette ville !*

Je passe sur une infinité de détails qui me conduiraient trop loin ; mais je vous le dirai en général, et sans la moindre flatterie, vous avez fait un excellent livre qui ajoutera grandement à votre grande réputation; il est gravement, purement et éloquemment écrit. La profondeur n'y fait point tort à la clarté ; — au contraire, elle en résulte. C'est un livre d'ailleurs pratique, et fait pour obtenir sur les esprits une influence préservatrice, rassainissante. *Le père en prescrira la lecture à son fils.* Vous l'avez dit : *Le plus grand crime qu'on puisse commettre, c'est la composition d'un mauvais livre, puisqu'on ne peut cesser de le commettre.* Vous avez parfaitement raison ; mais la proposition inverse n'est pas moins incontestable, et je vous en félicite.

Il ne manque pour moi qu'une seule chose à votre livre, c'est votre nom écrit sur la première page. Si vous voulez y suppléer dans la première lettre que vous aurez la bonté de m'écrire, *je vous collerai* avec un très grand plaisir.

Je ne suis pas consolé du tout, Monsieur le Vicomte, de vous avoir manqué à Paris l'année dernière. Maintenant où êtes-vous, et que faites-vous ? Une nouvelle élection vous a-t-elle reporté dans la représentation nationale ? Ou bien êtes-vous allé *planter vos choux*, après avoir *planté* tant de bonnes maximes ?

Je ne vous donne aucune nouvelle de moi, Monsieur le Vicomte, excepté le *bene valeo*, qui se soutient toujours. Mon courage pour toute entreprise littéraire et philosophique s'est extrêmement refroidi. Quelques ouvrages importants dorment dans mes portefeuilles; mais, après les tours qu'on m'a joués à Paris, et dont vous avez été témoin, je tremble d'être imprimé *à distance*. Travaillez donc, Monsieur, vous qui êtes à l'aise, et qui disposez de cette grande tribune où l'on parle au monde! Comptez-moi toujours au nombre de vos auditeurs les plus attentifs et les plus justes. J'embrasse Monsieur votre fils s'il est à côté de vous, et je lui souhaite toute sorte de succès dans sa noble, sainte et importante carrière. Mon frère, qui vient d'être fait Evêque, appartient encore à l'Église gallicane. Il est Evêque d'Aoste. Les Jésuites viennent d'être rétablis à Novare et à Turin, où on leur a rendu l'enseignement. Mais l'Ordre est-il rétabli? Pour répondre à cette question, un préliminaire indispensable serait de savoir s'il a été détruit.

Je suis pour la vie, Monsieur le Vicomte, avec tous les sentiments que vous me connaissez, votre, etc.

537

Au Prince Korlowski.

Turin, 20 août 1818.

J'espère, mon cher Prince, que vous n'attendez pas de moi un sentiment détaillé sur votre lettre à M. le

Comte de C..., dans laquelle vous lui rendez compte de l'ouvrage de Madame de Staël. Je serais conduit à vous parler, non pas de la lettre, mais de tous les sujets que vous effleurez dans cette pièce ; c'est-à-dire que je vous ferais un livre sur un livre. Je n'ai plus assez de temps pour le dépenser ainsi. J'en serais empêché d'ailleurs par une foule d'occupations qui ne me permettent pas ces parties de plaisir. Voici donc, mon Prince, tout ce que j'ai à vous dire d'une manière très générale. Si vous croyez que l'ouvrage d'une impertinente femmelette, qui ne comprend pas une des questions qu'elle traite, mérite un rapport officiel, à la bonne heure ; mais, dans ce cas, je pense que votre lettre est précisément une de vos conversations écrites, et qu'elle pèche par une abondance qui vous nuira. Quel que soit le mérite de cette dissertation, ni roi, ni ministres, ne la liront. Il faut absolument vous restreindre, diviser votre sujet dans votre pensée en certains points : par exemple, ce que dit Madame de Staël sur son père, — sur la Révolution en général, — sur tel ou tel homme marquant, etc. Traitez ces différents points d'une manière concise et *pointue* qui reste dans l'esprit, et vous réussirez même au département des Affaires étrangères ; si vous laissez votre dépêche telle qu'elle est, soyez sûr que vous ne serez pas lu, et que, si on vous lit, on ne vous rendra pas la justice que je vous rends, quoique je pense autrement que vous sur plusieurs points.

Vous êtes, par exemple, évidemment dans l'erreur lorsque vous croyez que la théorie de la non-résistance dépend du pays auquel on l'applique. Point du tout, mon cher Prince : la question est la même dans tous les pays, ce que j'aurai le plaisir de vous démontrer, si vous le voulez, la première fois que j'aurai l'honneur de vous voir ; le temps me manque pour verser de semblables dissertations sur le papier.

Je ne crois pas trop non plus à votre formule universelle du *devoir* : c'est une abstraction qui s'évapore dès qu'on en vient à l'application. Personne n'a jamais douté ni surtout soutenu qu'*il ne faille pas faire son devoir;* la question est de savoir *ce que c'est que le devoir*, dans telle ou telle occasion ? Et, dans ce cas, que signifie la règle universelle ? — Rien ! — C'était le cas de M. Necker : ses amis vous diront et vous embarrasseront peut-être en vous prouvant, à leur manière, qu'il faisait *son devoir* lorsqu'il proposait la constitution anglaise à la France.

Le premier malheur de Madame sa fille fut de n'être pas née catholique. Si cette loi réprimante eût pénétré son cœur, d'ailleurs assez bien fait, elle eût été adorable au lieu d'être fameuse.

Le second malheur pour elle fut de naître dans un siècle assez léger et assez corrompu pour lui prodiguer une admiration qui acheva de la gâter. S'il lui avait plu d'accoucher en public dans la chapelle de Versailles, on aurait battu des mains. Un siècle plus sage aurait bien su la rendre estimable, en la menaçant du mépris.

Quant à ses ouvrages, on peut dire, sans faire un jeu de mots, que le meilleur est le plus mauvais : il n'y a rien de si médiocre que tout ce qu'elle a publié jusqu'à l'ouvrage sur l'Allemagne. Dans celui-ci, elle s'est un peu élevée ; mais nulle part elle n'a déployé un talent plus distingué que dans ses *Considérations sur la Révolution française.* Par malheur, c'est le talent du mal. Toutes les erreurs de la Révolution y sont concentrées et sublimées. Tout homme qui peut lire cet ouvrage sans colère peut être né en France, mais il n'est pas *français.*

Quant aux autres hommes, je n'ai rien à dire. Une de mes dernières conversations avec le frère que je ne cesserai de pleurer, roula sur le dernier ouvrage de Madame Staël. Il ne voyait rien de si contraire à nos principes, et certes il avait bien raison. Boive qui voudra l'élixir du protestantisme, du philosophisme, et de toute autre drogue en *isme.* Pour moi, je n'en veux point. Je le mettrai dans ma bouche cependant, car il faut tout connaître ; mais je le rejetterai bientôt en disant, devant qui voudra l'entendre : *Je n'aime pas cela.*

Quand on méprisera ces sortes d'ouvrages autant qu'ils le méritent, la révolution sera finie.

Une femme protestante prenant publiquement un Archevêque catholique à partie, et le réfutant sur l'origine divine de la Souveraineté, peut amuser sans doute certains spectateurs : chacun a son goût ; mais, pour moi, je préfère infiniment Polichinelle de la place Château : il est plus décent et non moins raisonnable.

Tout ceci, mon Prince, ne déroge nullement au talent qui a rendu compte des *Considérations ;* mais si vous jugez cette *brillante guenille* digne d'un rapport officiel, j'insiste pour que vous lui donniez une forme plus concise et plus pénétrante. J'aurais été moi-même moins concis, si j'avais pu garder le manuscrit plus longtemps; mais c'en est assez pour vous faire connaître ma manière de voir en général, et vous me pardonnerez sûrement ma franchise. Voulez-vous laisser partir votre lettre telle qu'elle est? Je vous loue sur ce qu'elle est et ne pense plus à ce qu'elle pourrait être. Elle est pleine d'esprit et de traits raisonnables, qui étincellent sur le fond de la question. Adieu mille fois, mon Prince. Je vous prie d'agréer l'assurance des sentiments que vous connaissez, et qui ne finiront jamais.

538

A Mlle de Virieu.

Turin, 2 septembre 1818.

MADEMOISELLE,

Si j'avais l'honneur d'être connu de Madame la Marquise de Murinais, et si j'étais à Marlieu, je me jetterais à ses genoux; je lui dirais : « Madame, je vous en supplie, consentez à me prêter, pour très peu de jours, le portrait de mon frère; vous procurerez une consolation immense à toute une famille désolée : un artiste célèbre, prêt à attaquer le marbre pour représenter cette figure d'après le masque pris sur de tristes restes, demande à grands cris un portrait, s'il existe, et nous assure que l'ouvrage sera mille fois plus parfait. Que risquez-vous, Madame la Marquise? On emballe tout, et les choses même les plus fragiles, sans la moindre crainte de leur nuire. Vous avez ma parole d'honneur pour une prompte restitution, et pour toutes les précautions imaginables ; ne me refusez pas cette grâce, je vous en conjure. »

J'ajouterais beaucoup d'autres choses ; et qui sait même si je ne me mettrais pas à pleurer comme une petite fille? — Mais, hélas! je suis à soixante lieues de Marlieu, et je n'ai point du tout l'honneur d'être connu de Madame la Marquise : j'ai peur d'être éconduit, je ne veux point faire de fausse démarche ; c'est donc à vous, Mademoiselle, que j'adresse mes tristes supplications. Je vous prie, je vous supplie, je vous conjure de vouloir bien employer quelques instants de ce grand et facile talent que vous a donné la nature, pour nous procurer au moins un trait de ce bel ouvrage de Madame de Murinais ; allons, Mademoiselle, quand on est si riche, ce serait un grand crime d'être avare. — *S'il vous plaît, Mademoiselle! pour l'amour de Dieu!* Mais je n'ajouterai pas : *Que Dieu vous le rende!* Ah! n'ayez jamais de pareilles consolations à demander ! jouissez de ce que vous possédez, et ne soyez jamais écrasée comme je viens de l'être. Jamais je ne me consolerai de cette perte : tout ce que le temps peut sur une telle douleur, c'est de la changer en mélancolie. Aucun mort ne m'a jamais été présent autant que ce cher *André* : à chaque minute, je l'entends rire ou raisonner. Quel cas il faisait de vous, Mademoiselle, et quel prix il attachait à votre estime ! J'espère qu'il ne pourra sortir de votre mémoire : il s'y trouvera en bonne compagnie, avec tout ce qu'il y a de bon et de beau dans le monde.

Je suis, avec une profonde estime et un respectueux dévouement, Mademoiselle,

DE MAISTRE.

539

A M. le Chevalier d'Olry.

Turin, 5 septembre 1818.

Combien l'homme est malheureux ! Examinez bien. — Dans l'enfance, dans l'adolescence, on a devant soi l'avenir et les illusions ; mais, à mon âge, que reste-t-il ? On se demande : qu'ai-je vu ? Des folies et des crimes On se demande encore : et que verrai-je ? Même réponse plus douloureuse. C'est à cette époque surtout que tout espoir nous est défendu. Nés fort mal à propos, trop tôt ou trop tard, nous avons essuyé toutes les horreurs de la tempête sans pouvoir jouir de ce soleil qui ne se lèvera que sur nos tombes. Sûrement Dieu n'a pas remué tant de choses pour ne rien faire ; mais, franchement, méritons-nous de voir de plus beaux jours, nous, que rien n'a pu convertir, je ne dis pas à la religion, mais au bon sens, et qui ne sommes pas meilleurs que si nous n'avions vu aucun miracle? Plusieurs personnes m'ont fait l'honneur de m'adresser la même question que je lis dans votre lettre : « Pourquoi n'écrivez-vous pas sur l'état actuel de la France? » Je fais toujours la même réponse : Du temps de la canaillocratie, je pouvais à mes périls et risques, dire la vérité à ces inconcevables *souverains* ; mais aujourd'hui ceux qui se trompent sont de trop bonnes maisons pour qu'on puisse se permettre de leur dire la vérité ! La révolution est bien plus terrible que du temps de Robespierre ; en s'élevant, elle s'est raffinée. La différence est du mercure au sublimé corrosif. Je ne vous dis rien de l'horrible corruption des esprits, vous en touchez vous-même les principaux symptômes. Le mal est tel qu'il annonce évidemment une explosion divine ; mais quand? comment? Ah ! ce n'est pas à nous à en connaître les temps. Le problème peut cependant être résolu d'une manière indéterminée. Quand verrons-nous la fin du mal? Quand les hommes pleureront le mal, au lieu de dire en ricanant : Diable, ces gens-là sont fous ! A propos de diable, vous avez parfaitement raison sur son excellence Monsieur Satan. Sans doute il est heureux comme un roi, et comment ne le serait-il pas puisque tout se fait par lui, pour lui, suivant lui, et d'après lui. Ajoutons que ses délégués agissent comme lui, ainsi rien n'y manque. La révolution étant complètement satanique, comme je l'ai dit dans le livre que vous avez eu la bonté de relire, elle ne peut être véritablement tuée que par le principe contraire. La contre-révolution sera angélique ou il n'y en aura point, mais ceci ne me paraît pas possible. L'Europe est dans un état extraordinaire et violent qui annonce un changement inévitable. La folie biblique dont vous me parlez est quelque chose de surnaturel et qui mérite grande attention : les apôtres surtout de cette nouvelle mission sont parfaits. Laissez-les faire. Il serait plus qu'inutile de vous parler du congrès. Il suffit de dire une chose : si ces Messieurs mettent la main à la religion, ce qui ne serait pas du tout impossible, ce sera, d'une manière ou d'une autre, une grande époque du christianisme. Après tout, mon très cher Chevalier, n'oublions jamais l'emblème de la vérité : un soleil offusqué par des nuages, et, pour devise : *Nubila vincet.* Toujours il y aura des nuages, et toujours le soleil s'en moquera. Burk, ou je ne sais quel autre, disait que jamais il n'y avait de grands bals en Europe si la France et l'Angleterre ne payaient les violons. La chose est vraie dans tous les sens et se vérifiera de nouveau d'une manière éclatante dans la grande révolution morale qui se prépare. Contre toutes les apparences imaginables, le mouvement commencera par la France, et l'étonnant prosélytisme de ce peuple fera pardonner tout le mal qu'il a fait.

540

A M. Deplace, à Lyon.

28 septembre 1818.

Je reprends quelques-unes de vos idées, à mesure qu'elles me reviennent. Dans une de vos précédentes lettres, vous m'exhortiez à *ne pas me gêner sur les opinions*, mais à respecter les personnes. Soyez bien persuadé, Monsieur, que ceci est une illusion française. Nous en avons tous, et vous m'avez trouvé assez docile, en général, pour n'être pas scandalisé si je vous dis *qu'on n'a rien fait contre les opinions tant qu'on n'a pas attaqué les personnes.* Je ne dis pas cependant que, dans ce genre comme dans un autre, il n'y ait beaucoup de vérité dans le proverbe : *A tout seigneur tout honneur* : ajoutons seulement : *sans esclavage.* Or, il est très certain que vous avez fait en France une douzaine d'apothéoses au moyen desquelles il n'y a plus moyen de raisonner. En faisant descendre tous ces dieux de leurs piédestaux pour les déclarer simplement *grands hommes*, on ne leur fait, je crois, aucun tort, et l'on vous rend un grand service. Au reste, il y a mesure à tout ; et encore une fois. *A tout docteur tout honneur*, pourvu qu'on ne me défende pas de rire un peu du *Commentaire sur l'Apocalypse*, après que j'ai parlé comme je le dois des *Principes mathématiques de la philosophie.*

Avec cette lettre, où bientôt après, vous recevrez le livre de mon ouvrage qui se rapporte aux Eglises schismatiques, et qui n'était pas achevé quand mon M. S. est allé vous chercher. Ce livre est le IVe ; il est particulièrement dirigé contre le livre de M. de Stourdza qui fait beaucoup de mal en Russie ; mais l'auteur n'est point nommé, à cause de mes anciennes liaisons avec sa famille, et à cause de la demi-protection que l'Empereur a donnée à ce livre. Rome tient beaucoup à la réfutation de cet ouvrage (*Considérations sur la doctrine et l'esprit de l'Eglise orthodoxe*. Stuttgard, chez Cotta ; de l'imprimerie du Bureau d'industrie à Weimar, et à Paris, chez Treuttel, 1816, in-8°). L'auteur est Chambellan de l'Empereur de Russie, etc . . . .
. . . .
. . . .

P. S. — Je laisse subsister tout exprès quelques phrases impertinentes sur les *Myopes*. Il en faut (j'entends de l'*impertinence*) dans certains ouvrages, comme du poivre dans les ragoûts. Si *le Pair* les prend pour lui, nous verrons ce qu'il dira.

Nota. — Cette lettre est suivie de *corrections* par lesquelles on voit que la phrase sur la coupole de Saint-Pierre de Rome donnait quelque inquiétude à Joseph de Maistre. Il faisait et refaisait ces lignes finales. On lit aujourd'hui dans la dernière page de son livre *du Pape* : « Quinze siècles avaient passé sur la Ville Sainte, lorsque le génie chrétien, jusqu'à la fin vainqueur du paganisme, osa porter le Panthéon dans les airs, pour n'en faire que la couronne de son temple fameux, etc. »

« Malgré le mot de Michel-Ange, disait de Maistre, je crains qu'il n'y ait ici une pensée fausse, car certainement le Panthéon est bien à sa place, et nullement en l'air. J'avais imaginé cette autre leçon : *Et le génie chrétien, jusqu'à la fin vainqueur du paganisme, s'est joué depuis de ce monument superbe en portant dans les airs un colosse rival du Panthéon, pour n'en faire que la couronne*, etc. Qu'en dites-vous? C'est rigoureusement vrai.

« Si vous n'aimez pas ce changement, je rétablirai l'ancienne leçon...... *s'est joué depuis de ce superbe colosse, et l'a posé dans les airs*, etc. Je n'ai fait qu'affaiblir la phrase, en disant *a semblé depuis*, etc., sans effacer ce qu'il peut y avoir de faux dans l'idée. »

541

Au Même.

Turin, 19 décembre 1818.

Monsieur,

J'ai reçu vos deux dernières lettres et la copie du premier livre. Je suis rongé de remords pour l'épouvantable ennui que j'aurai donné à votre cher enfant. Certainement il m'aura maudit et très justement. C'est aussi à l'aide d'une demoiselle assez intelligente, que j'ai pu faire la petite besogne que je vous envoie, et qui satisfait, je pense, à toutes nos observations. Lorsque vous en serez au chapitre des textes russes, je crois que vous fairez (*sic*) parfaitement bien de m'envoyer l'épreuve, autrement les textes esclavons seront tous estropiés et ne feront nul effet en Russie, contre mes intentions les plus expresses. Vous n'êtes point obligé par les nouvelles lois d'affranchir à Lyon pour Turin. Ici, ma charge me donne une franchise illimitée ; il faut mettre cette épreuve sous bande, avec mon adresse officielle, que vous lirez au bas de cette lettre. Je tiens beaucoup à ce que l'ouvrage soit daté (ou à la fin du discours préliminaire, ou à la fin de l'ouvrage) Mai 1817. M. B. (1) vous l'aura peut-être mandé. Mais, à propos de préliminaire, que dites-vous, Monsieur, de l'idée qui m'est venue de voir à la tête du livre un petit avant-propos de vous ? Il me semble qu'il introduirait fort bien le livre dans le monde et qu'il ne ressemblerait point du tout à ces fades avis d'éditeurs, fabriqués par l'auteur même, et qui font mal au cœur. Le vôtre serait piquant, parce qu'il serait vrai. Vous diriez qu'une confiance illimitée a mis entre vos mains l'ouvrage d'un auteur que vous ne connaissez pas, ce qui est vrai En évitant tout éloge chargé, qui ne conviendrait ni à vous ni à moi, vous pourriez seulement recommander ses vues et les peines qu'il a prises pour n'être pas trivial dans un sujet usé, etc. Enfin, Monsieur, voyez si cette idée vous plaît. Je n'y tiens qu'autant qu'elle vous agréera pleinement.

---

(1) Baillot.

Je ne puis envoyer par ce courrier que ce qui concerne le premier livre, moyennant quoi : *Passez le Rubicon.* Mais ce n'est pas sans trembler que je vous donne le signal.

J'enverrai le reste quand je pourrai ; je n'ai plus le temps d'écrire. Souvent je regretterai ma ci-devant nullité, qui avait bien ses agréments. Notre excellent ami de Saint-Nizier vous aura sans doute fait connaître ma destination qui ne saurait être plus honorable ni plus avantageuse.

On ne saurait rien ajouter, Monsieur, à la sagesse de toutes les observations que vous m'avez adressées, et j'y ai fait droit d'une manière qui a dû vous satisfaire ; car toutes ont obtenu de moi des efforts qui ont produit des améliorations sensibles sur chaque point. Quel service n'avez-vous pas rendu au feu Pape Honorius, en me chicanant un peu sur sa personne ? En vérité, l'ouvrage est à vous autant qu'à moi, et je vous dois tout, puisque sans vous jamais il n'aurait vu le jour, du moins à son honneur. — Tout le reste à un autre ordinaire. — Voici mon adresse officielle :

A S. E. le Ministre d'Etat, Régent de la grande Chancellerie, Grand-Croix de l'Ordre rogal de Saint-Maurice et de Saint-Lazare.

Je suis de tout mon cœur, Monsieur, avec la considération la plus distinguée et toute la reconnaissance imaginable, etc.

542

A M. le Chevalier d'Olry.

Turin, 3 mars 1819.

Mon très cher Chevalier,

Au diable les papiers publics qui donnent des nouvelles cornues ! Jamais il n'a été question de moi pour le poste de Ministre des Affaires étrangères. Je suis *Ministre d'État et régent de la grande Chancellerie* : voilà mes titres, mon cher Chevalier, en y ajoutant celui de *chevalier Grand-Croix de l'Ordre de Saint-Maurice et de Saint-Lazare*. J'ai augmenté de quelque chose les titres de mon père, c'est l'affaire de mon fils d'ajouter à ceux que je lui laisse. C'est pour lui que j'ai accepté l'immensité du fardeau qui pèse sur ma tête ; car, s'il ne s'agissait que de moi, je l'avoue, au lieu de rentrer dans les affaires, je m'en retirerais. J'achèverais ma vie au milieu de ces occupations dont quelques résultats ont vu le grand jour, et que d'autres peut-être auraient suivies. Mais je suis père, il faut demeurer en place, et laisser au moins à mes enfants ces biens que les brigands ne peuvent confisquer : c'est tout ce qui reste à la *caste malheureuse*.

L'état présent de l'Europe fait horreur, et celui de la France en particulier est inconcevable. La peinture que vous me faites d'un seul département convient en plus ou en moins à tous les autres. *La révolution est debout,* sans doute, et non seulement elle est debout, mais elle marche, elle court, elle rue. — Rangez-vous, Messieurs et Mesdames. La seule différence que j'aperçois entre cette époque et celle du *grand* Robespierre, c'est qu'alors les têtes tombaient et qu'aujourd'hui elles tournent. D'ailleurs, il ne faut désespérer de rien, et s'attendre à tout avec des esprits tels que nous les connaissons. J'ai peine à croire que l'état actuel ne finisse pas de quelque manière extraordinaire et peut-être sanglante. Quant au *seigneur de Sainte-Hélène,* il peut être désiré tant qu'il vous plaira ; mais qu'il vienne, c'est une autre affaire : je le croirai quand je le verrai. Cependant, *il ne faut pas perdre courage,* il y a moyen encore de faire beaucoup de mal sans lui. L'alliance de la *vertu* française et de la *vertu* allemande est une des jolies phases de cette époque : par votre position, vous semblez placé tout exprès pour l'observer. Le caractère de la folie germanique est tout différent de celui de sa sœur. On le sent mieux qu'on ne l'exprime. Ce que je puis vous assurer, c'est qu'aucun de vos illuminés ne peut proférer une syllabe, ou même la couler dans quelque écrit étranger, sans que je ne lui dise sur-le-champ : « Beau masque, je vous connais ! »

Il est infiniment probable que les Français nous donneront encore une tragédie ; mais que ce spectacle ait ou n'ait pas lieu, voici ce qui est certain, mon cher

Chevalier. L'esprit religieux, qui n'est pas du tout éteint en France, fera un effort proportionné à la compression qu'il éprouve, suivant la nature *de tous les fluides élastiques*. Il soulèvera des montagnes, il fera des miracles. Le Souverain Pontife et le sacerdoce français s'embrasseront, et, dans cet embrassement sacré, ils étoufferont les maximes gallicanes. Alors le clergé français commencera une nouvelle ère, et reconstruira la France, — et la France prêchera la religion à l'Europe, — et jamais on n'aura rien vu d'égal à cette propagande ; — et si l'émancipation des catholiques est prononcée en Angleterre, ce qui est possible et même probable, et que la religion catholique parle en Europe français et anglais, souvenez-vous bien de ce que je vous dis, mon très cher auditeur, il n'y a rien que vous ne puissiez attendre. — Et si l'on vous disait que, dans le courant du siècle, on dira la messe à Saint-Pierre de Genève et à Sainte-Sophie de Constantinople, il faudrait dire : Pourquoi pas ?

Cet oracle est plus sûr que celui de Calchas.

Vous croyez peut-être que je vais continuer, et vous griffonner encore quelques pages : hélas ! il n'en est rien. C'est à grand'peine que je trouve le temps de vous tracer ces lignes en petit nombre. Tout est dit : il n'y a plus de liberté ni de loisir pour moi, j'appartiens entièrement à Son Excellence *Monsieur le Public*. Plus de visites, plus de correspondances ; mais surtout (aïe ! aïe ! aïe !) plus de livres et plus d'études philosophiques.

Voyez, mon cher Chevalier, si mon bonheur est malheureux ! Écrivez-moi toujours, quand même je ne vous restituerais que des billets ; il m'est extrêmement doux de savoir que vous pensez à moi.

543

A M. le Vicomte de Bonald, à Paris.

Turin, 22 mars 1819.

Je ne sais, Monsieur le Vicomte, si votre dernière lettre m'a causé plus ou moins de chagrin que de plaisir. Certainement une lettre de vous est toujours un événement agréable pour moi, et le présent qu'elle accompagnait me la rendait encore plus précieuse : mais, bon Dieu ! quel accès d'impatience j'ai éprouvé, en voyant que ma dernière lettre du 10 juillet dernier ne vous était pas parvenue ! Un négociant de Lyon, qui était ici pour affaires, s'en était chargé, *et en avait fait son affaire.— Di vestram fidem !* Je suis furieux, et d'autant plus qu'il ne m'est plus possible de remplacer cette lettre. Je vous faisais le rapport de votre livre, je vous en rendais un compte détaillé : aujourd'hui, me voilà obligé de vous dire bêtement que j'en ai été enchanté. — Quel homme de bon sens ne vous en dirait pas autant ? J'ai écrit à Lyon avec de l'encre fulminante, pour me plaindre de ce péché mortel contre la confiance et la bonne foi. Autant en emporte le vent! Je n'ai pu encore obtenir une réponse. Aujourd'hui, que je n'écris plus que des billets, comment vous exprimer fidèlement tout ce que la nature de votre livre m'a fait éprouver de plaisir et d'instruction? Soyez bien sûr, Monsieur le Vicomte, que vous avez écrit l'un des meilleurs livres de philosophie rationnelle qui existe dans notre langue. Courage, Monsieur le Vicomte! Ne vous laissez atteindre par aucune espèce de dégoût, et continuez toujours à défendre les grands et inébranlables principes. Il faut toujours jeter le bon grain, même sur les terres les plus desséchées, sur la foi de *Jupiter pluvieux.*

Votre réfutation de Madame de Staël (ou de son livre) est excellente, et surtout d'un ton exquis. Vous ne voulez pas même attrister les cendres d'une dame, et vous les touchez comme une relique. Je ne sais si j'aurais été aussi sage, car peu de livres m'impatientent autant que ceux de Madame de Staël; et, parmi ses livres, peu m'impatientent autant que le dernier. Quel dommage que cette femme n'ait pas été sujette spirituelle de la souveraineté légitime! Je le disais un jour à l'un de vos plus grands personnages : *Ah! si madame de Staël avait été catholique, elle eût été adorable au lieu d'être fameuse.*

Il serait inutile, Monsieur, de vous dire combien je prends d'intérêt à vos affaires publiques. Je suis sans contredit l'étranger le plus français et le plus attaché à la légitimité française, je crois l'avoir bien prouvé. L'ange gardien de la France ne sommeille point ; mais comment le phénix renaîtra-t-il, s'il ne commence par mourir ?

Vous voulez bien sans doute que je vous dise un petit mot de moi. Ma place (de *régent de la grande Chancellerie*) revient à peu près à *Vice-Chancelier*, et me met à la tête de la magistrature, au-dessus des Premiers Présidents. Quant au titre de *Ministre d'Etat*, joint à la dignité de *régent*, il ne suppose pas des fonctions particulières, ni la direction d'un département. Il m'élève seulement assez considérablement dans la hiérarchie générale, et donne de plus à ma femme une fort belle attitude à la Cour, hors de la ligne générale. Voilà, Monsieur le Vicomte, le résultat de mon *exaltation;* une demi-heure avant la décision de Sa Majesté, je ne m'en doutais pas plus que d'être fait mufti. Mais telle est ma destinée ! j'obtiens toujours ce que je n'attends pas, et jamais je n'obtiens ce que j'attends. Ayant parfaitement découvert et jugé cette sorte d'*étoile*, je me suis mis depuis longtemps à ne rien demander, et à ne plus me mêler de moi-même. Souvent mon apathie sur ce point a fait rire mes amis. Vous sentez bien, au reste, qu'à mon âge on ne change pas de système.

Je ne vous perds par de vue un instant, Monsieur le Vicomte, et je vous prie de vouloir bien lire dans ma lettre tout ce qu'elle ne contient pas ; car mes grandes occupations ne me permettent pas de jaser ; et, à chaque ligne, je rencontre la formule latine : *Sed de his coram.*

Accordez-moi le réciproque, comme on dit en langage diplomatique. Il importe beaucoup à mon cœur de savoir que je ne puis être chassé de votre souvenir.

Adieu mille fois, Monsieur le Vicomte. Je vous écris à bâtons rompus, *au bon fin milieu* de ma Chancellerie. On me casse, on me brise la tête ; je ne sais plus ce que je dis. Je me sens cependant en possession pleine et entière de ce vieil organe, lorsque je vous renouvelle l'assurance des sentiments d'attachement et de respect avec lesquels je suis, pour la vie, Monsieur le Vicomte, etc.

P.-S. — Qui sait pourquoi vous avez constamment refusé de me répondre sur le livre posthume de Leibnitz ?

544

A Mme la Duchesse des Cars.

Turin, 28 mai 1819.

Madame la Duchesse,

C'est répondre un peu tard à votre charmante lettre du 22 avril ; mais comme je n'écris pas, à beaucoup près, quand je veux, même les lettres que j'ai le plus envie d'écrire, je vous avoue, Madame la Duchesse, que je suis tout à fait dégoûté de la poste, à moins qu'il ne s'agisse uniquement de dire : *J'ai reçu la vôtre.* J'attendais donc une occasion bénévole, qui se présente dans ce moment ; je la saisis aux cheveux pour vous dire d'abord, Madame la Duchesse, que j'ai bien peu profité de celle qui avait bien voulu se charger de votre lettre. M. le Prince de Laval-Montmorency n'a fait que toucher barre ici, et je ne dois qu'à un simple bonheur le plaisir de l'avoir rencontré dans une maison où il ne fit même que passer. Je lui envie le bonheur de parcourir encore l'Italie. Jadis j'ai dit, comme tous les autres voyageurs : « J'y reviendrai »; mais c'était un rêve de l'espérance : je n'y reviendrai plus. A Paris, encore, j'ai répété ce mot : « J'y reviendrai », mais tout aussi inutilement. Ma carrière *mobile*, si vous voulez me passer cette expression, est finie. Désormais, je ne serai plus qu'un vieux prisonnier qui a tout au plus la permission de regarder par la fenêtre. — Au moins, si je vous voyais passer ! mais je n'aurai pas ce bonheur. Le reste de ma vie doit être fade ; je m'y soumets, en vous confessant néanmoins que je croirais allonger ce reste si je pouvais jouir encore de quelques-unes de ces soirées que vous m'accordiez aux Tuileries. Nulle part il n'y a plus *de vie* que chez vous, et je ne voudrais pas d'autre fontaine de Jouvence. Je ne puis parler de vous ici, Madame la Duchesse, et tout à mon aise, qu'avec M. le Marquis Alfieri ; je me donne de temps en temps ce plaisir. Il me comprend fort bien quand je lui parle de cette force aimable et de cette grâce entraînante qui ont fait tant d'impression sur mon jeune esprit. C'est dommage que vous me gâtiez beaucoup et beaucoup trop en me faisant l'honneur de me citer. Ceci me rappelle un certain dîner où je me trouvai un si joli nigaud, lorsqu'il vous plut de réciter de mémoire, avec une délicieuse emphase, je ne sais quel passage que j'avais à peu près oublié moi-même. *Il me semble cependant,* disais-je dans le premier moment, et de la meilleure foi du monde, *que cela ne m'est pas nouveau.* Un gentil éclat de rire me remit dans la voie.

Je comprends et je partage de tout mon cœur, Madame la Duchesse, vos angoisses sur ce malheureux 17 avril, et sur tout ce qui s'ensuit. Je sens comme vous tout ce que cette séance présente de révoltant. Laissez-les faire cependant, et gardez-vous de prendre pour des signes de vie les grimaces de l'agonie. Soyez bien sûre que le parti *satanique* succombe, qu'il touche à sa fin, et qu'il joue de son reste. L'impatience nous est bien naturelle, puisque nous souffrons ; cependant il faut avoir assez de philosophie pour dompter les premiers mouvements. Les minutes des empires sont des années de l'homme. Nous donc, qui ne vivons tout au plus que quatre-vingt minutes, dont il faut encore donner dix à l'enfantillage et dix au radotage, dès qu'une grande calamité dure vingt minutes, par exemple, nous disons : *C'est fini !* Les esprits célestes, qui entendent ces belles exclamations, rient *comme des fous !* Or, vous, Madame, qui êtes aussi un esprit, malgré votre enveloppe grossière qui n'a jamais déplu à personne, vous permettrez bien, je pense, que je vous propose une petite expérience. Faites-vous prêter le volume du *Moniteur* où se trouve le discours de Robespierre prononcé par ce digne homme le jour où fut prononcée la renonciation au culte. Reportez-vous, par la pensée, dans ce moment et dans ce lieu où l'on croit entendre parler l'enfer, et supposez qu'un véritable esprit vienne vous dire à l'oreille : Ma cousine, sachez que, dans huit ou neuf minutes, un Cardinal fera son entrée publique à Paris, comme Nonce *a latere*. — Si vous ne lui aviez pas ri au nez, c'eût été uniquement par respect pour les anges ; et cependant, Madame la Duchesse, rien n'était plus vrai. Un esprit qui viendrait vous dire aujourd'hui ce qui se passera dans vingt minutes, vous étonnerait encore davantage ; je ne le verrai pas, mais vous le verrez, et vous aurez la bonté de vous rappeler alors le *prophète allobroge*. Pour revenir à nos moutons, la France se rétablira parfaitement ; elle sera *refaite* comme elle a été *faite,* par le Clergé et par la Noblesse ; il faut que les grands principes tombent sur le peuple de haut en bas, comme la pluie. Vos biens vous reviendront de plusieurs manières, mais surtout parce que les nouveaux venus, par une tendance uniforme et invariable, n'oublieront rien pour vous donner leurs filles ; et vous ne serez, en les acceptant, pas plus répréhensibles que vos devanciers, qui tous, ou presque tous avaient consenti d'épouser la richesse sans lui demander son nom. Un certain recrutement de votre *Ordre* est devenu inévitable, et, jusqu'à un certain point, bien par votre faute, Messieurs et Mesdames (pardon, je vous en prie) ; le temps *fauchera* plusieurs difficultés, et le tout s'arrangera. Il est possible, Madame la Duchesse, que vous connaissiez un jour mes pensées sur le Clergé français : alors vous m'en direz votre avis. Vous m'avez fait penser, en me disant : *Tous les talents passent au*

Clergé. Il n'en aura jamais assez pour les travaux immenses qu'il a sur les bras. Au surplus, l'intérêt de la France est que le talent habite chez elle ; mais peu lui importe qu'il soit habillé de noir ou de blanc ; il y a même de l'économie à l'habiller de noir. Ainsi, que cette caste nous fasse présent de beaucoup de livres semblables à celui de M. l'Abbé de Lamennais, nous n'en serons pas jaloux. Il ne tiendrait qu'à moi, après l'avoir lu avec transport, d'en tirer un peu de vanité, car il y a dans l'ouvrage plus d'une preuve que l'auteur m'a fait l'honneur de me lire très attentivement.

Dites-moi donc de finir, Madame la Duchesse ; il y a deux occasions où je n'ai pas ce talent : c'est quand je parle à vous, ou de vous. Cependant, Madame de Sévigné ayant décidé expressément que *toute lettre doit finir*, je ne puis contredire une décision aussi respectable. Daignez, Madame la Duchesse, m'apprendre de loin en loin que vous me conservez toujours les mêmes bontés. Je prie Monsieur le Duc d'agréer mes hommages. Sait-il que je suis bien le maître d'aller dîner chez lui quand je voudrai ? Car il m'a formellement invité la veille de mon départ, lorsqu'il me rencontra chez... chez... en vérité, je ne sais plus chez qui !

Agréez, Madame la Duchesse, l'assurance de mon éternel souvenir, et des sentiments les plus respectueux avec lesquels je suis, etc.

545

A M. le Vicomte de Bonald.

Turin, 29 mai 1819.

Monsieur le Vicomte,

J'ai pâmé de rire en voyant la rare exactitude de ces négociants, qui n'oublient une lettre qu'une année au fond de leur portefeuille, avant de penser à la remettre. On voit bien qu'il n'y avait rien à gagner. C'est une caste que je n'ai jamais aimée. Savez-vous ou vous rappelez-vous ce qu'en dit Cicéron ? *Si le commerce se fait en grand, il n'est pas tout à fait condamnable.* Mais, pour revenir à ma lettre *antique*, je suis ravi qu'elle vous soit enfin parvenue, et qu'elle vous ait porté ma profession de foi sur le bel ouvrage dont vous m'aviez fait présent. Vos ouvrages sont faits pour les lecteurs de mon espèce. On les ouvre où l'on veut ; on les lit, on pense, on vous aime. Arrive un suppliant avec ses papiers : il faut bien l'écouter ; mais il s'en va enfin. Où en étais-je donc ? Ma foi, je n'en sais rien. Ouvrons ailleurs : on lit, on pense, et on vous aime. Vous êtes bien aimable, Monsieur le Vicomte, de vouloir être *tout entier* dans mon cabinet ; vous y êtes placé avec toute sorte de révérence et d'attachement. Combien je sais gré à cet *excellent Savoyard* qui s'est employé avec zèle pour vous faire arriver chez moi dans toute votre intégrité ! Vous ne me dites pas son nom, et je m'étonne de ne l'avoir pas vu à Paris chez Madame la Comtesse de Viry, où j'allais cependant quelquefois. Je suis très content de ma Savoie ; elle présente de grandes espérances dans tous les genres, et surtout une *volée* de jeunes gens parfaits en principes et en talents : ils se font remarquer ici dans les collèges, à l'Académie, à l'Université, partout enfin. Plusieurs relations m'apprennent qu'il en est de même chez vous. Certainement, Monsieur le Vicomte, le mauvais principe fait bien ce qu'il peut pour nous étrangler ; il n'oublie rien, *il est en règle*. Cependant son divin antagoniste l'emportera. Il nous faudra du temps et des combats ; mais enfin nous vaincrons. Suivant toutes les apparences, je ne le verrai pas, mais je dirai en mourant : *Spem bonam certamque domum reporto*. Je vois que vous êtes assez de mon avis sur ce point, je m'en réjouis : vous savez, je l'espère, et depuis longtemps, combien cette consonnance me plaît. Que vous dirai-je sur votre état actuel ? Vous avez raison, *il est unique dans l'histoire*. J'observe cependant que, parmi les innombrables folies du moment et de tous les moments, il y en a une qui est la mère de toutes : c'est ce qu'on appelait dans l'école le *protopseudos*, le sophisme primitif, capital, originaire, et surtout original ; c'est de croire que la liberté est quelque chose d'absolu et de circonscrit qu'on a ou qu'on n'a pas, et qui n'est susceptible ni de plus ni de moins. A cette belle extravagance vos *légisfaiseurs* (comme disait cette dame) en ont ajouté une autre qui est fille de la première, savoir, que cette liberté imaginaire appartient à toutes les nations, et ne peut exister que par le gouvernement anglais, de manière que tout l'univers est obligé en conscience de se laisser gouverner comme les Anglais : jamais on n'a rien vu d'aussi fou. Vous ne m'avez jamais dit, Monsieur le Vicomte, si vous croyez à la Charte ; pour moi, je n'y crois pas plus qu'à l'hippogriphe et au poisson rémora. Non seulement elle ne durera pas, mais elle n'existera jamais, car il n'est pas vrai qu'elle existe. Dieu n'y est pour rien d'abord ; c'est le grand anathème. D'ailleurs, elle est fondée uniquement sur la plus grande des spoliations. Les brigands vous ont pris vos biens : ils ont fait leur métier. Mais de quel droit le gouvernement, qui se pare avec tant de raison du titre de *légitime*, croit-il pouvoir vous enlever, avec vos biens, (puisqu'il approuve) vos distinctions personnelles mêmes et celles du Clergé ? Ce bien vous appartenait comme vos terres. Voilà donc la noblesse et le sacerdoce réduits à l'état de simple bourgeoisie ; il n'y a plus que des Pairs, qui seront bientôt résignés à cette grande injustice, et les *citizens*, dont les titres deviendront bientôt ridicules, étant séparés de la Pairie ! Êtes-vous résignés, Messieurs ? Vous croyez peut-être l'être ; mais le temps aura bientôt prouvé que cet état de choses ne peut durer. On dit : « Il n'y a plus moyen de rétablir l'ancien ordre de choses ; les éléments même n'existent plus. »

Mais les éléments de toutes les Constitutions sont les hommes ; et n'y aurait-il point d'hommes en France par hasard ? Pour moi, si je n'ai pas la berlue, j'en ai vu beaucoup en traversant ce *pays de sapience*. Je veux même me prêter aux idées du moment. Qui me prouvera que votre liberté doit être celle des autres, et que vous ne pouvez pas asseoir celle qui vous convient sur des bases françaises ? On n'a pas encore, ce me semble, assez fait honte aux Français. Les voilà donc réduits au rôle de singes ridicules, de mendiants abjects qui vont gueuser une Constitution, comme s'ils n'avaient rien chez eux ! Pour moi, Monsieur le Comte, si j'étais Français, je veux que le diable m'emporte et me croque tout en vie, si jamais je pouvais me résoudre à prononcer le mot de *budget*. Est-ce que Sully et Colbert ne savaient pas dresser leurs comptes sans parler anglais ? Mais que dire à des gens qui effacent sur leur monnaie *Christus regnat, vincit, imperat*, pour y substituer *Cinq francs* ? Le goût, le tact, les talents manquent avec la vertu. Tout reviendra ensemble. Je suis tout à fait *libéral*, comme vous venez de le voir. Il est inutile de parler du Roi ; il est avant tout, il est à la tête de tout, rien sans lui : *A Jove principium*. Si l'état actuel pouvait durer, je ne voudrais point me battre contre ce qui existe ; mais je n'en crois pas le mot, et c'est ce qui occupe toute ma pensée. Feu Demosthène disait : « Il n'y a rien de si « aisé que de montrer les vices du gouvernement ; mais « savoir indiquer ce qu'il faut faire, voilà la science de « l'homme d'Etat. » C'est précisément sur ce point que je voudrais jaser avec vous, Monsieur le Vicomte ; mais il n'y a pas moyen. Il faut finir, et c'est même par une espèce de miracle que je puis parler aujourd'hui à cœur ouvert; ceci s'éloigne déjà trop du billet. — Je veux vous parler encore de tout le chagrin que m'a fait votre détail sur la manière dont vous avez été traité ; j'en suis pénétré. Si j'étais à Paris, j'irais souvent vous voir, non pour vous lire Sénèque, *de Consolatione*, mais pour vous parler de l'intérêt que vous m'inspirez, et tâcher d'émousser, d'épointer quelques-unes de ces épines qui semblent vous chercher.

Je vous remercie de ce que vous me dites de l'abominable affaire *Fualdès;* elle me rappelle une de mes grandes maximes : *L'univers est rempli de supplices très justes, dont les exécuteurs sont très coupables.* Du reste, je suis parfaitement d'accord avec vous sur la franc-maçonnerie. Voilà encore un beau chapitre! Mais Dieu me préserve de commencer! Je vous remercie du mot que vous dites sur mon excellent frère. Il a emporté avec lui la moitié de ma vie ; cette plaie est incurable. Il faut encore se taire. Rappelez-moi, je vous prie, au souvenir de votre jeune apôtre; je le vis un moment sans vous, mais ce fut un éclair. Je le prie d'agréer mes compliments. Il faut cependant terminer ce billet; d'autres vous arriveront de loin en loin. Traitez-moi de même : vous serez toujours reçu avec un tendre empressement, dussiez-vous encore *avoir l'honneur d'être avec*, etc. Vous croyez peut-être que je vais me venger ; point du tout, Monsieur le Vicomte (quand même il me resterait assez de papier) je vous serre dans mes bras comme un vieil ami.

546

A M. le Comte de Blacas, à Rome.

Turin, 29 mai 1819

Comment pourrais-je vous exprimer, rare et excellent homme, inestimable ami, ce que m'a fait éprouver la lecture de votre lettre du 26 septembre? Elle est venue se placer sur mon pauvre cœur oppressé et froissé, comme une espèce de fomentation qui l'a tout à fait ranimé. Lorsque, au milieu de la triste indifférence, de l'égoïsme glacé, et de quelque chose de pire encore, on vient à rencontrer une âme comme la vôtre, on respire, on se console ; on est comme le voyageur qui traverse les déserts de l'Arabie, et qui trouve tout à coup un bosquet et une fontaine : il s'assied à l'ombre, et il boit. Ce qu'il sent alors, c'est à peu près ce que j'ai senti en lisant votre lettre. Croyez bien qu'il ne manque rien à cette comparaison, qui tombe d'elle-même sur ce papier. Sûrement, Monsieur le Comte, vous n'aurez pas de peine à me croire sur le *désert ;* croyez-moi de même sur la *fontaine ;* c'est l'amitié la plus pure, c'est la plus tendre reconnaissance qui vous en assure. — Vous me dites : *Finissez donc ;* d'accord, puisque vous le voulez ; jugez si je voudrais contredire un ami tel que vous ! Venons donc au fait. Si je devais tout à coup faire face à une dépense imprévue, s'il s'agissait d'un voyage nécessaire, d'une fille à marier, d'une terre à acheter, et que la somme que vous m'offrez avec tant de grâce me manquât dans le moment, en vérité, mon très cher Comte, je m'en prévaudrais sans compliment, bien sûr que, dans certaines occasions et avec certains hommes, *on ne peut remercier dignement qu'en acceptant* (ceci est une maxime). Mais, dans la position où je me trouve, que ferais-je de votre argent? Vous ne pensez pas sans doute que je veuille l'éparpiller en petites dépenses d'agrément et de commodité; la somme passerait donc sans fruit de votre cassette dans la mienne. J'aime bien mieux qu'elle demeure dans la vôtre, car si jamais j'en ai besoin, elle sera toujours à ma disposition; et si vous ne pouviez pas me la prêter alors, ce serait une preuve que j'aurais mal fait de l'accepter aujourd'hui.

Vous avez la bonté de me gronder sur ce que je n'ai pas fait le voyage de Rome avec le marquis d'A. Soyez bien persuadé que j'en avais une envie mortelle. Mais je n'en ferai pas plus la petite bouche avec vous qu'avec lui. Je n'ai pas droit, dans l'état où je suis réduit, d'ôter à mes enfants le prix d'un voyage de plaisir; voilà tout le mystère. Je ne dois plus me faire illusion: il n'y a plus d'espérance pour moi; la Fortune est femme, elle n'aime que les jeunes gens. Pendant longtemps j'ai pu me flatter de deux influences qui m'auraient sauvé: par des raisons bien différentes, l'une et l'autre m'ont manqué. Seul et sans appui, je ne peux vaincre l'opposition sourde qui redoute mes opinions, et qui est bien plus forte que le Roi. Sa main vient enfin de signer notre spoliation définitive en Savoie et à Nice ; le parti qui désirait cette signature avec une ardeur toute-puissante, l'a obtenue enfin sous le voile d'une indemnisation partielle, et que je crois tout à fait illusoire : le père commun a cru bien faire, c'en est assez pour justifier ses intentions. Après lui avoir sacrifié nos biens et nos personnes, notre devoir est de lui sacrifier encore les révoltes du cœur, et de le servir avec un redoublement de zèle digne de nous, car le Roi trompé n'est pas moins notre Roi. Ce grand procès perdu me rend cependant ma chère patrie insupportable ; je resterai donc ici si je le puis. Heureux père et heureux époux, je suis toujours bien chez moi, et c'est un grand article ; ajoutez les livres, vous trouverez que c'est assez pour m'acheminer tout doucement *vers le diocèse de mon pauvre frère*. En vivant comme vous l'avez vu, c'est-à-dire en capucin bien élevé, j'ai fait quelques économies : je compte m'en servir pour acheter un jardin avec une maison au milieu, où je puisse enfin vivre et *mourir même*, si je veux, sous un toit qui m'appartienne ; voilà toute mon ambition, mon très cher Comte, et j'espère que vous ne la trouverez pas monstrueuse.

Dans la seconde page de votre précieuse lettre, vous me dites : « *Je voudrais bien savoir si ce sera en deçà ou au delà*, etc. » Vous supposez donc ne savoir rien du tout ; et cependant, quelques lignes plus bas, vous ajoutez : « J'en prévois cependant un, etc. » Bon Dieu ! qu'est-ce que vous voulez dire ? Je ne craindrais rien davantage ; mais, en regardant de bien près, j'ai cru voir que vous étiez *trompé* par un personnage *trompé ;*

car l'idée que vous m'indiquez a bien quatre ou cinq mois d'antiquité, et ce fut, je crois, une idée passagère qui ne tint pas devant les premières réflexions ; je vois ici combien le personnage en question est retardé dans dans ses notions. Si vous voulez dire autre chose que ce que j'imagine, tant pis pour moi; mais j'ose me rassurer. Je décachetai ma dernière lettre du 25 août, pour y insérer un billet destiné à vous apprendre une chose que je croyais certaine. Aujourd'hui, le contraire me paraît certain. Que faire donc? Se croiser les bras, et attendre paisiblement la décision.

Je suis bien aise que vous ayez acquis le voisin que vous me nommez. C'est un véritablement digne homme, chez qui j'ai trouvé ce que je n'ai rencontré dans nulle autre maison de ce pays. Il connaît assez ma situation ; ainsi j'espère qu'il vous aura mis au fait de tout. A mon tour, j'ai profité de lui pour vous faire connaître certains détails. Je conçois de reste que vous n'y pouvez répondre que par votre silence ; mais je serais bien sourd si je n'entendais pas votre silence.

Puisque vous voulez que *je tire sur vous,* voici ma prétention, Monsieur le Comte. Vous rappelez-vous qu'en partant de Saint-Pétersbourg, vous me laissâtes un *Virgile* Baskerville? J'avais écrit sur ce livre : *Souvenir de M. le Comte de Blacas.* On me l'a inhumainement volé ; envoyez-moi, je vous prie, un autre volume latin, français, italien ou anglais, sur lequel vous écrirez votre nom. Je mets à ce don deux conditions : je ne veux qu'un volume; il ne vaudra pas plus d'un louis. Si Votre Excellence passe les conditions, elle ne se courroucera point si je prends la liberté de lui renvoyer brutalement la pacotille. Agréez, je vous prie, cette proposition, qui me tenait au cœur depuis longtemps.

J'envoie ma vieille bénédiction au nouveau-né ; car, suivant ce que vous me dites, il sera dans son berceau lorsque cette lettre arrivera. Je mets mes vœux et mes hommages aux pieds de Madame l'Ambassadrice. Je croyais avoir l'honneur de la connaître ; mais, sur ce point comme sur tant d'autres, le ciel m'a dit non. Je me jette au cou de Monsieur son époux ; je le remercie de nouveau d'une lettre qui m'a comblé de joie autant que de reconnaissance ; car rien ne me réjouit, dans cette *vallée de larmes,* comme de trouver une nouvelle occasion d'estimer la nature humaine.

547

A M. Deplace.

5 juin 1819.

Notre digne ami m'écrivait le 30 avril dernier : « Aujourd'hui l'ouvrage ferait peu d'effet, il en fera un merveilleux après la crise, etc. » Jamais deux hommes qui n'extravaguent pas tout à fait, n'ont été si opposés sur une question quelconque. Il me semble, à moi, qu'après la crise, le livre sera sans intérêt et même inutile . . . .

Dans cette addition que vous avez approuvée (depuis l'article IV de la Conclusion), il y a dans le portrait du protestantisme un mot que j'ai mis là uniquement pour tenter votre goût : c'est celui de *polisson*. Vous ne m'en avez rien dit ; cependant des personnes en qui je dois avoir confiance prétendent qu'il ne passera pas, et je le crois de même. Comme j'ai besoin absolument d'un mot qui produise une forte opposition, tout bien examiné, j'ai imaginé *deux misérables*. Je ne trouve rien de mieux. Qu'en dites-vous, Monsieur ?

Si quid novisti rectius istis,
Candidus imperti.

Il faut finir. Hélas! qu'est devenu mon temps de *Riénisme* ? . . . .
. . . .
. . . .

P. S. — Mes amis sont bien plus empressés que moi ; car, pour mon compte, je penche toujours pour la suppression de l'ouvrage. Si votre propre jugement ou les événements en décidaient ainsi, il y aurait un compte à faire avec M. R. Faites-moi part de tout, je vous en prie.

548

A M. Besson,
Curé de Saint-Nizier (1).

22 juin 1819.

Monsieur l'Abbé,

Je reçois votre accablante lettre du 17 ; ah ! Mon Dieu, quel malheur ! Je vous assure bien sincèrement, Monsieur, et vous n'aurez pas de peine à me croire, que dans ce moment je ne puis penser à mon livre. Pauvre M. Deplace ! Le cœur me battra jusqu'à la réception de votre première lettre. Ce délire me fait une peur que je ne puis vous décrire. Au moment où j'ai reçu votre dernière lettre, j'en commençais une grande à cet excellent homme, qui devait servir d'accompagnement aux feuilles ci-jointes. Il faut bien, Monsieur l'Abbé, que vous nous prêtiez la main pour nous tirer de cet abyme. Je ne répugne pas à votre idée de publier le Ier volume. Mais l'avis qui doit précéder, que deviendra-t-il ? Enfin, sur ces détails du 2e ordre, je ne puis que me fier à vous. Pour la première fois depuis le commencement de notre longue correspondance, je me suis trouvé contraire à votre docte ami. Non seulement je n'ai pu reculer, mais puisqu'il m'était impossible de changer d'avis, je l'ai

---

(1) Depuis évêque de Metz.

renforcé par un morceau logique que j'ai rendu aussi concluant qu'il m'a été possible ; car, lorsque vous avez contre vous des hommes tels que M. D., il faut faire bonne mine et redoubler de force jusqu'à l'impertinence ; je ne dis pas même tout à fait *exclusivement*. Quant aux autres observations, j'y ai fait honneur avec ma docilité ordinaire.

J'ai toujours prévu que votre ami appuyerait particulièrement la main sur ce livre V^e. Je ferai tous les changements possibles, mais probablement moins qu'il ne voudrait. A l'égard de Bossuet, en particulier, je ne refuserai point d'affaiblir tout ce qui n'affaiblira pas ma cause. Sur la défense de la Déclaration, je céderai peu, car ce livre étant un des plus dangereux qu'on ait publiés dans ce genre, je doute qu'on l'ait encore attaqué aussi vigoureusement que je l'ai fait. Et pourquoi, je vous prie, affaiblir ce plaidoyer? Je n'ignore pas l'espèce de *monarchie* qu'on accorde en France à Bossuet; mais c'est une raison de l'attaquer plus fortement. Au reste, Monsieur l'Abbé, nous verrons. Si M. D. est longtemps malade ou convalescent, je relirai moi-même ce V^e livre, et je ne manquerai pas de faire disparaître tout ce qui pourrait choquer. J'excepte de ma *rébellion* l'article du Jansénisme : il faut ôter aux jansénistes le plaisir de leur donner Bossuet. *Quanquam ô*.....

Vous avez grandement raison, Monsieur l'Abbé, *celui qui est sur les lieux*, etc. Cependant voici qui me paraît fort. — *Si l'Episcopat triomphe et se rétablit*, ce grand événement n'est possible qu'en vertu d'une révolution dans l'esprit public. — *Ergo*, mon livre sera inutile.

Qu'en pensez-vous? Cependant, je ne dis point ceci dogmatiquement ; je m'en rapporte à vous.

Mais j'en reviens toujours à cette maladie. Quel malheur ! Quel chagrin ! Quel contretemps ! *Vous ne pouvez entrer dans son cabinet.* Qu'est-ce que cela signifie, bon Dieu ?

Il faut que je m'arrête. Au revoir, Monsieur l'Abbé. V. T. H. et T. O. S.

549

A M. de Karaoulof,
Officier de la marine russe.

Turin, 20 juillet 1819.

Monsieur,

Je ne sais par quelle étrange fatalité votre lettre du 29 janvier (10 février) ne m'est parvenue que vers le milieu de ce mois. Où donc a-t-elle séjourné? Je n'en sais rien ; mais enfin je la tiens, et je ne puis vous exprimer, Monsieur, toute la joie qu'elle m'a causée.

Nous sommes, hélas ! suivant les apparences, destinés à ne jamais nous revoir; mais il n'y a point de distance pour les esprits ; et, depuis notre charmante navigation, ils ne cessent de se faire visite. Croyez bien, Monsieur, que cette navigation sera pour moi, et pour toujours, une des plus douces époques de ma vie. Je ne cesserai de me rappeler votre politesse de cœur, vos soins recherchés, et votre constante obligeance envers nous. J'assiste encore à votre étonnement lorsque je vous communiquai mes longues observations sur un certain grand peuple, et vous me disiez : *Ah! que vous le connaissez bien!* Si nous avions pu continuer notre liaison et la transporter à terre, nous aurions encore dit beaucoup de bonnes choses ; mais la Providence ne nous réunit pendant quelques jours que pour nous séparer à jamais. Ce que je puis vous assurer, Monsieur, c'est que vous ne sortirez jamais de ma mémoire et de mon cœur. Souvent, et très souvent, vous avez été le sujet de nos conversations de famille. Nous aimons à raconter à nos amis notre joli ménage maritime, et nous ne cessons de leur vanter la courtoisie des marins russes. J'ai été bien souvent tenté de vous écrire, car il m'en coûtait réellement de ne pas savoir ce que vous faisiez ; mais comment et où écrire à un officier de marine? Il est peut-être à la Jamaïque et peut-être au Japon. Votre lettre m'a réjoui et m'a consolé, car j'étais en peine de vous. Mais maintenant que vous avez ouvert cette correspondance, je vous prie très instamment de la continuer de loin en loin, sans vous fatiguer, et de ne point laisser passer des années sans m'apprendre où vous êtes et ce que vous faites. Je n'ai pas été peu intéressé par tout ce que vous m'apprenez de vos projets. Il faut que vous sachiez, Monsieur, que je n'ai jamais pu souffrir d'entendre parler contre les Croisades. Ce sont des propos de vilains ; nos pères avaient raison. Si ces grandes entreprises se renouvelaient, votre épée, mon cher Argonaute, en vaudrait bien une autre; mais il est vrai aussi que le temps n'est pas encore arrivé, et que pendant que le monde sera plein, comme il l'est dans ce moment, de misérables sans foi et sans loi, le petit nombre d'hommes qui pensent comme vous et moi n'y peut rien absolument. Ainsi, croyez-moi, modérez-vous sur les idées extraordinaires dont l'exécution ne dépend pas de nous. Je ne saurais trop vous remercier de vos bonnes prières : je prierai de mon côté notre Dieu *très grand et très bon*, pour qu'il daigne vous éclairer dans les voies ténébreuses de la pauvre humanité aveugle et fourvoyée, afin que nous arrivions tous ensemble au port, et que nous puissions nous embrasser *dans l'unité*. De toutes vos prières pour le temporel, aucune ne m'est plus agréable que celle que vous faites pour nous revoir. Venez, Monsieur, venez ! Vous serez reçu à bras ouverts. Quant je pense aux chances de votre état, je suis tenté de rétracter les sinistres présages que j'exprimais tout à l'heure : pourquoi ne verriez-vous pas la Méditerranée et l'Italie, comme tant d'autres marins russes? Dans ce cas, j'espérerais beaucoup qu'avec le mépris des distances qui appartient à votre nation, vous viendriez nous voir, ce qui serait une fête pour toute ma maison.

Ma femme, ma fille cadette et mon fils sont en Savoie dans ce moment. Je suis seul, mais pour peu de temps, avec ma fille aînée, qui me charge de mille compliments pour vous.

Demain j'enverrai votre lettre à ma femme, qui sera enchantée, ainsi que Constance, de recevoir de vos nouvelles ; car elles partagent bien sincèrement mes sentiments pour vous.

Adieu mille fois, cher et très cher Karaoulof ! Soyez bien sûr que jamais vous ne serez oublié chez moi, et recevez l'assurance la plus sincère de l'invariable attachement et de la haute considération avec laquelle j'ai l'honneur d'être, etc.

P. S. — Ne dites point de mal de votre français, je vous en prie. Nous en sommes très contents, nous l'entendons à merveille; et, pour mon compte, je voudrais fort écrire le russe aussi bien. — A propos, voilà Biribi (1) qui entre dans ma chambre en criant, et se plaint de ce que je ne vous ai pas fait ses compliments. Il a l'honneur de vous lécher les mains.

550

A M. le Comte de Marcellus.

9 août 1819.

Monsieur le Comte,

On ne saurait être plus sensible que je ne l'ai été au présent que vous m'avez fait. Défenseur de tous les bons principes, en donnant ce que vous avez dit, vous réjouis-

---

(1) Petit chien favori, compagnon de voyage.

sez la pensée et vous ranimez l'espérance. Les hommes ressemblent aux lames de l'aimant artificiel : c'est de l'union que résulte la force ; brisez le lien, ils ne s'attirent ni n'attirent. Mais je ne sais comment, Monsieur le Comte, nous n'avons pas pour l'agrégation le même talent que les brigands : ils sont toujours ensemble, et nous toujours disséminés. Cependant, après la *communion des saints*, je ne vois rien de meilleur que la *communion des bons*. Toutes les fois donc qu'il vous arrivera de soutenir quelque grande thèse publique, faites-moi l'honneur de penser que je suis *en communion avec vous*, et que je bats des mains.

Je suis désolé, Monsieur le Comte, de ne pouvoir vous offrir les faibles opuscules qui sont tombés de ma plume à différentes époques. Le croirez-vous ? mais rien n'est plus vrai, je ne les ai plus moi-même ; c'est-à-dire cependant que j'en ai *un* exemplaire (ce n'est pas trop), que je garde pour mes enfants *ad futuram rei memoriam*. On me demande bien une préface pour une seconde édition des *Considérations sur la France ;* mais jusqu'à présent je n'en ai pas trouvé le temps : je suis accablé, et, de plus, dégoûté de la vie. Depuis que j'ai perdu l'évêque d'Aoste, mon frère, qui me parlait souvent de vous, Monsieur le Comte, car il avait eu l'honneur de vous connaître lorsqu'il n'était encore qu'un pigeon fuyard, je ne vis plus qu'à demi. D'autres épines encore s'enfoncent dans mon cœur, mon esprit s'en ressent : de petit, il est devenu nul, *hic jacet ;* mais je meurs avec l'Europe, je suis en bonne compagnie.

Est-il vrai, Monsieur le Comte, que vous me faites l'honneur de conserver ma première lettre ? Dans ce cas, il est bon que vous sachiez qu'elle contient un faux (ce n'est pas bagatelle, comme vous voyez) : en vous citant une très jolie devise anglo-latine, j'écrivis *maneat*, au lieu de *lateat*. Le sens est le même, le vers est régulier ; mais quelle différence de finesse et d'élégance ! Vous voyez ici, Monsieur le Comte, une grande bizarrerie de mémoire : j'écris un mot pour l'autre, je le relis vingt fois sans m'en apercevoir ; longtemps après, et la nuit surtout, je vois tout à coup la faute comme si elle était sous mes yeux.

Je n'oublierai jamais, Monsieur le Comte, que vous êtes le premier Français qui m'ait fait l'honneur de me citer publiquement. D'autres, bien moins généreux, m'ont copié en silence. Il peut se faire que bientôt je me présente encore dans le monde ; permettez, dans ce cas, que je vous choisisse pour mon patron :

Tu Marcellus eris !

Pour cette fois au moins, je vous promets que vous ne me demanderez pas le nom de mon libraire.

Je suis, etc.

551

A Mme la Duchesse des Cars.

Turin, 18 août 1819.

Madame la Duchesse,

Vous me gâtez tout à fait. Quand je reçois une lettre de vous, je suis joyeux comme un écolier qui a gagné le premier prix. J'ai donc eu le bonheur, Madame la Duchesse, de parler encore dans votre cabinet ! Auriez-vous, par hasard, la bonté de vous rappeler le dernier mot : *Un ange ou une dame?* Vous ne sauriez croire combien cette finale me rappelle votre excellente personne : vous seriez faite, Madame la Duchesse, pour une ambassade de cette espèce, si d'ailleurs vous connaissiez l'homme un peu de longue main. Ah ! quel homme ! quelle tête ! quelle réunion terrible de principes discordants, et, par malheur aussi, quelle puissance ! Quand je songe au bien qu'*il* aurait pu nous faire et au beau résultat que nous voyons, bien parce qu'il l'a voulu, je ne sais vous exprimer ce que j'éprouve. Mais c'est bien ici le cas de dire, en style évangélique: *Comment entendra-t-il, si on ne lui parle pas ?* — Et qui lui parlera? Malheur à qui le contredit! J'en reviens donc toujours à ces deux chefs-d'œuvre de la création, l'*ange* ou la *dame* ; mais je ne crois pas qu'il y ait moyen de lui faire supporter ce que vous avez entendu, du moins il faudrait de grands préliminaires que je ne vois pas : ce ne sera donc qu'une pièce historique, bonne pour apprendre tout le mal qu'il nous a fait. Je voudrais bien qu'il trouvât cette pièce sur son chemin, bien écrite par quelque habile calligraphe ! Je suis bien fâché, au reste, Madame la Duchesse, que nous ayons à nous reprocher ses préjugés contre nous. Ce qu'il a vu, surtout à Vienne, l'a entièrement tourné contre nous.

J'espère que notre vénérable curé de Genève vous aura beaucoup plu, Madame la Duchesse. C'est un inconcevable personnage en activité, en zèle, en persévérance. Quand je le vois agir, il me donne l'idée des succès apostoliques ; mais le nombre de ces hommes diminue tous les jours, et ce sont mes héros. A quoi servent tous nos beaux discours, qui se réduisent à Oui et Non ? A quoi sert le *beau parlage*, comme quelqu'un disait chez vous? Parlez-moi des hommes qui opèrent et qui persuadent. Il en paraîtra sûrement d'un genre que nous n'attendons pas ; mais où ? mais quand ? c'est ce qu'il n'est pas possible de deviner. Ce qu'il y a de sûr, c'est que le monde ne saurait demeurer où il en est. — Nous marchons à grands pas vers... Ah ! mon Dieu ! quel trou ! la tête me tourne. Je ne saurais trop vous remercier, Madame la Duchesse, de votre aimable invitation, qui est bien séduisante. — *Mais à revoir Paris je ne dois plus prétendre.* Il ne tiendrait qu'à moi de rimer, si je voulais écrire des choses de mauvais augure :

le fait est que Paris est la ville des jeunes gens ; je n'y reporterai plus mes cheveux blancs.

S'il m'arrive de griffonner encore quelque chose, mes chiffons ne feront qu'un saut chez vous, Madame la Duchesse ; soyez, je vous prie, leur protectrice. Je voudrais bien aussi obéir à la sommation de Madame la Marquise de Prié à l'égard d'une certaine préface. Sans doute, il y aurait dans ce moment de fort jolies choses à dire sur votre situation, mais voilà encore le danger qui se présente ; d'ailleurs, j'ai trop d'affaires sur les bras. Mes dernières années s'éteignent dans le papier timbré. J'ai bien là quelques guenilles en magasin : ce qui est fait est fait. Du reste, qui sait si tout cela vaut quelque chose ? *L'homme se pipe*, disait Montaigne ; je tâche de me tenir en garde autant que je puis, du moins contre moi ; mais si vous veniez à conter fleurette à *Monsieur mon orgueil*, alors, Madame la Duchesse, c'est vous qui *me piperiez ;* je le mettrais sur votre conscience.

M. le Marquis Alfieri est extrêmement sensible à votre souvenir, Madame la Duchesse, et à la manière dont vous l'exprimez. Je crois bien qu'il pense à vous dire deux mots, et qu'à la fin vous le reverrez dans la ville de Lutèce, dont tout le monde dit du mal, et où tout le monde court. — *Siete pur curiosi !* Je m'en fie à Madame la Marquise de Prié, dont je baise très humblement les deux mains, pour vous expliquer cet italien, qui est très difficile.

Je prie instamment M. le Duc des Cars de vouloir bien agréer mes hommages. Je fais mille vœux et pour lui et pour vous, Madame la Duchesse. Tout n'ira pas parfaitement mal, tant que vous serez bien tranquilles dans votre *hôtel*, et que vous y recevrez vos amis. Vous m'avez appris, Madame la Duchesse, à ne jamais l'oublier. Je vous prie de me regarder comme un homme qui vous est particulièrement dévoué.

Je suis, avec respect, etc.

552

A M. Deplace.

Turin, 7 septembre 1819.

. . . .
. . . .

Rien de mieux pensé que de substituer les citations diverses tirées des Œuvres de Bossuet à celles que j'ai empruntées de M. de Bausset. Lorsque vous pourrez le faire *nullo negotio*, vous me ferez plaisir ; mais ne vous fatiguez pas trop, parce qu'enfin cet objet est très secondaire. Par une inconcevable bizarrerie, en composant mon ouvrage, j'ai constamment manqué de livres, et maintenant encore j'en manque, ce qui vous paraîtra fort extraordinaire ; cependant rien n'est plus vrai. Toutes les bibliothèques cependant me sont ouvertes. D'ailleurs, je n'ai plus le temps de consulter, et mon fils

me manque. Je trouve l'état militaire tout à fait contraire à l'esprit de famille ; dans dix ans je ne sais si j'ai possédé mon fils dix mois . . . .
. . . .
. . . .

Je crois qu'il ne vous restera rien à désirer, du moins sur la couleur générale et sur la suppression exacte de toute expression ou dure ou sarcastique, etc. — Sur le fond des choses, nous différerons toujours plus ou moins : à cela il n'y a pas de remède.

Tout bien examiné, je me range à l'avis et au désir de mon fils, de faire paraître les deux volumes à la fois.... Il faudra donc terminer votre Avis par le morceau de M. de Bonald, qui est fort bien choisi et fera une excellente *cadence*.

Avec la permission de Monsieur mon fils, je suis très fâché de n'avoir pas reçu les épreuves du IIIe livre. Vous voyez combien j'ai trouvé de fautes, même capitales, dans les feuilles corrigées. C'est une vieille expérience que chacun lit sa pensée dans une feuille qu'il revoit. Mille fois j'ai lu blanc pour noir. Il faut être deux. J'ai des remords d'ailleurs sur cette révision. Dans l'état où vous étiez, pauvre malade, vous a-t-on apporté *mon linge sale*, comme disait Voltaire? Ne vous l'a-t-on point apporté trop tôt? Enfin, je suis en peine sur ce point.....

553

A M. le Vicomte de Bonald,

Turin, 15 novembre 1819.

Monsieur le Vicomte,

Je ne saurais trop vous remercier de votre aimable lettre du 25 octobre. Des hommes aussi occupés que vous et moi ne sauraient avoir un *carteggio* bien vif. Mais, Monsieur le Vicomte, il est bien doux quand on professe la même foi, de se donner de temps en temps quelque signe de vie, et, lorsque vos lettres arrivent, elles sont reçues comme de véritables *poulets* (autant qu'il m'en souvient). Je suis ravi d'être aujourd'hui en conversation avec vous dans le *Conservateur*. Je suis devenu l'autre jour rouge comme une petite fille, lorsque j'ai lu le très honorable article qui me regardait, mais comme une petite fille aussi, tout en disant : *Ah, Monsieur, vous badinez!* je n'ai pas laissé que d'être très content de votre courtoisie qui a fait grand effet ici.

Prenez garde cependant, Monsieur le Vicomte, je vous en prie, si jamais vous trouviez l'occasion de citer une de mes lettres, de vouloir bien y regarder de près. Madame de Sévigné, disait *que sa plume avait la bride sur le cou.* Qui m'empêche de dire *que la mienne prend le mors aux dents?* C'est ce qui lui arrive quelquefois, et je ne sais même si ce malheur n'arrive point plus ou moins à toutes les plumes. Je crois bien que la mienne allait un peu trop vite lorsqu'elle vous a parlé *de la mort de l'Europe*, mais pour celle de mon esprit elle n'a rien dit de trop ; je sens parfaitement que je deviens bête (je veux dire plus bête), et je ferais même l'épitaphe du défunt si je ne comptais pas à cet égard sur vos bons offices. *Il n'est pas bon à l'homme d'être seul.* Cette maxime est vraie dans plus d'un sens. Il y a longtemps que j'ai comparé les hommes aux lames d'un aimant artificiel qui n'ont de force que par leur réunion. Séparées, elles ne sont pas même des fragments de ce qu'elles étaient, elles ne sont rien. Si j'étais à Paris, bien lié, bien serré à tous les brigands du *Conservateur*, j'aurais aussi mon action commune, et je produirais peut-être quelque chose. Ici je suis *la lame isolée*, c'est-à-dire rien. Laissez-moi donc dire : *Hic jacet.* Ma situation est singulière : je vois devant mes yeux des manuscrits considérables, fruits de mes loisirs de Russie. Il ne leur manque guère que ce qu'on appelle en style élevé le *Fion*, du moins en certains endroits. Vous connaissez, Monsieur le Vicomte, vous qui êtes du métier, ces derniers coups de plume après lesquels on dit à un ouvrage : *Allez !* J'ai le défaut d'ailleurs de renvoyer la fin de toutes choses ; et de délais en délais, je suis arrivé fort heureusement à un temps où je n'ai plus de temps.

Il faut cependant vous confesser, Monsieur le Vicomte, que j'ai livré à certains amis fanatiques *certain* ouvrage qui pourrait bien voir le jour. Lorsque vous lirez le titre, qui n'est pas excessivement long, j'ai peur que vous ne disiez : *Comment ? Diable ! Qu'y a-t-il donc à dire là-dessus.* Cependant comme vous tenez notablement, à ce que j'ai vu souvent, de la même gangrène qui a dicté l'œuvre, je compte sur vous et sur M. le Comte de Marcellus pour la défendre si elle vient à se montrer *in luminis oras.*

Tout ce que vous me dites dans votre dernière lettre sur la Révolution d'Angleterre comparée à la vôtre est parfait. J'avais donc bien raison d'en faire le dernier chapitre de mes *Considérations*, et bien raison encore de me courroucer contre le sauvage éditeur qui s'est avisé de le retrancher de son autorité dans la dernière édition. Vous dites en passant (c'est un de vos défauts) une chose bien lumineuse, *que si la France avait su soutenir les Stuarts, tout serait à sa place chez vous.* Quand je songe à votre conduite à cet égard et à l'horrible scène de l'arrestation, je baisse les yeux comme si j'étais complice. Je voudrais vous dire encore une infinité de choses, mais je n'ai pas le temps. Il faut cependant que je vous félicite avec transport du courage que vous avez eu de vous charger de l'article de Louis XVI dans la biographie de M. Michaud. Par cette intrépide et consciencieuse acceptation vous avez rendu deux services immenses à l'Europe, car vous faites l'article et vous empêchez que tout autre le fasse.

Je m'employais de toutes mes forces pour M. de R...., lorsque vous êtes venu m'apprendre qu'il était votre ami. C'est un coup d'éperon donné au cheval qui galope. Je n'avais cependant point entendu parler d'indemnités. Enfin, Monsieur le Vicomte, soyez bien persuadé que je ferai pour votre ami tout ce qui dépendra de moi. Au surplus, *nimium ne crede colori*, surtout de loin.

Quand vous verrez M. le Comte de Marcellus, je vous prie de le révérer de ma part; vous voyez que mon style commence à se gâter; mais la justesse demande grâce pour l'Italianisme.

Je viens de lire dans le moment un admirable morceau de l'un de vos collaborateurs (M. le Comte d'O'Mahoni), sur le tableau de Pygmalion. J'étais tenté de faire le voyage de Paris pour voir ce chef-d'œuvre; maintenant je m'en dispense grâce à M. le Comte O'Mahoni qui me traite comme le Roi de France : il a porté le tableau chez moi.

J'allais vous parler de la France, de son étoile, de sa langue, de sa vocation, et de cent autres petites choses; mais si je prenais une autre feuille, je ne manquerais pas de la remplir, et il faudrait m'en confesser. *Igitur salve*.

554

† *A M. l'Abbé Vuarin,*
Curé de Genève.

Turin, 20 décembre 1819.

Mille et mille grâces, très cher apôtre, des envois intéressants que vous me faites. Certainement ce bref serre le cœur au premier coup d'œil; mais, en examinant la chose de plus près, on voit en général, sans pouvoir encore pénétrer jusqu'au fond, qu'il pourrait bien y avoir dans toute cette affaire quelque chose de caché, quelque mystère inconnu tout à fait favorable à la vérité. Le pape, mon cher Abbé, est conduit aujourd'hui comme il l'était hier; et quelquefois, même en faiblissant, il nous conduit à de grands résultats qu'il ignore lui-même. Voyez les barrières qui tombent de tout côté. Le Conseil de Genève, tout en chantant victoire, traduit cependant et enregistre les brefs du Saint-Père. Ils ont beau traduire *Fideles Christi* par *Fidèles au Christ*, tout cet argot protestant ne fait rien à la chose. N'avez-vous pas vu que la séparation du XVIIe siècle purifia le catholicisme, et que la véritable *réforme* s'opéra parmi nous ? Le même miracle, ou même un miracle beaucoup plus grand, est sur le point de s'opérer. L'impertinent génie protestant épousera la soumission catholique, et il en résultera quelque chose de meilleur que ce que nous voyons.

Je tremble tout comme vous, je pleure tout comme vous, sur tout ce qui se passe, et j'éprouve des moments d'abattement que je vous ai fait connaître ; mais ensuite je me relève, et je vous fais part aussi des idées consolantes qui se présentent à-moi. La manière dont mon livre sera reçu prouvera beaucoup en bien ou en mal. J'ai écrit pour que vous soyez servi sur-le-champ : vous recevrez deux exemplaires ; faites-en passer un, je vous en prie, au Chevalier d'Olry, en attachant légèrement sur le revers du premier feuillet la note ci-jointe. Je n'ai que cinquante exemplaires pour moi; ils ne toucheront pas terre. Sur le reste, je serai forcé de m'observer : après le naufrage, il faut être sage. Ne riez pas, s'il vous plaît.

Vos deux brochures sont charmantes. J'aime bien surtout la *manie athanasienne*, rien n'est plus parfait; laissez-les dire et laissez-les faire ! *Dabit Deus his quoque finem.*

Il faut maintenant travailler sur Monseigneur de Lausanne. Croyez-vous que Rome, qui va son train, et qui avance en reculant, n'ait pas spéculé sur ce personnage ? Il faudra agir dans le même sens. Ce prélat, qui ne peut ignorer ce que l'on craint, mettra de la gloire peut-être à nous détromper. Ne doutez pas un moment que ses réclamations n'aient beaucoup plus d'influence sur ce que nous appelons les *puissances*, que tout ce qu'aurait pu faire votre supérieur actuel. Quant à notre cabinet, il est nul sur ce point.

Je voulais bien draper le Célérier ; mais les heures passent sans qu'il m'ait été possible de saisir la plume. Je ne suis plus au monde ; adressez désormais vos lettres au *feu Comte*, etc., encore une fois s'il me vient quelque chose, etc. — Votre *post-scriptum* est impayable ; je serais allé vous embrasser à Genève pour cette seule page, si je n'avais pas craint de vous trouver à dîner chez M. Célérier.

Bonjour donc, Monsieur l'Abbé, je cachette à la hâte.

555

A M. Deplace.

Turin, 22 janvier 1820.

Monsieur,

J'ai reçu vos deux lettres des 20 et 27 décembre dernier. Je voulais vous exprimer tout à la fois mon plaisir et ma reconnaissance, mais il faut diviser la motion. Le plaisir me manque encore ; la reconnaissance parlera seule. Mon livre ne m'est point encore parvenu, mais d'autres en sont possesseurs. Un seul de mes amis, qui avait écrit d'avance à je ne sais quel libraire de Lyon, en a reçu treize exemplaires. Je lui en ai emprunté quelques-uns en riant, pour satisfaire à mes offrandes premières et de devoir. J'espère qu'incessamment mon ballot de Chambéry ou celui de M. l'Abbé Valenti arriveront à leur destination.

Mais que ne vous dois-je pas, Monsieur ? Et qu'est-ce que ne vous doit pas mon ouvrage ? Il n'y a pas, je crois, une page qui ne vous soit redevable et qui ne vous soit retournée améliorée par vos observations. J'espère que, de votre côté, vous m'aurez trouvé tout à fait pliant, et toujours prêt à entendre vos raisons, c'est-à-dire la raison. Je ne vous parle pas de cette petite misère d'épigraphe; ce n'est rien, et si votre scrupule m'était arrivé plus tôt, j'y aurais mis bon ordre; mais comme je vous disais, ce n'est rien. Priez, au reste, vos amis, et, je vous le dis avec franchise et confiance, essayez vous-même de traduire en douze syllabes françaises οὐκ ἀγαθὸν πολυκοιρανίη, εἷς κοίρανος ἔστω (1); vous verrez de quoi il s'agit.

Il y a bien longtemps, Monsieur, que j'ai écrit à vous ou à M. R... (je ne me rappelle plus lequel) pour vous prier, ainsi que M. l'Abbé Besson (2), de vouloir bien vous emparer des premiers exemplaires, comme il était bien naturel ; mais comme je ne reçois à cet égard aucun avis, permettez-moi de vous en offrir en particulier six exemplaires, sans préjudice de deux qui pourront vous être nécessaires au delà de ce nombre.

J'espère aussi que vous voudrez bien coller sur l'un de ces exemplaires, le petit billet suivant; ce sera le *souvenir d'un inconnu*. C'est un étrange mot, Monsieur, auquel mon oreille ne s'accoutume pas. Ma femme a été beaucoup plus chanceuse, et jamais elle ne sait que je vous écris, sans me charger, comme elle le fait aujourd'hui, de mille amitiés pour vous.

Revenant à la littérature, il me reste peu de chose à vous dire sur le Ve livre. Je fairai (*sic*) certainement

---

(1) La pluralité de princes ne vaut rien ; il faut un Souverain unique.

(2) L'Abbé Jacques-Fr. Besson, alors curé de la paroisse Saint-Nizier à Lyon, mort évêque de Metz, le 23 juillet 1842.

droit à vos observations postérieures au chapitre XI, comme à toutes les autres. J'adopterai surtout bien volontiers tout ce qu'on appelle adoucissement. Bien entendu que, pour l'époque de l'émission, je m'en rapporte à vous. Je suis sur tout cela d'une froideur risible, au point même de désirer que mon livre n'eût jamais paru, tant je redoute le mauvais succès. Mes amis me querellent beaucoup sur cet article ; mais peut-on se refaire ?

M. R... me menace déjà d'une deuxième édition. Que de fautes nous aurions encore à corriger, malgré votre attention et la mienne ! La page 186 m'a donné des convulsions, non seulement à cause du beau monosyllabe *sûr* qui fait un si bel effet, mais bien plus encore parce que cet endroit était *adouci*, et que la correction s'est perdue je ne sais comment. Incessamment, je répondrai à votre ami, l'Abbé B... En attendant, priez-le de ma part, je vous en prie, d'agréer un pareil nombre d'exemplaires. Si j'ai oublié quelque chose, je l'ajouterai à cette lettre.

Agréez, Monsieur, l'assurance bien sincère de mon invariable attachement, et de la haute considération avec laquelle je suis, Monsieur, etc.

556

A M. l'abbé Rey,
Vicaire général de Chambéry.

Turin, 26 janvier 1820.

Il n'y a rien de si aimable que ce que vous dites dans votre lettre du 24. Je passe sur les exagérations ; c'est un vice de l'amitié, on ne l'en corrigera jamais. Il me paraît cependant, toute humilité et toute vanité à part, que l'ouvrage fera quelque bien. Vous me parlez de mon talent *pour faire rire en raisonnant.* En effet, je me sens appelé à mettre les questions les plus ardues au niveau de toutes les intelligences, et je puis dire comme Boileau : *C'est par là que je vaux, si je vaux quelque chose.* Enfin, Monsieur l'abbé, nous verrons. Ne manquez pas de m'instruire de tout. Qu'est-ce que vos prêtres ont dit de l'article d'*Honorius*, et de ma note sur la procession *Ex Filio ?* Cette idée me vint tout à coup en lisant je ne sais quel vieux livre, et je la crois décisive. On m'écrit de France que *personne n'a poussé plus loin la justification d'Honorius*, ce qui m'encourage beaucoup. Je crois bien qu'il y aura des tempêtes ; mais la plus forte viendra du Nord, et je me résigne d'avance à tout le mal qu'elle pourra me faire. Croyez que le chapitre sur la Russie tombera à Saint-Pétersbourg comme une bombe. Ame au monde ne s'y doute des *témoignages russes*. Quand ils verront ce tableau, ils demeureront frappés de stupeur, et ensuite de colère. Mais qu'arrivera-t-il à l'auteur ? *Je l'ignore*. Qui sait si celui qui a dépensé 20,000 roubles pour nous faire insulter par un enfant (en science), voudra supporter les représailles ? C'est ce que nous verrons encore. En attendant, mon cher abbé, je suis très aise que mon livre repose dans votre bibliothèque, et qu'il y ait été placé, de ma part, par la main de ma représentante.

Votre *Oraison funèbre* a été fort goûtée ici, et déclarée la meilleure de toutes sans difficulté. Je ne serais pas étonné, en vérité, que vous en eussiez quelque preuve ostensible. En tout cas, vous aurez toujours maintenu, de votre côté, l'honneur de la langue. — Hélas ! elle expire chez moi. Bientôt on dira dans ma famille : « *Mon grand-papa, il s'appelait Zoseph : il était tout le zour dans sa sambre.* » — A cela point de remède. — *Sine me, liber, ibis in* URBEM.

Au reste, mon cher abbé, le *Pape* et tout ce que vous connaissez ne sont que des bluettes, en comparaison de tout ce que recèle mon portefeuille. Je ne sais si je me déciderai ; j'ai deux grands ennemis : mes affaires et ma paresse.

Votre très humble serviteur et bon ami.

557

Au Même.

Turin, 9 février 1820.

Je suis fort en arrière avec vous, Monsieur l'abbé ; mais la ponctualité, comme vous le savez assez, n'est plus à mon usage depuis que je suis *attelé* au char de la justice. Tous les jours je vois mieux que je suis déplacé : on me jette dans les emplois au moment où il en faudrait sortir. Je pourrais servir encore la bonne cause et jeter dans le monde quelques pages utiles, au lieu que tout mon temps est employé à signer mon nom, ce qui n'est pas cependant une brillante affaire. Malheureusement je ne puis détacher ces chaînes, qui sont si précieuses pour ma famille. Hélas ! Dieu veuille qu'au prix de toutes les meurtrissures imaginables, je puisse les porter encore longtemps pour me donner un successeur ! L'année 1819 m'a nourri d'absinthe ; tout s'éteint autour de moi. Que m'importe un peu de bruit que je fais ! On écrira sur ma triste pierre : *Periit cum sonitu;* voilà tout. On jalouse mes titres, mon rang et ceux de mon fils, sans savoir ce qu'ils coûtent à mon cœur. Je les céderais tous pour un bon ménage allobroge, tel que je l'imagine : les Alpes me séparent du bonheur. Cependant, le croirez, vous ? j'ai plus à me louer de ce pays que de ma propre patrie. Il paraît qu'ici on m'a tout à fait pardonné ma langue et ma naissance ; mais il y a tant d'autres malédictions attachées à ce séjour, qu'il est impossible d'en faire le catalogue. Je ne puis les reprocher à personne : elles n'appartiennent qu'aux circonstances, et rien ne peut les écarter. J'aurais perdu l'esprit, si je songeais à perdre des revenus considérables que je ne puis trouver ailleurs, et qui peuvent encore enfanter quelque chose.

Les gens qui jalousent mes emplois, mon rang et mon attitude à la Cour, ne connaissent pas toutes mes dignités ; ils ne savent pas que je suis *pénitent noir* à Chambéry. Voilà, cher abbé, ce qui me reste de ma patrie. Mon grand-papa me donna mon livre et mon habit en 1763 ; mais Dieu sait s'ils ne sont pas égarés ! Quoi qu'il en soit, je pourrais être *recteur*, et c'est l'unique emploi à ma portée dans ma chère patrie.

Il faut que vous me fassiez un plaisir. On veut savoir, dans un pays étranger, si les Visitandines sont rétablies dans leur maison primitive, ou s'il y a quelque espérance de ce rétablissement ? Faites-moi, je vous prie, un petit historique sur ce point, et s'il vous est possible, par le premier courrier, car l'on me presse, et je suis en coulpe. Je me vois obligé à faire des extraits en fait de lettres, de réponses, etc. Je me tue, et je suis toujours en arrière.

J'ai été extrêmement approuvé à Rome. Par une délicatesse que vous comprenez de reste, je n'avais pas voulu envoyer mon livre directement au S.-P. ; j'ai laissé faire au Ministre, je n'y ai rien perdu. Le Pape a dit : *Laissez-moi ce livre, je veux le lire moi-même.* De toutes les personnes à qui j'ai fait remettre l'ouvrage à Paris, M. de Chateaubriand seul m'a répondu. Le silence de MM. de Bonald et de Marcellus m'étonne fort ; probablement ils craignent l'influence du jour. Vous verrez qu'incessamment les libéraux me feront déchirer officiellement. Ce livre me donnera peu de contentement dans les premiers temps ; peut-être me donnera-t-il beaucoup de désagréments ; mais il est écrit, et il fera son chemin en silence. Rodolphe peut-être recevra les compliments. La grande explosion des *Considérations sur la France* s'est faite plus de vingt ans après la date du livre. Une figure que j'aurais voulu voir, c'est celle de notre cher abbé de Th.... Comment sa modestie a-t-elle supporté l'audace d'un laïque qui ose traiter ces sortes de matières ? Ne m'a-t-il point trouvé ignorant ? On m'a déjà transmis une de ses critiques sur les Conciles, auxquels il attribue le pouvoir de déclarer le Pape hérétique, *s'il y échoit*. Le hardi pénitent noir a de grands doutes sur cette proposition. Qui sait si M. l'abbé Th.... n'est point pénitent blanc ? Jadis nous eûmes déjà une petite prise au sujet de la rétractation de ce pauvre hère de Panisset (1), qu'il avait faite, et que je lui refis d'un bout à l'autre, ce qui n'empêcha pas la pièce d'être insérée avec de grands éloges dans les *Annales ecclésiastiques*. Aujourd'hui, voilà encore un

---

(1) Evêque constitutionnel du *Mont-Blanc*.

dissentiment. Soutenez-moi de toutes vos forces, mon très cher abbé, car il faut que j'aie au moins un grand vicaire pour moi. Pour ce qui est des *vacherins* (1) (exemple de transition !), jamais je n'en ai mangé de meilleur. Ma femme m'en donne quand je suis sage, ou quand elle me croit tel. Mais je la séduis, et presque tous les jours j'en tire quelque chose. Grand merci donc, Monsieur l'abbé, et mille fois grand merci. Il n'y manque que vous pour les ravager avec nous. Encore une fois, je n'en ai pas mangé de meilleurs ; et *quant* à la lettre imprimée de l'archevêque de Chambéry, c'est encore un chef-d'œuvre de bonté, d'attachement et de douleur étouffée. Est-ce vous qui me l'avez envoyée, ou l'abbé calviniste de Genève ? Parmi les lettres qui pleuvent à flots sur ma table, celle-là s'est trouvée sous ma main, et je ne sais qui je dois remercier. Ce qu'il y a de sûr, c'est qu'elle sent le vacherin. — Les dames vous saluent ; et moi je suis pour la vie, avec tous les sentiments que vous me connaissez,

Votre très humble et très obéissant serviteur
Nota manus.

---

(1) Fromage de Faucigny.

558

A Mlle Constance de Maistre.

Turin, 21 février 1820.

Mon très cher enfant, je n'ai qu'à signer tout ce que tu me dis dans ton inestimable lettre du 19. Il n'y a rien de plus vrai, rien de plus éloquent ; j'en ai été enchanté, je t'assure. Mais sais-tu ce que c'est que ce crime affreux ? Je viens de l'écrire à ton oncle : *c'est l'épouvantable assurance de la restauration française.* Tout ce que tu dis sur le Roi est vrai ; cependant il y a encore dans le fond de ce cœur je ne sais quels atomes qui viennent de saint Louis. Il a dit à quelqu'un, en confidence : « Vous êtes surpris des concessions que je fais aux libé-« raux ; il y en a quatre qu'ils n'obtiendront jamais de « moi : les Frères de la Doctrine chrétienne, les Jésuites « et les Suisses. » (J'oublie l'autre.) Au reste, tout me porte à croire que les affaires de la France se lient à des événements généraux et immenses qui se préparent, et dont les éléments sont visibles à qui regarde bien ; mais ce majestueux abîme fait tourner la tête : j'aime mieux regarder *ma poupée*, qui me fait du bien au cœur et point de mal à la tête. Viens donc, ma chère enfant, viens te réunir à moi ; nous reprendrons notre ménage comme nous pourrons. Je t'ai dit une des grandes raisons qui s'opposent à mon voyage en Savoie : si je ne puis les surmonter, je te verrai quatre jours plus tard.

Le grand crime du 13 éclipse le *Pape,* déjà repoussé dans l'ombre par le gouvernement. Tu as dû observer que tous les journaux se sont tus, même ceux qui avaient promis de parler ; j'entends bien qu'en mettant la main sur l'issue d'une fontaine, on ne réussit qu'à la faire jaillir plus loin un instant après ; mais, en attendant, elle cesse de couler. Rusand m'écrit par ce courrier qu'après un mouvement assez vif, l'écoulement s'est tout de suite arrêté, et que la vente va très lentement. Qui pourrait penser à mon livre après ce qui s'est passé? Dans vingt ans peut-être il en sera question. Au reste, je pense comme toi sur mon caractère, et je passe volontiers condamnation sur le côté faible. *Dieu le fit pour penser, et non pas pour vouloir.* Je ne sais pas agir, je passe mon temps à contempler. *Ipse fecit nos, et non ipsi nos.*

Adieu, ma chère Constance, ma poupée, ma follentine, *aut si quid est dulcius.*

559

A M. le Comte de Marcellus.

Turin, 13 mars 1820.

Monsieur le Comte,

Comment dites-vous? *Il a fait un livre en 1817, donc il est vivant en 1820.* Belle logique vraiment, et qui ne manquera pas de vous faire beaucoup d'honneur à la tribune ! Le fait est que vous n'avez rien prouvé, *et que mon épitaphe subsiste* comme la remarque de Dacier Je suis ravi, Monsieur le Comte, que ce livre posthume ne vous ait pas déplu, et que vous consentiez à lui donner une place honorable dans votre bibliothèque. L'approbation des hommes tels que vous doit être toute la récompense de mes travaux, qui n'ont pas été légers. Je ne me plains pas du silence de vos journaux, ils sont distraits par un grand crime, et d'ailleurs ils manquent de courage ; mais j'ai vu avec chagrin que des hommes de bon sens soient aveugles au point de me reprocher mes attaques contre l'Eglise gallicane : certes, il faut avoir sur les yeux ce *quadruple bandeau* dont je parle quelque part, pour déraisonner à ce point. J'ai dit que *l'Eglise gallicane était l'un des foyers de la grande ellipse ; qu'elle avait été pendant la révolution l'honneur du sacer-*

doce catholique ; qu'on ne pouvait rien sans elle, et que l'œuvre de la restauration commencerait par elle quand elle voudrait. Que veut-elle de plus ? Que j'adopte ses insupportables préjugés, et que je lui dise *vous avez raison, Madame,* quand ses erreurs arrêtent tout ? — Oh ! pour cela non. Il faudra bien qu'elle avale le calice de la vérité. Si elle veut ensuite le vomir au lieu de le laisser passer *in succum et sanguinem*, tant pis pour elle. Cette obstination la priverait d'une gloire immortelle. Je ne sais au reste, Monsieur le Comte, si j'ai raison ou tort, personne n'a droit de se juger lui-même ; mais je sais bien que nul homme peut-être n'a été placé dans des circonstances plus favorables que moi pour juger la question sans préjugés. Né dans une maison de haute magistrature, élevé dans toute la sévérité antique, abîmé dès le berceau dans les études sérieuses, membre d'un sénat gallican pendant vingt ans, président d'un tribunal suprême *en pays d'obédience* (comme on dit) pendant trois ans ; habitant pendant quatre ans d'une contrée protestante très instruite, et livré sans relâche à l'examen de ses doctrines ; puis, transporté dans une région gréco-russe, où, pendant quatorze ans de suite, je n'ai cessé d'entendre agiter les prétentions de Photius et de sa postérité religieuse ; en possession des langues nécessaires pour consulter les originaux ; profondément et systématiquement dévoué à la religion catholique ; grand ami de votre nation, que je touche par tant de points et surtout par la langue ; très humble et très obéissant serviteur de l'auguste Maison qui vous gouverne, je vous le demande, Monsieur le Comte, qu'est-ce donc qui me manque pour juger en connaissance et en conscience? On me dira *peut-être*, ou pour mieux dire *sûrement* : — *Avec toutes ces données, vous pouvez vous tromper.* Sans doute, mais si j'étais mis dans la balance avec le plus habile gallican, je l'emporterais au jugement d'un Juif, d'un Turc ou d'un Chinois. — Je ne sais comment cette petite apologie est tombée de ma plume ; je la confie à votre justice personnelle, car votre nation est trop occupée pour être juste.

J'ai lu avec une satisfaction toute particulière les discours que vous avez prononcés ou que vous vouliez prononcer *pro rostris*. J'y ai retrouvé votre bon sens, votre force et votre talent ordinaire ; mais ce qui m'a surpris par-dessus tout, c'est la collection de vos idylles : elle m'a fait violer mon vœu, assez bien gardé depuis un grand nombre d'années, *de ne plus lire des vers* :

Nunc itaque et versus et cœtera ludicra pono, etc.

Je ne reçois plus chez moi de bacchantes, encore moins de nymphes ; mais quant à vos bergères, j'ai dit tout de suite : *Faites entrer.* Je les ai trouvées très sages et très aimables ; je ne vous connaissais pas ce talent, Monsieur le Comte : il est digne de vous, et l'on vous voit dans vos idylles. J'oserais bien assurer, sans autre témoignage, que vous n'avez jamais tué personne ; j'ajoute très sérieusement que ce livre suffit pour inspirer au lecteur le désir d'être votre ami. Votre talent poétique a d'ailleurs je ne sais quelle grâce de Sicile qui nomme votre précepteur : ἁδὺ δὲ καὶ τὺ συρίσδες.

Je suis ravi, Monsieur le Comte, que le *Lépreux de la vallée d'Aoste* soit tombé dans vos mains. Cherchez donc, je vous en prie, le *Voyage autour de ma chambre*, afin que tous nos opuscules vous soient connus. Je ne vous dis rien de tout ce qui vient de se passer : *animus meminisse horret!* Ce n'est pas qu'il n'y eût beaucoup à dire, et dans un sens fort éloigné des lamentations ordinaires.

Conservez-moi votre bienveillance, je vous en prie, et croyez aux sentiments les plus sincères d'estime, d'attachement, de haute et respectueuse considération avec lesquels je suis, etc.

560

† *A M. l'Abbé Vuarin,*
Curé de Genève.

Turin, 25 mars 1820.

MONSIEUR L'ABBÉ,

Je vous dois depuis un siècle deux lettres et mille remerciments. Je ne puis vous rendre le plaisir que vous m'avez fait en réunissant sur ma table deux lettres d'un grand vicaire qui trouve l'écrit passablement misérable, et celle d'un écrivain protestant qui le porte aux nues et en espère beaucoup pour la grande cause. Voilà de ces disparates véritablement *humains*. Ici l'ouvrage a une action sourde, mais très marquée. Quelqu'un disait l'autre jour à quelqu'un : « Quant on a lu l'*Indifférence* « et le *Pape*, on est vaincu, il n'y a pas moyen de re- « culer. » J'ai beaucoup de témoignages de ce genre ; mais nul ne m'a flatté autant que celui de M. de Haller, qui porte avec tant de distinction un nom si difficile à porter. Il me fait trop d'honneur en me supposant habile dans sa langue ; je la déchiffre assez difficilement, mais je suis extrêmement aidé par mes enfants, qui l'entendent et la parlent couramment. Je suis parvenu, à l'aide de mon fils, à lire la moitié de *la Messiade* de Klopstock, mais sans la goûter beaucoup ; ce qui me prouve que mon oreille était encore fermée. Rien, au reste, ne pouvait m'arriver de plus flatteur que de me trouver d'accord mot à mot avec M. de Haller. Les derniers moments de son illustre père m'ont beaucoup occupé jadis ; mais je ne veux pas commencer ce grand chapitre.

J'ai lu avec beaucoup de plaisir la réponse à M. Célérier, qui est écrite avec beaucoup d'esprit et de sagesse. L'auteur a parfaitement bien fait de mettre pour ainsi dire les protestants de notre côté, en ayant l'air de faire cause commune avec eux. — Et en effet, la cause est bien *commune* contre les ariens. Je suis fâché de n'avoir pu contribuer en rien à votre bonne œuvre anticélérienne, mais il n'y a pas eu moyen ; je m'acquitte avec beaucoup de résignation de mes pénibles fonctions, mais peut-être que j'aurais de meilleures choses à faire. Je dis *peut-être*, car qui peut se juger ? Cependant il me vient des témoignages qui me semblent annoncer des succès assez évidents. Je voudrais au moins avoir le temps de revoir, d'achever et de publier un grand ouvrage de prédilection ; mais, hélas ! je vois passer les jours sans pouvoir rien achever. Il est bien entendu que si nous mettons enfin la main à l'*Anti-Stourdza,* toutes les pièces vous seront remises ; mais en vérité, la chose va assez lentement, et, comme on dit vulgairement, *d'une aile seule.* Rome, comme vous venez de le voir, n'est pas encourageante. Je sais bien qu'il faut la servir, comme les autres souverainetés, malgré elle ; cependant l'humanité ne saurait être totalement effacée, et, dans certains moments, on se sent engourdi. *Sed de his coram.*

Le rétablissement des évêchés de Savoie est désormais certain. Annecy surtout (ou Genève, si vous voulez) est sur pied, et il n'est pas nécessaire de vous nommer la tête qui doit porter la mitre de saint François de Sales. M. l'Abbé de Thiollat s'en tirera comme il pourra ; mais je ne puis parler d'évêchés (1), mon cœur se fend.

Si vous jugez à propos de copier à M. Haller quelques mots de ma lettre pour entretenir l'amitié, *per me licet.*

Je suis de tout mon cœur, avec les sentiments les plus distingués d'affection et de considération, Monsieur l'Abbé,

Votre très humble et très obéissant serviteur.

---

(1) Son frère André, Evêque nommé d'Aoste, était mort depuis peu.

561

A M. le Vicomte de Bonald, à Paris.

Turin, 25 mars 1820.

Monsieur le Vicomte,

Je profite d'une occasion russe parfaitement sûre pour répliquer tout à mon aise à vos deux lettres du 15 décembre et du 14 février. Je copie ces dates sans rire, puisque nous sommes convenus de ne jamais nous gêner, et d'attendre l'inspiration pour prendre la plume. Je dirai d'abord, en vous copiant, Monsieur le Vicomte : *Je l'ai lue, votre aimable lettre.* Il n'y a rien qui me plaise, qui me réjouisse, qui me console autant que vos lettres ; mais celle que vous m'avez écrite le lendemain du jour affreux a pour moi un titre particulier. J'aime à voir votre cœur se répandre et vos idées se précipiter immédiatement après cet attentat qui écrase la pensée avant de la faire renaître, qui vous stupéfie d'abord, pour vous entraîner ensuite dans le champ immense des profondes réflexions et des sublimes espérances. Nous chantons bien à l'église, *Félix culpa!* pour le plus grand de tous les crimes, puisqu'il a perdu le genre humain. Pourquoi ne nous permettrions-nous pas la même exclamation en voyant dans l'avenir tout ce que doit produire cette grande mort toute vitale et vivifiante? Notre exclamation dérogerait-elle au respect sans bornes, à la tendre et profonde compassion que nous devons aux augustes affligés? J'imagine que non. N'en doutez pas, Monsieur le Vicomte, nous venons de voir la fin des expiations. Le Régent même et Louis XV ne doivent plus rien, et la Maison de Bourbon a reçu l'absolution...

Comment descendre de là jusqu'à mon livre? J'aurais tort cependant, et je serais formellement ingrat, si je ne vous en parlais ; car comment passer sous silence tout ce que vous m'adressez d'obligeant et d'encourageant à propos de cette production? Le jugement de M. de Fontanes m'a surtout excessivement flatté. Les lettres s'accumulent sur mon bureau ; je voudrais bien vous les faire lire : celles des protestants sont curieuses. Le croiriez-vous, Monsieur le Vicomte? J'ai particulièrement spéculé sur eux. J'appuie beaucoup plus d'espérance sur l'Angleterre que sur l'Autriche, par exemple, ou sur tout autre pays qui a laissé pour ainsi dire *pourrir* la vérité chez elle. Le catholicisme me fait honte. Si le flambeau *n'est pas remué,* suivant les saintes menaces, il nous brûlera au moins pour nous avertir qu'il est encore là, et nous l'aurons bien mérité.

Aucun de vos journaux n'a osé prendre la parole en France sur mon ouvrage. Si l'horrible forfait du 13 a paralysé toutes les plumes et distrait les yeux de tout autre objet, je n'ai rien à dire ; mais si le silence de ces journaux tient à d'autres causes, je m'attendais, je vous l'avoue, à plus de courage et de générosité. Quel étranger vous a jamais et plus connus et plus aimés ? Quel écrivain vous a rendu plus de justice ? J'ai surtout porté votre clergé aux nues ; et parce que j'ai frappé sur quelques préjugés dont il convient qu'il se défasse pour servir avec plus de succès la grande cause, le voilà qui demeure étourdi du coup, comme si j'avais nié l'existence de Dieu ! Il vaut donc mieux lui faire entendre la vérité tout entière, et c'est ce que je ferai. — Mais peut-être que tout ceci n'est qu'un rêve, et que votre clergé sait déjà à quoi s'en tenir.

Il me semble, Monsieur le Vicomte, qu'il y a dans mon livre assez de matériaux pour fournir à la discussion sans toucher le moins du monde au gallicanisme. — Mais, encore une fois, tout est petit dans ce moment devant les grands événements qui agitent l'Europe. O Espagne, Espagne ! que vas-tu donc nous faire voir ? — Tout autre chose que ce que nous attendions ; mais, en attendant, il faut rougir pour elle. *Comment en un plomb vil l'or pur s'est-il changé ?* Comment la noble Espagne s'est-elle laissé acheter, chez elle, par l'or des facteurs américains ? — C'est qu'elle n'a plus de *grands*.

Je me suis informé de l'œuvre des petits Savoyards : il m'a été répondu que le Roi l'a constamment soutenue, et que dernièrement l'œuvre a reçu 600 francs de la part de notre gouvernement. J'ai peu d'espoir d'obtenir des libéralités extraordinaires. Nous sortons du naufrage, tout est réglé, tout est mesuré. Il faudra se contenter du présent, et espérer un meilleur avenir.

Adieu mille fois, Monsieur le Vicomte ; n'ayez pas peur qu'aujourd'hui je vous cite Catulle. Je pense plutôt à Jérémie. Ne m'oubliez point ; aimez-moi même toujours un peu, si vous en avez le temps. Faites tête à l'orage, et, pour qu'il ne se moque pas de vous, moquez-vous de lui.

Je suis pour la vie, avec tous les sentiments que je vous ai voués, etc.

562

A M. Deplace.

Turin, 3 avril 1820.

Monsieur,

Je ne saurais vous exprimer combien votre dernière lettre m'a été agréable. Extrêmement retardée, je ne sais pourquoi ni comment, enfin elle est arrivée. Je tremblais pour vous, Monsieur, et sans oser vous écrire, car j'étais informé vaguement du malheur arrivé à Madame votre fille . . . .
. . . .
. . . .

Je voudrais bien, Monsieur, pouvoir vous témoigner ma reconnaissance sans bornes pour toutes les peines que vous a causées un ouvrage qui se trouvera toujours

bien dans votre bibliothèque. Vous me faites à cet égard
un badinage que je n'ai pas compris ; c'est le *souvenir
d'un inconnu*. Puisque vous soulignez, vous faites allusion à quelque chose, mais ce quelque chose est totalement sorti de ma mémoire.

J'ai terminé toutes les questions d'intérêt avec M. Baillot, qui a les pleins pouvoirs de M. R... La deuxième édition, infiniment supérieure à la première, ne vous coûtera aucune peine. J'ai fait *construire* d'abord un errata des plus exacts ; ensuite j'ai corrigé toutes les fautes sur un exemplaire même de l'ouvrage ; et quant aux corrections et additions, elles sont toutes contenues dans un cahier à part, et toutes indiquées sur l'exemplaire qui doit servir à la deuxième édition. Avec cette double précaution, et la promesse expresse de me faire passer les épreuves, il n'y aura plus que les fautes qu'on y mettra exprès. Incessamment on mettra la main au cinquième livre ; mais je voudrais cependant recevoir vos dernières idées sur cet article. Il me semble qu'en général vous vouliez moins de vivacité dans le style et dans les expressions. Je suis tout à fait de cet avis, et je passerai volontiers le polissoir sur toutes les aspérités ; mais si vous avez quelque chose encore de particulier à me communiquer, dépêchez-vous, je vous en prie ; vous m'obligerez infiniment.

Si je me suis mis à votre place comme père, je ne vous ai pas moins plaint, Monsieur, comme Français. Grand Dieu ! Que n'avez-vous pas dû souffrir par l'effroyable attentat du 13 février ! Au reste, il n'y a rien là qui dérange mes idées, les mêmes, suivant les apparences, qui flottent dans votre tête. Que n'aurais-je pas à vous dire? Mais le temps me manque, etc.

Je sais maintenant qu'un ordre direct avait ordonné le silence à tous les journaux ; mais qu'est-ce que cela fait? Sans contredit, on n'a pas compris mon livre encore, car il n'est ni gallican ni ultramontain ; il n'est que logique et historique. Il fait voir qu'on ne savait ce qu'on disait, ni ce qu'on voulait. Et quant à ceux qui n'ont pas vu que votre nation en général et votre clergé en particulier n'ont pas de plus sincère ami que moi, Dieu les bénisse! Si quelqu'un vous dit encore que je n'ai pas *su distinguer les deux nations,* assurez-les de ma part que, suivant les notions qui me sont parvenues, je suis très persuadé que le manche du poignard qui a tué le Duc de Berry n'était pas long de deux cents lieues, et que tous les Français ne l'ont pas saisi et poussé, et que je l'expliquerai dans la prochaine édition. J'accorderai aussi en termes exprès que tous les Français n'ont pas tué Louis XVI. Je réponds de vous surtout. — Mais cessons de plaisanter. Je suis inconsolable que vous ne m'ayez pas envoyé ces nouvelles observations dont vous me parlez, et qui vous étaient venues à l'esprit pendant qu'on imprimait la conclusion. A présent, voilà M. Baillot qui part, comment ferons-nous?

Ma femme, qui est votre constante admiratrice, me charge de mille choses pour vous, et vous remercie de votre souvenir. Elle a bien partagé vos angoisses paternelles.

Le parti que vous avez pris de faire copier le cinquième livre est admirable ; mais que ne vous dois-je pas, Mon-

sieur, pour tant d'embarras ? Je finis sans compliment :
faites de même. Notre correspondance est assez longue
pour que nous lui coupions la queue.

Tout à vous,

<small>Et dans un angle de la lettre :</small>

La pointe de votre prote m'a fait pâmer de rire.

563

Au Même.

Turin, 22 avril 1820.

Monsieur,

J'ai reçu votre lettre du 14. Mille grâces pour tous les
détails utiles et obligeants dont vous l'avez remplie ;
mais elle me jette dans un embarras inexplicable, car je
vois bien clairement que les cartes se sont brouillées
avec M. R... et vous ; et vous sentez de reste, Monsieur,
que mon rôle se borne à ne rien dire. Si par hasard j'ai
aperçu quelque mécontentement dans la conversation de
M. B... (1), je ne dois point vous en parler, et je dois de
même garder le silence à son égard sur tout ce qui con-

---

(1) Baillot

cerne ces Messieurs dans la lettre à laquelle je réponds. Que faire, Monsieur ? En vérité, je l'ignore. Je sens parfaitement tout ce que vous me dites, et quel homme dans sa vie n'a pas rencontré de ces moments terribles où l'amitié semble tout à fait oublier ses obligations ? Peut-être même que si j'étais à Lyon, je pourrais dissiper le nuage ; mais, par lettres, je ne ferais que l'épaissir.

Oui, Monsieur, j'ai aliéné mon ouvrage pour n'en plus entendre parler. Le Ve livre, qui formera un ouvrage à part, est compris dans la vente, de manière que si je ne puis l'imprimer, ce sera un imbroglio terrible. Il dépendra de vous de m'en tirer, Monsieur, si vous pouvez me communiquer votre copie, comme j'ai déjà eu l'honneur de vous en prier. Vous me rendrez, je puis vous l'assurer, un très grand service. Une fois que j'aurai ce précieux exemplaire, tout mon travail se bornera à faire disparaître jusqu'à l'apparence de l'aigreur : je veux en faire un ouvrage tout à fait philosophique et pacifique. Mais les coups pressent ; en attendant, je vous réitère la prière expresse de ne pas livrer le M. S. qui est encore en vos mains, jusqu'à ce que j'aie pu le voir et le renvoyer ; car je serais mortellement affligé, si le Ve livre s'imprimait dans l'état où il se trouve.

Voilà encore quelques lignes de votre dernière lettre que je n'ai pas comprises. C'est le *post-scriptum* où vous me dites : « *Notre excellent ami n'a appris que par moi* « *le sort du Pape.* » Cela fait croire que M. l'Abbé B... n'est pas à Lyon, autrement il en saurait autant que vous, et où donc se trouve-t-il ? J'ignorais sa *Rustication* ou sa *Pérégrination*.

Je ne puis vous exprimer, Monsieur, tout ce que m'a fait éprouver le détail de vos angoisses domestiques.

. . . .
. . . .
. . . .

Vous avez été sur le point de pleurer une fille ; et moi, Monsieur, je pleure réellement le fils unique de mon bon, cher, excellent frère, mort à Saint-Pétersbourg le 21 février dernier. Il s'appelait André, comme l'Evêque d'Aoste. Ce nouveau coup de poignard enfoncé dans une plaie encore vermeille, m'a privé de la respiration ; je suis tout à fait abêti.

J'oubliais de vous le dire, vos dernières observations sur mon livre sont très justes. Votre difficulté chronologique sur les saints du Panthéon s'était présentée à mon esprit. Le morceau, dans sa totalité, a quelque chose d'éblouissant qui cache d'abord le défaut ; mais il y est. Vous pouvez avoir raison sur la sainte Vierge ; cependant je ne changerai rien à cet endroit, parce que je ne veux pas faire un autre ouvrage, ni trop altérer un morceau final de quelque effet ; mais, quand à saint François d'Assise et à saint François Xavier, je verrai s'il est possible de remédier à la faute par quelques futurs intercalés ; par exemple, *Plutus le dieu de l'iniquité, y sera remplacé par le plus grand des Thaumaturges*, etc. *Quod felix faustumque sit.*

Ma femme me charge spécialement de bien des compliments pour vous. Recevez les miens envoyés de tout mon cœur. J'accepté avec joie et reconnaissance ce sentiment que vous m'offrez à la fin de votre lettre, avec tant de grâce et de bienveillance, et, en me recommandant à votre sagesse pour ne pas me brouiller avec M. R...; je *passe* (comme on dit en Italie) à vous renouveler l'assurance de mon éternel attachement.

564

† *A M. l'Abbé Vuarin,*
Curé de Genève.

Turin, 29 avril 1820.

Monsieur l'Abbé,

Croyez-moi, tout cela n'est pas grand'chose : ce sont nos saintes maximes pures et simples, maximes fondamentales sans lesquelles le monde croulerait, et qui sont exécutées invariablement sur toute la surface du monde catholique : la seule différence est qu'au lieu de tenir ces maximes manuscrites dans les archives de l'État, comme s'il s'agissait de quelque grand mystère politique, on les publie à son de trompe avec le beau monosyllabe LOI en tête, ce qui amuse ces Messieurs, comme ces petits fusils qu'on donne aux enfants pour faire l'exercice. Je ne suis pas sur les lieux, mais je crois que vous vous exagérez les choses. Il n'en reste pas moins vrai que l'Église romaine a mis le pied dans Genève, que son gouverneur est obligé de traiter avec *la bête, qui avance en reculant,* comme j'ai eu l'honneur de vous le dire. Je gémis avec vous, et autant que vous, sur la tournure exclusivement politique que prennent certaines choses ; cependant il y a des compensations sur le point que nous avons en vue. *Macte animo!* Allez votre train, et laissez passer les LOIS.

Quant au livre, je vous avoue que dans les parties que j'ai parcourues (car je n'ai pas tout lu) j'en ai été assez content : il me faudrait peu de peine pour *catholiser* le tout.

Quant à *Jésus* ou *Josué*, ou *Josua*, certainement c'est le même nom ; car, dans une langue qui n'écrit pas ses voyelles, si l'on me présente P R, je suis bien le Maître de lire *Père,* ou *Poire,* ou *Pire,* ou *Para,* ou *Prie,* etc. ; mais je n'en ai pas moins senti la malice qui voudrait arguer de l'identité de nom à l'identité de nature. Monseigneur l'Evêque de Pignerol est averti de la page où se trouve la charmante *profession de foi.* Tout le livre, au reste, n'est qu'une comédie criminelle, même dans ses parties extérieurement bonnes ; on sent l'hypocrite qui veut singer l'enseignement légitime. Le défaut de principe gâte tout.

On a beaucoup célébré en France le *pauvre Pape,* entre autres dans *l'Ami de la Religion, le Défenseur*, et les *Archives.* Cependant *il a extrêmement choqué* (ce sont les propres paroles de l'Abbé de Lamennais, qui m'a écrit) *une foule de gens du vieux clergé et autres ;* en sorte que je suis extrêmement étonné de n'avoir vu paraître aucun article furibond contre moi ; c'est apparemment parce que cet article serait assez difficile à faire ; il faudrait me blesser sans blesser d'autres choses un peu plus respectables que ma chétive personne.

C'est M. l'Abbé de Lamennais qui tient la plume dans *le Défenseur*, pour les articles qui me regardent.

Quand vous écrirez au bon d'Olry, souvenez-vous de me *rappeler* à lui. Je n'ai pu voir encore le gentilhomme polonais ; ma vie, ma position, mes occupations me rendent à peu près nul pour les étrangers.

Recevez les nouvelles assurances de tous les sentiments que vous connaissez, et qui sont invariables.

Votre très honoré et très obéissant serviteur.

Nota manus.

565

A M. l'Abbé de Lamennais.

1ᵉʳ mai 1820.

Monsieur l'Abbé,

Si vous ne voulez pas entendre dire du bien de vous, il faut vous tuer. Aussi croyez-moi, laissez-moi dire. J'arrivais de Russie. Je ne sais comment il s'était fait que jamais je ne vous avais entendu nommer. Tout à coup le traité *sur l'indifférence religieuse* se leva sur l'horizon. Je ne m'y attendais nullement. *Et vive le nouvel astre!* Tout de suite je m'informai de vous, Monsieur l'Abbé, je demandai votre âge. On me dit 35 ans. *Allons donc, Monsieur! vous vous moquez de moi, le livre en a* 50 *au moins. Comment voulez-vous qu'un fils soit plus âgé que son père ?* Ensuite on me dit que vous étiez breton ; à cela je ne vis pas d'opposition, quoique tous les hommes à beaucoup près n'aient pas le même droit, autrement il y aurait trop de Bretons. — Enfin, Monsieur l'Abbé, je n'ai cessé de m'intéresser à vous, de vous estimer sans mesure et de vous admirer, jusqu'au moment où d'heureuses circonstances m'ont mis en relation avec vous.

La tradition de l'Eglise sur l'institution des Evêques vous appartient donc, et c'est vous qui me l'apprenez ! Sans l'avoir lu, je sais que c'est un excellent livre. Je l'ai cité même, comme vous l'avez peut-être remarqué, mais sur la foi d'un ami qui m'en fit venir un extrait. Maintenant que je connais l'auteur, il faut absolument que je le lise. Je ris de bon cœur, Monsieur l'Abbé, des vieilles têtes qui me déclarent *ennemi de l'Eglise gallicane.* J'espère que vous pourrez faire sur ce point un article assez remarquable, en cousant seulement ensemble les différents passages de mon livre qui la concernent.

Et comment ne l'aimerais-je pas cette excellente Eglise, sachant parfaitement à quoi elle est appelée et ce qu'elle doit faire (si elle veut) ? Je suis bien aise que la manière dont j'ai parlé du pouvoir des Papes *sur le temporel* des Rois ait été de votre goût, et je suis bien aise aussi que vous ayez aperçu de la même manière que moi le vice de cette expression.

Je pâme de rire et en même temps je gémis profondément sur la force terrible des mots et sur les préjugés indéracinables qui en résultent. On m'accuse de favoriser *les maximes ultramontaines ;* et que sont donc ces maximes exécrables? *C'est la pleine et libre jouissance accordée à l'Eglise de toute l'autorité qu'elle tient de J.-C. C'est la défense sévère faite à l'autorité temporelle de gêner en aucune manière cette juridiction de l'Eglise.* Et que sont en échange les libertés de l'Eglise gallicane? *C'est la pleine et entière servitude de cette Eglise, livrée pieds et poings liés à la phalange rouge pour en être, par icelle, disposé suivant son bon plaisir.*

Mais, bon Dieu ! C'est donc Monsieur le Voyer, c'est M. Chauvelin, c'est M. Kératry et compagnie qui se plaignent de l'auteur qui a eu l'audace de soutenir les premières maximes et de combattre les secondes ? Non ; c'est le haut clergé de France ! O mes frères, *ubinam gentium sumus ?* Malheureuse puissance des mots, quand cesseras-tu de nous mener? Si quelque thaumaturge bouffon parvenait à faire nommer la peste *farce*, elle nous ferait rire, comme Pothier.

Vous avez grandement raison, Monsieur l'Abbé, il eût fallu publier le Livre V^e ; mais je n'ai pas été le maître. Je crois cependant qu'il paraîtra et qu'il produira un assez beau tapage. Je n'irai pas moins en avant, car j'ai de bonnes raisons pour cela.

Au reste, Monsieur l'Abbé, si vous avez bien voulu vous charger de rendre compte de mon ouvrage (ce que je tiendrai à grand honneur), vous aurez trouvé sur votre chemin assez de matériaux pour fournir à un article suffisant sans toucher directement à ce qu'on appelle *Libertés de l'Eglise gallicane.* J'ai semé sur ma route une infinité de traits qui seraient tous devenus quelque chose sous votre plume fécondante. Si j'avais été à côté de vous, je vous aurais prié de commencer par un éloge de l'Eglise gallicane et de son clergé tiré de mes expressions seules (*Disc. prél.* XXXI, b. 497-XXVI, XXXII). Certes, si le sacerdoce français se plaint de moi, il a bien tort. Mais *le temps,* suivant le proverbe persan, *est le père des miracles.* On me lira, j'espère, on me comprendra, et l'on se calmera. Puisque je vous tiens, Monsieur l'Abbé, oserais-je vous demander en vertu de quelle loi de morale ou de courtoisie, *les défenseurs* se sont permis d'exhumer d'un portefeuille (ou coupable ou souverainement indiscret) deux lettres très confidentielles qu'on m'attribuait, et de les publier sous mon nom sans aucune autorisation de ma part? Je n'ai pas d'expression pour vous témoigner la surprise que m'a causée ce procédé qui n'a pas de nom parmi des gens de notre espèce. C'est pour la seconde fois que je suis la victime de cet oubli total des lois de la délicatesse. En 1809, j'avais écrit mon *Essai sur les institutions humaines.* C'était, au fond, une formule d'algèbre qui n'exprimait que des généralités, et qui d'ailleurs était anonyme. Eh! bien, Monsieur l'Abbé, on s'empare de cet opuscule à Paris, on le réimprime avec mon nom et mes titres, contre ma volonté la plus expresse, et me voilà compromis de la manière la plus insupportable envers la Cour de France et envers la mienne. Des nuées de non-penseurs disent ou écrivent *que j'ai écrit contre la Charte,* moi qui écrivais à 500 lieues de Paris, cinq ans avant l'existence de la Charte; et il a pu entrer dans les idées d'un grand souverain, que ses actes étaient publiquement tournés en ridicule par un ministre de son beau-frère et de son allié ! Je ne puis vous exprimer, Monsieur l'Abbé, le chagrin que m'a causé cette indécente publication ; et, si vous trouviez l'occasion de laisser tomber quelques gouttes de *votre* encre sur ce procédé inouï, vous me fairiez grand plaisir. Ceux qui se permettent de telles violations de toutes les lois de la délicatesse et même de la probité ressemblent à des gens qui tireraient devant eux à tout hasard avec des armes à feu, sans s'informer de la route que prendront les balles et de l'effet qui en résultera. Enfin, Monsieur l'Abbé, disposer du nom d'un homme vivant et même d'un homme public, sans sa permission et contre sa volonté expresse, me semble un crime, une brutalité qui n'a point d'excuse. Au reste, tout ceci ne peut être qu'une affaire de libraires, car mon ouvrage anonyme avait été confié primitivement à des hommes dont le nom seul exclut jusqu'à l'ombre du soupçon.

Vos observations sur les Conciles et sur tous les autres points seront toujours reçues, je ne dis pas sans déplaisir, mais avec beaucoup de reconnaissance. *Veniam petimus, dabimusque vicissim.* Mon regret est que vous n'ayez pas marqué les pages. Si j'avais l'honneur d'être plus particulièrement connu de vous, Monsieur l'Abbé, vous sauriez que je suis docile comme un enfant.

Je sais que le beau présent que vous me destinez est arrivé à Chambéry. Je l'attends avec une impatience sans égale. Le 2e volume, dites-vous, est plus neuf et plus important que le 1er. Dans ce cas, vous avez résolu un beau problème, celui *de surpasser l'excellent.*

Votre lettre finit par une terrible prophétie, *la destruction de la société.* Je comprends vos raisons; mais quelle superbe contradiction contient cette partie de votre lettre. Elle est digne de vous.

L'Eglise seule restera debout au milieu de ces vastes ruines. Sans doute, mais dites-moi donc, digne et excellent homme, peut-il y avoir une *église* sans *société?* Je crois que non. *Donc la société sera refaite par l'Eglise. Mais sera-ce par l'Eglise telle que nous la voyons?* Je me jette à genoux, Monsieur l'Abbé, plein d'espoir et de résignation, en vous assurant de la profonde estime et de la haute considération avec laquelle je suis, etc.

566

A Mme de Maistre (1).

Chambéry, juillet 1820.

MA CHÈRE AZÉLIE,

Quoique votre galant me donne régulièrement de vos nouvelles, cependant je suis enchanté d'en recevoir de votre main. Mon imagination paternelle ne vous abandonne pas un moment; elle s'amuse à côté de vous et ne

---

(1) Sa belle-fille.

s'amuse guère ailleurs. Comment vous exprimer, chère Azélie, tout ce que vous faites éprouver à mon cœur? Je ne suis point en peine du bonheur de Rodolphe, parlez-moi du vôtre. Êtes-vous contente de votre époux ? Ne pensez-vous point encore à divorcer ? Expliquez-moi bien cela, je vous en prie : c'est sur vous que se réunissent toutes les affections de la famille. Nous vous avons tous épousée, et votre bonheur est notre grande affaire. Je grimpe à Lémens quand je le puis, pour parler de vous avec la bonne tante. Demain, nous faisons ensemble la course d'Aix : jugez, jugez, ma très chère fille, s'il y sera question de vous ! Je vous recommande mon Rodolphe ; aimez-le de tout votre cœur, et soyez publiquement sa *maîtresse ;* une fois qu'on est bien affichée, on ne s'embarrasse plus de rien. Ce mot de *maîtresse* me plaît infiniment. Je veux que vous commandiez à votre ami, que vous soyez despote chez lui (quoique ce mot n'ait point de féminin), et que votre suprême sagesse y mène tout. Comme j'ai une maîtresse aussi, j'ai employé toute mon éloquence à lui vanter sa nouvelle fille ; mais le plus grand éloge que je puisse faire de vous, chère Azélie, c'est la tendresse que vous m'avez inspirée. Constance vous fait ses tendres compliments. Adieu mille fois, mes chers et bons enfants, que je ne sais plus séparer ; je vous serre, avec mes vieux bras, sur mon jeune cœur.

567

† *A M. l'Abbé Vuarin.*
Curé de Genève.

Turin, 26 août 1820.

MONSIEUR L'ABBÉ,

Je saisissais la plume pour vous apprendre que j'étais encore en vie, lorsque votre dernière lettre m'est arrivée. Je ne savais rien de votre excursion à Troyes ; quel esprit vous pousse comme une paume passant d'une raquette à l'autre ? Je pense que c'est un esprit blanc, meilleur encore que celui de Socrate. Je vous envie le plaisir que vous avez eu de faire connaissance avec cet excellent Evêque de Troyes, qu'on ne saurait assez louer. Il est du petit nombre de ces hommes précieux destinés à souffler sur le feu sacré en attendant que d'autres viennent le recueillir ; alors il s'allumera et jettera des flammes immenses. Mais nous n'y serons plus ! — Et qu'est-ce que cela fait ?

Revenons à l'excellent Evêque ; j'attends avec un extrême empressement son oraison funèbre de l'infortuné Duc de Berry. Il a eu grandement raison de ne pas la faire *à l'eau tiède.* J'ai beaucoup admiré le Roi Très-Chrétien, qui n'a pas voulu que les voûtes de Saint-Denis entendissent cette pièce ; voilà ce qu'on appelle un jugement sain et des précautions ultra-sages !!! C'est cette prudence admirable qui engendre les Louvels et les hommes du 16 août. — Qui peut comprendre de pareilles têtes ? Nous verrons encore des choses étranges ; mais un grand miracle final est infaillible.

Toutes vos histoires de Genève sont très intéressantes ; la procession en chemises surtout est impayable. Cependant, Monsieur l'Abbé, ayez la bonté de vous rappeler ce que j'ai eu l'honneur de vous dire plus d'une fois : à travers les persécutions et les brocards, l'œuvre avance. Qu'on appelle vos surplis *chemises*, et vos bonnets carrés *cornes*, les surplis et les bonnets ne sont pas moins là. — Et qui l'eût dit, il y a trente ou quarante ans ?

Le plan de l'Eglise catholique bâtie à Londres est ici ; elle coûte deux millions ; les marbres, les peintures et les artistes même sont venus d'Italie. C'est là, Monsieur l'Abbé, où se prépare le grand œuvre.

Ah ! si jamais la même foi parlait deux langues..., etc. C'est un homme de votre connaissance qui a écrit cela.

Je suis bien aise que vous ayez vu M. de Saint-Priest. C'est un digne homme, dont l'histoire est curieuse ; je ne sais s'il vous l'aura dite. Où sont ses enfants ?

Je connais parfaitement l'Abbé Nicole : c'est bien l'un des plus fins merles que j'aie vus de ma vie. Il fera un bien immense à sa place, s'il l'a résolu, Quant à vous, Monsieur l'Abbé, vous avez parfaitement bien fait de ne pas quitter la vôtre : elle est trop importante pour qu'il vous soit permis de *renâcler*. Genève seule occuperait un homme d'Etat, mais l'on n'y pense seulement pas.

Si la chose dépendait de moi, vous auriez de mes nouvelles.

J'ai lu avec un plaisir extrême l'ouvrage de M. de Haller que vous m'aviez adressé ; mais, lorsqu'il m'arriva, j'étais en France, uniquement occupé du mariage de mon fils. Mes trois enfants savent l'allemand ; une de mes filles m'a lu en français l'ouvrage en question. La lecture de l'allemand me prend beaucoup de temps ; je n'en ai plus assez pour déchiffrer. Je vous le répète, j'ai été ravi de cette production. Il est impossible de trouver un homme plus véritablement philosophe, plus sage, plus instruit, animé de vues plus sûres et plus générales. Il serait impossible de disputer avec lui sur aucun point ; enfin, Monsieur l'Abbé, je ne connais pas de plus digne *complice* de notre grande conjuration. En disant la vérité à l'Espagne, il l'a dite à tous les hommes ; mais, si je ne me trompe infiniment, il aura bientôt un texte plus terrible et plus important : l'Angleterre me paraît assez disposée à nous donner quelque tragédie du grand genre. — Ce ne sera pas sans l'avoir bien mérité ! C'est par ces épreuves épouvantables que nous devons passer pour arriver... Ici je m'arrête. Je salue cet avenir que je ne dois pas voir.

Ma lectrice m'avait proposé de traduire l'ouvrage de M. de Haller, et nous étions prêts à mettre la main à l'œuvre, lorsque les papiers publics m'ont appris qu'il avait été traduit à Paris. C'est fort bien fait.

Dites-moi, je vous prie, si M. de Haller est fils du célèbre Albert ? Dans ce cas nous dirons : *Nec degenerem progenerant aquilæ columbam.* — Voilà que j'oublie mon

Horace ! Il fallait dire *imbellem ;* mais vous me pardonnerez en songeant à quelle distance je suis de mon collège.

J'ai été on ne peut plus content de votre compliment à l'Evêque du Congrès : les comédiens qu'on nous lance nous obligent de l'être.

Il me paraît impossible que mon dernier ouvrage n'ait pas pénétré dans la curieuse Genève. S'il vous arrive quelque jugement un peu remarquable (surtout en mal), faites-le moi connaître.

Voilà bien quatre pages, si je ne me trompe ; c'est un phénomène dans les formes. Mais voyez ce qui m'arrive : à force d'écrire, je ne sais plus écrire, je ne forme plus mes lettres, je fais des *pââââââtés ;* enfin vous ne saurez bientôt plus me lire, — et alors je ne vous écrirai plus. En attendant cette triste extrémité, recevez l'assurance la plus sincère de mon estime sans bornes et de ma haute considération.

568

A M. l'Abbé de Lamennais.

Turin, 6 septembre 1820.

Monsieur l'Abbé,

Je commence par vous remercier de votre livre (deuxième volume) comme si je l'avais reçu, puisque vous avez eu la bonté de m'apprendre que vous aviez donné ordre qu'il me fût adressé ; cependant je ne l'ai pas reçu : heureusement, j'ai trouvé un ami qui me l'a prêté. Presque en même temps j'ai reçu votre lettre du 28 août, qui m'a fait toute la peine possible en m'apprenant tous les chagrins que vous donne ce second volume. J'y ai trouvé, je puis vous l'assurer sans flatterie, d'aussi bonnes intentions et le même talent que dans le précédent : [pensées fortes et profondes, grandes vues, style pur, élégant, grave en même temps, et très fort adapté au sujet ; souvent, enfin, la *pointe* de Sénèque et la *rondeur* de Cicéron.

Je ne suis point étonné, au reste, de la guerre qu'on vous fait. L'homme d'esprit qui vous défia, à l'apparition de votre premier volume, de faire le second, n'avait pas tant tort ; le sujet de l'indifférence religieuse expose continuellement l'auteur à en sortir, parce qu'il est continuellement tenté de démontrer par de nouveaux arguments la vérité de cette religion, sur laquelle on se permet la plus téméraire indifférence. C'est autre chose encore dans votre second volume, où vous examinez les sources de la vérité : nouvelles tentations de sortir de votre sujet, qui, à prendre la chose rigoureusement, est renfermé dans les quatre derniers chapitres de votre premier volume. A Dieu ne plaise, cependant, que je veuille vous disputer les heureux préparatifs et les superbes vérités *concomitantes* dont vous avez flanqué ce bel édifice ! Mais je dis que vous gagnerez à ne pas sortir de ce cadre. Dans le premier volume, vous étiez constamment poussé dans le royaume d'Abbadie ; dans le second, vous entrez sans le vouloir sur les terres de Malebranche. — Qu'est-ce que la vérité, Monsieur l'Abbé? Le seul qui pouvait répondre ne le voulut pas. Vous savez sans doute que le traité du docte Huet *sur la faiblesse de l'esprit humain* alarma plusieurs lecteurs; et Voltaire ne manqua pas de dire qu'*il réfutait la démonstration évangélique.* Il vous arrive quelque chose de semblable. La première partie de votre second volume alarmera de fort honnêtes gens, et d'autres hommes, beaucoup plus nombreux, feront semblant d'être alarmés. Il faut vous y attendre : *Humani a te nil alienum putes.* Je le dis dans un sens nouveau, mais très vrai. J'ai bien compris la raison par laquelle vous échappez aux attaques qu'on vous porte, celle de la *raison universelle.* Le temps me manque, Monsieur l'Abbé, pour me jeter dans cet Océan. Je vois bien quelques véritables difficultés, mais je ne cesserai de vous dire : *Courage!* Votre idée à l'égard de Rome est excellente ; j'y ai des amis importants, ou, pour mieux dire, *amis d'amis*, mais c'est égal ; je vais écrire sur-le-champ, et je ne doute pas que votre soumission ne soit fort agréée. Quant à la France, autant que je puis en juger de loin, je vous conseille de laisser tomber l'affaire. Ne répondez rien, allez votre chemin sans faire attention aux cigales ; l'hiver viendra bien après l'automne. Si j'avais un conseil à vous donner, ce serait celui-ci, avec votre permission : *Ne laissez pas dissiper votre talent.* Vous avez reçu de la nature un *boulet*, n'en faites pas de la *dragée*, qui ne pourrait tuer que des moineaux, tandis que nous avons des tigres en tête. On s'empresse d'attacher votre nom à une foule de sujets, ce qui est bien naturel; mais, croyez-moi, n'en faites rien. Recueillez vos forces et votre talent, et donnez-nous quelque chose de grand.

Après tout, Monsieur l'Abbé, nous avons tous un grand défaut, dont il n'y a pas moyen de nous défaire : c'est d'être fils d'un homme et d'une femme; y a-t-il rien d'aussi mauvais sur la terre? Nous avons beau faire, vous et moi, et tous nos confrères les humains, je dis les mieux intentionnés, dans tout ce que nous faisons il y aura toujours des taches humaines : *Et documenta damus qua simus origine nati.* C'est cependant une assez belle consolation pour nous de savoir, sur la parole d'honneur de tous les gens de goût, qu'après vous avoir soumis à la critique la plus sévère, vous ne serez *plus* que l'un des plus grands écrivains du siècle. — Pauvre homme! prenez patience.

Il ne me reste qu'à m'acquitter à votre égard d'un devoir bien précieux pour moi : celui de vous remercier des beaux et intéressants articles que vous avez bien voulu me consacrer dans *le Défenseur.* J'en ai lu trois, et je ne sais si j'ai lu le dernier. Je souhaiterais, mais bien en vain, qu'ils fussent aussi dignes de moi qu'ils sont dignes de vous.

Je suis, avec la plus haute considération, etc.

569

A M. Deplace.

Turin, 18 septembre 1820.

Monsieur,

J'ai lu avec un extrême plaisir votre longue et intéressante lettre du 8. Vous m'apprenez bien des choses et vous m'en expliquez beaucoup. Puisque vous y consentez, j'envoie le M. S. directement à M. R. J'aurais peur d'être fade si je vous répétais l'expression de ma reconnaissance. Elle est véritablement sans bornes. Vous jugerez en me lisant que jamais on n'a pu faire plus d'honneur aux observations d'un homme en qui l'on a toute confiance. Il n'y a pas une de vos objections sur laquelle je n'aie fait droit. Peut-être même, Monsieur, vous ne me trouverez pas gauche tout à fait, lorsque j'ai épousé vos idées et que je vous ai donné place dans l'ouvrage. Vous verrez.

Voici l'histoire de l'*Avis des éditeurs*. C'est moi qui ai tort, parce que j'aurais dû vous écrire directement. J'ai profité avec reconnaissance de vos éloges, parce que la fiction reçue permet de supposer que je ne vous ai pas lu ; mais, dans une seconde édition, n'est-ce pas comme si j'écrivais au bas de la page: *Vu et approuvé*. J'ai été saisi d'une telle honte que je ne puis vous l'exprimer. C'est ce que je mandai un jour à M. R., pensant que ma correspondance était commune entre vous ; et puis je n'y ai plus pensé, comme il m'arrive ordinairement. Une affaire, si elle n'est pas importante, *tombe* pour ainsi dire de ma mémoire, et fait place à une autre. — Je vous répète que j'ai manqué en n'écrivant pas à vous pour cette suppression. Aujourd'hui je vous dis mon cas de conscience, tirez-moi de là si vous pouvez. Il m'en coûte beaucoup de me séparer de cet avant-propos dont la suppression faira (*sic*) tort à la deuxième édition; mais, d'un autre côté, comment m'absoudre de la plus gauche vanité, si l'Avis reparait? Sur mon honneur, je n'y vois goutte.

J'ai beaucoup ri du *haut prix payé* par ce pauvre M. R. Il faut que vous sachiez, Monsieur, que jamais il n'y a eu entre nous un seul mot dit dans ce sens. M. Baillot étant venu *ad hoc,* vous sentez bien que je pouvais tirer mes conclusions. Cependant je ne lui demandais pas un centime de plus que le prix fixé par mes enfants à Chambéry, un mois ou deux auparavant. M. Baillot ne fit pas la plus légère objection, pas le plus léger signe de surprise, ou d'espérance contraire. Il ne me répondit qu'en me présentant son obligation. J'y lus (ce qu'il ne m'avait point dit du tout) que l'acquittement aurait lieu en quatre payements partiels de trois mois en trois mois. Je ne fis pas plus d'objection contre cette division qu'il ne m'en avait fait sur la somme totale. Enfin, Monsieur, je puis vous le dire au pié (*sic*) de la lettre, l'accord s'est fait sans parler.

Quant aux *Soirées de Saint-Pétersbourg*, et à la collection des Œuvres que m'a proposée M. R., c'est une autre affaire ; il n'y a rien de décidé.

Mais puisque nous parlons argent, permettez, je vous prie, que je vous communique une idée. Rien n'est plus à nous que nos pensées. Or, les vôtres sont jointes aux miennes d'une manière qui nous rend co-propriétaires de l'ouvrage. Je ne vois donc pas, Monsieur, que la délicatesse m'empêche de vous offrir, ou que la délicatesse vous empêche d'accepter un coupon dans le prix qui m'est dû. Si j'y voyais le moindre danger, certainement, Monsieur, je ne m'aviserais pas de manquer à un mérite aussi distingué que le vôtre, et à un caractère dont je fais tant de cas, en vous faisant une proposition déplacée ; mais, je vous le répète : vous êtes au pié (*sic*) de la lettre co-propriétaire de l'ouvrage, et, en cette qualité, vous devez être co-partageant du prix. Si donc je vous priais d'accepter un léger intérêt, de mille francs par exemple, dans le prix qui m'est dû, cet arrangement, connu seulement de vous et de moi, n'aurait rien, ce me semble, qui pût vous déplaire. Je vous répète, sur mon honneur, que s'il pouvait porter un autre nom que celui de co-propriété reconnue, jamais une telle idée n'aurait pris la liberté de se présenter à mon esprit.

Je suis ravi que Madame votre fille vous donne une nouvelle preuve de parfaite santé ; mais je suis inconsolable que vous m'ôtiez l'espérance de vous voir ici. Reposez-vous à la campagne, remplissez vos poumons de bon air avant de retourner à vos travaux, et si jamais le courage vous saisit, *macte animo !* venez-vous-en *ad limina Apostolorum*, et faites-nous une visite en passant.

570

A M. de Syon.
Officier au service du Piémont.

Turin, 14 novembre 1820.

Monsieur,

J'ai reçu avec beaucoup de reconnaissance le beau présent que vous venez de me faire, et la lettre obligeante dont vous l'avez accompagné. Quoique je n'aie point l'honneur de vous connaître personnellement, ne croyez pas, Monsieur, que vous me soyez étranger : je connais vos talents et votre mérite personnel ; j'ai toujours pris beaucoup de part à vos succès ; souvent je m'en suis informé, et je vous ai constamment regardé comme un jeune homme destiné à faire un jour beaucoup d'honneur à votre patrie, comme il en fait déjà beaucoup à la jeunesse contemporaine.

L'ouvrage que vous avez eu la bonté de m'adresser annonce un excellent esprit. Le choix seul en est une preuve sensible. Vous avez vu à merveille la supériorité littéraire du XIXe siècle sur le précédent, et la raison de cette supériorité. D'illustres personnages sont fort bien jugés : je n'en excepte que deux, Chateaubriand et Bonald, sur lesquels on peut disputer avec vous. Vous dites que l'Eternel *créa Chateaubriand pour guider l'u-*

nivers. On voit bien, excellent jeune homme, que vous avez dix-huit ans ; je vous attends à quarante ; ou, pour mieux dire, je vous y assigne. Pour moi, je suis dispensé de comparaître.

Vous parlez à merveille sur Montesquieu. Tout ce que vous dites sur lui est un fort bon commentaire du fameux mot prononcé par une dame : « *C'est de l'esprit sur les lois.* »

Enfin, Monsieur, je ne vois qu'un personnage sur lequel vous avez erré d'une manière scandaleuse. Quand tout le monde vous pardonnerait ce morceau, je n'en demeurerais pas moins inexorable ; ainsi, prenez garde à vous.

Si j'avais l'honneur de vous voir, Monsieur, je prendrais la liberté de vous adresser mille questions sur vos goûts, sur vos études, sur vos projets, etc. Car, je vous le répète, je n'ai cessé de prendre à votre personne autant d'intérêt que si j'étais votre proche parent ou votre ami depuis le berceau.

Un morceau qui fait autant d'honneur à votre raison et à votre goût annonce, de votre part, de nouveaux efforts ; j'espère que je n'y serai point étranger. Je vous appelle de toutes mes forces dans les camps de la haute philosophie : recourez-y, je vous prie, afin que je puisse vous léguer ma place avant de quitter le champ de bataille.

Je suis, avec une estime et une considération sans bornes, Monsieur,

Votre humble et très obéissant serviteur,

Le comte DE MAISTRE.

P. S. — Me permettez-vous, Monsieur, de vous faire une petite chicane grammaticale ? La particule *de*, en français, ne peut se joindre à un nom propre commençant par une consonne, à moins qu'elle ne suive un titre : ainsi, vous pouvez fort bien dire, *Le Vicomte de Bonald a dit*, mais non pas *De Bonald a dit ;* il faut dire, *Bonald a dit*, et cependant on disait, *D'Alembert a dit* : ainsi l'ordonne la grammaire. Vous êtes donc obligé, Monsieur, de dire : « *Enfin M. a paru*, etc. » Alors vous ne pourrez plus être traduit en jugement que par la vérité ; la grammaire n'aura plus d'action contre vous.

571

A Mme la Baronne de Morand, sa belle-sœur.

Turin, 25 novembre 1820.

Que le diable vous emporte, ma très chère et très aimable sœur, et qu'il m'emporte aussi avec tous les miens, si j'ai compris un mot de cette phrase de votre jolie petite lettre du premier de ce mois où vous m'écrivez en propres termes : « *Votre petite lettre me dit que la mienne était beaucoup trop longue.* » Qui ? Moi ! Je vous ai dit que vous pourriez m'être à charge ? Vous en avez menti, Madame Clémentine ! Je n'ai pas dit cela. Jamais vous ne m'avez ennuyé et qui dit le contraire est un gredin. Si vous entendez seulement que mon laconisme accuse votre prolixité, c'est autre chose. Hélas ! je n'ai plus le temps d'écrire. Vous le voyez : il s'écoule un mois avant que je puisse vous écrire quelque radotage. Mais, au nom de Dieu, ne doutez jamais de l'empire absolu que vous avez sur tout ce que je possède de petits moyens dans ce monde. Votre pauvre Abbé Boccard croit probablement que je l'oublie ; il n'en est rien, mais j'y perds mon latin. Je le prévoyais : personne jusqu'à présent ne veut des conditions proposées ; je ne me lasse pas, mais je ne puis rien promettre. Si mon petit-fils était plus grand, il y aurait moyen de s'arranger ; malheureusement il n'a guère que cinq mois, et que peut-on savoir à cet âge ? Vous savez d'ailleurs, Madame, que jamais on n'a vu trois générations de suite lettrées, de manière que, suivant toutes les règles de la probabilité, le fils de Rodolphe ne saura pas lire, mais il épousera une femme pleine d'esprit qui lui fera ses lettres.

Voyez d'avance, chère sœur, s'il n'y aurait rien dans la Maison de Costa qui put me convenir, car j'incline toujours vers cette famille. Dites-lui, je vous prie, (à la famille) bien et encore bien des choses de ma part, mais surtout à ce vénérable patriarche qui est à la tête de mes affections.

Bonjour ! aimable, chère, inoubliable Clémentine : ne me grondez jamais, aimez-moi toujours un *petit brin*. Voilà tout ce que j'ai à vous dire.

Votre dévoué Frater,

JOSON.

572

A M. le Vicomte de Bonald, à Paris.

Turin, 4 décembre 1820.

Monsieur le Vicomte,

Comment pourrai-je reconnaître assez la manière excessivement honorable pour moi avec laquelle vous avez bien voulu vous exprimer sur mon dernier ouvrage, dans le numéro du *Défenseur* où vous défendez avec tant de logique et d'éloquence le second volume de M. l'Abbé de Lamennais, l'un des premiers *complices* de notre bande ? Est-il possible, Monsieur le Vicomte, que j'aie si bien réussi auprès de vous, et que, dans cette page si précieuse pour moi, l'amitié n'ait point *fourré* de ses exagérations ordinaires ? Enfin, je mets tout au pire : il me restera toujours votre illusion, qui sera infiniment précieuse pour moi, que je mets au rang de mes propriétés les plus chères. Je trouve aussi M. l'Abbé de Lamennais bien heureux d'avoir eu un patron tel que vous. Je viens de lui écrire longuement, et je lui donne quelques explications sur un article de mon livre qui l'avait fort intrigué : c'est celui de la vie commune des Souverains et des Familles Royales *naturelles*. Je vous en conjure, Monsieur le Vicomte, examinez cet article de bien près avec vos excellents yeux. Si, en général, les Rois ont plus de vie que nous ; si les règnes s'allongent à mesure que la religion se purifie ; si les règnes catholiques sont les plus longs, n'est-ce pas une mine bien digne d'être creusée? — Mais si les règnes catholiques sont de vingt-cinq ans, comme en France, en Piémont et ailleurs, et si la vie commune des hommes n'est que de vingt-sept ans, comment n'y aurait-il pas plus de vie dans la Maison Royale? Il faudrait alors que tous les Souverains fussent montés sur le trône en tombant dans le berceau. Examinez bien, je vous prie.

Quant au célibat, j'ai l'intime conviction d'avoir poussé la question à bout ; j'espère que le fameux argument tiré de la population est détruit par la racine ; et nous pouvons dire : *Salutem ex inimicis nostris*, puisque c'est le protestant Malthus qui en a fait les plus grands frais.

Je ne doute pas, Monsieur, qu'à la fin nous ne l'emportions, et que la victoire ne demeure à la langue française. Mais il arrivera des choses extraordinaires qu'il est impossible d'apercevoir distinctement. Dans une de mes *Soirées de Saint-Pétersbourg*, j'ai rassemblé tous les signes (j'entends ceux qui sont à ma connaissance) qui annoncent quelque grand événement dans le cercle religieux. Si l'ouvrage s'imprime, vous m'en direz votre avis, et j'espère, en vertu de l'étonnante correspondance qui se trouve entre nos deux têtes, que mes raisons ne vous paraîtront pas *toutes* et *absolument* mauvaises. Souvent, en vous lisant, Monsieur le Vicomte, il m'arrive d'éclater de rire en retrouvant les mêmes pensées et jusqu'aux mêmes mots qui reposent dans mes portefeuilles. Cette conformité est bien flatteuse pour moi. Il n'y a rien de si consolant qu'un tel accord. Il faudrait que cet accord fût général, car le malheur du bon parti est l'isolement. Les loups savent se réunir, mais le chien de garde est toujours seul. Enfin, Monsieur, quand nous aurons fait ce que nous pouvons, nous mourrons tranquilles ; mais, autant que nous le pourrons, soyons d'accord et travaillons ensemble. L'homme qui a pu en persuader deux ou trois autres et les faire marcher dans le même sens, est très heureux, à mon avis. C'est une conquête formelle. Voilà pourquoi j'ai tant travaillé à détruire toutes les petites pointilleries qui séparaient nos Églises, au grand détriment de la religion. Vous verrez bientôt mon dernier effort sur ce grand sujet. Quand j'aurai vidé mes portefeuilles russes, je m'arrêterai tout à coup, car je n'ai plus le temps d'écrire ; je n'ai pas même celui de corriger. *Salut et attachement, frère et ami.* Souvenez-vous toujours de moi, je vous en prie, et croyez-moi plus que jamais, et pour toujours, votre dévoué serviteur et ami.

573

A M. Deplace.

Turin, 11 décembre 1820.

Monsieur,

J'ai été malade, *fort occupé* et fort ennuyé : c'est ce qui m'a privé jusqu'à présent du plaisir de répondre à votre charmante lettre du 16 octobre, que j'ai cependant toujours tenue sous mes yeux. . . . .
. . . .
. . . . Je vous répète, Monsieur, que jamais il n'y a eu entre nous l'ombre même de discussion. Il y a plus, jamais M. Baillot ne m'a répondu un mot ; son projet arrêté était le silence. Le prix ayant été proposé à Chambéry, et nullement rejeté, je répétai ici la proposition. M. Baillot prit un air qui voulait dire *fort bien ;* et le lendemain il m'apporta ses quatre obligations *dont il ne m'avait pas dit le mot*, et je les signai de mon côté sans faire une objection ; car je n'y entends rien. Au premier moment où j'entendis prononcer le nom de *perte*, j'envoyai un ami chez M. R..., pour lui offrir d'annuler le marché : il ne le voulut pas ; cependant il a toujours continué à parler de *ses pertes*. On a contre-

fait mon ouvrage, en Flandre, je le crois. Il fallait y en envoyer une pacotille et baisser les prix. La seconde édition avance, mais lentement. Dieu veuille que tout ne finisse pas par une froideur qui ressemble à une brouillerie. M. R... m'a fait les plus vives instances pour avoir mes *Soirées de Saint-Pétersbourg*, mais il n'y a pas eu moyen. Ma femme, d'ailleurs, à qui j'ai fait présent de mon manuscrit, préfère s'adresser à Paris. Tous ces malentendus et contretemps m'ont ennuyé à l'excès.

Quant à vous, Monsieur, c'est tout autre chose. *Vous m'aimez tout bas,* dites-vous, *depuis trente ans.* Vous ne sauriez croire à quel point cette charmante expression m'a touché. Je ne puis vous la renvoyer, puisque je n'avais pas l'honneur de vous connaître. Ce que je puis bien vous assurer, c'est que mes premières relations m'ont inspiré pour vous une confiance sans bornes. Vous l'avez vu, et vous le verrez encore mieux quand vous lirez la seconde édition. Certainement, Monsieur, l'ouvrage vous appartient en grande partie, ce qui motivait complètement la proposition que j'avais cru pouvoir vous adresser. Cependant, vous la repoussez d'une manière qui ne me permet pas d'insister.

Quanquam ô....! Mais, puisque vous le voulez, taisons-nous donc, au moins pour ce moment. J'espère, Monsieur, que mon ouvrage demeurera toujours dans votre bibliothèque comme un monument qui vous sera cher à double titre ; mais je ne cesserai de penser, en le voyant, que sans vous il n'existerait pas, ou qu'il vaudrait beaucoup moins. A Rome, on n'a point compris cet ouvrage au premier coup d'œil ; mais la seconde lecture m'a été tout à fait favorable. Ils sont fort ébahis de ce nouveau système, et ont peine à comprendre comment on peut proposer à Rome de nouvelles vues sur le Pape ; cependant, il faut bien en venir là. — Il peut se faire que la seconde édition soit dédiée au Pape ; ce point n'est pas encore décidé. Dès que cette œuvre sera terminée, je mettrai fin au second volume des *Soirées de Saint-Pétersbourg*. Le premier est fait et parfait, et déjà il a pris son vol vers la grande Lutèce. Les *Soirées* sont mon ouvrage chéri. *J'y ai versé ma tête!* Ainsi, Monsieur, vous y verrez peu de chose peut-être, mais, au moins, tout ce que je sais. J'y ai fait entrer un cours complet d'illuminisme moderne, qui ne manquera pas de vous amuser. C'est le temps, au reste, qui est mon grand persécuteur ; il me tue, Monsieur ; la tête me tourne ; et la formation même de mes lettres en est sensiblement affectée, comme vous le voyez. Imposé par force, je ne sais plus à quoi tenir. Sur cela, Monsieur, je prends congé de vous en vous renouvelant l'assurance de tout mon attachement et de ma vive reconnaissance.

P. S. — Voilà mon secrétaire intime (Mlle Constance) qui m'ordonne de décacheter, pour vous faire ses compliments particuliers. Elle a toujours *sur le cœur*, mais dans le bon sens, une certaine lettre charmante qu'elle a reçue de vous.

574

† *A M. l'Abbé Vuarin,*
Curé de Genève.

Turin, 22 janvier 1821.

Mon très cher Abbé,

Une seule raison pouvait m'empêcher de répondre sur-le-champ à votre lettre du 2 janvier, c'était celle d'être dûment malade et étendu tout de mon long. Ce fâcheux état, qui dure depuis plus d'un mois, m'a forcé d'interrompre mes fonctions et a suspendu toutes mes correspondances; aujourd'hui cependant je commence à être beaucoup mieux, et j'en profite pour dicter quelques mots à votre adresse. J'ai été, sans exagération, ravi de votre sermon; il n'était pas possible d'être plus vigoureux, plus vrai, plus pressant que vous ne l'avez été, ni de profiter avec plus d'habileté d'une circonstance unique pour saisir les batteries de votre ennemi et les tourner contre lui. Souvenez-vous bien de ce que j'avais l'honneur de vous dire il y a environ trois mois : *En reculant, elle avance.* C'est un étrange spectacle que celui de votre sermon, prononcé à Genève, en présence d'un fragment catholique du gouvernement. N'avez-vous point ensuite été un peu trop chaud, et n'avez-vous point outrepassé d'*une mortelle ligne* certaines lignes imperceptibles qui séparent ceci de cela ? C'est à vous à en juger plus qu'à moi ; et d'ailleurs ce doute rentre dans le cercle des infiniment petits, auxquels je fais peu d'attention : dans ce moment, il ne faut voir que les masses.

Mon digne et excellent ami, l'Evêque de Pignerol, vient d'arriver. Je me suis empressé de lui communiquer votre pièce, dont il ne manquera pas de me parler bientôt.

J'ai lu avec beaucoup d'intérêt votre petit pamphlet traduit de l'anglais. Sans doute qu'une réunion entre l'Église Anglicane et la Romaine serait une des choses les plus désirables ; mais elle devrait être précédée d'un certain préliminaire dont l'exposition m'entrainerait trop loin. Il y aurait dans ce moment de superbes choses à faire et à dire ; mais *qui peut ne veut, et qui veut ne peut.* Ah ! si quelque ange, avec ses belles ailes dorées, pouvait entrer tout à coup dans le cabinet toujours mobile d'un certain personnage, et qu'avec son air doucement fulminant il daignât lui dire. *Assieds-toi si tu as peur, et lis tranquillement les sept ou huit chapitres que voilà,* nos affaires iraient bien, surtout s'il avait la bonté d'ajouter : *Si tu ne m'écoutes pas, tiens pour sûr que le châtiment ne se fera pas attendre.* Mais je compte peu sur cette apparition, de manière que je demeure toujours dans le doute qui terminait un certain mémoire que vous avez lu dans le temps, et que je ne cesse de recommander à vos méditations, à vos clefs, et à votre prudence.

Que je voudrais pouvoir être du voyage que vous allez entreprendre, ou tout au moins vous charger de papiers pour tous ces *complices* que vous me nommez ! Mais il n'y a pas moyen : mille choses, et surtout le temps, manquent pour les correspondances. Cette cruelle maladie me retarde encore et me nuit étrangement. Dites-leur au moins (*à ces brigands*) tout ce que vous pourrez trouver de plus tendre de ma part ; assurez-les de mon invincible adhésion à notre *conjuration*, et de ma ferme résolution de ne rien oublier dans ma petite sphère pour la mener à bien. Cette année verra paraître une seconde édition bien perfectionnée *du Pape*, et l'ouvrage sur l'Église gallicane et les Quatre Articles, qui doit, selon moi, produire nécessairement une très grande explosion. D'autres années, si Dieu me les accorde, produiront d'autres choses ; mais, comme vous savez: *A chaque jour suffit sa malice.*

J'ai reçu le second volume de M. de Haller ; faites-lui passer, je vous en prie, mes remerciements les plus empressés. C'est un tourment pour moi de ne pouvoir dévorer ses ouvrages. J'attends le bon vouloir de Messieurs les traducteurs. En attendant, j'espère trouver assez de secours chez moi pour m'en approprier au moins les plus beaux endroits dès que je serai remis. J'ai lu avec beaucoup de plaisir, dans *le Défenseur*, les articles de M. de Haller sur *la noblesse :* la raison en personne ne parlerait pas mieux raison. Sur cela, Monsieur l'Abbé, je prends congé de vous, en vous souhaitant un heureux voyage et vous assurant de mon éternel attachement.

Dispensez-moi de signer.

E le tulo, 22 janvier 1821.

575

A Mme *la Duchesse des Cars.*

Turin, 5 février 1821.

Madame la Duchesse,

Pourquoi cette écriture étrangère? C'est la question que vous *fairez* en ouvrant ma lettre ; il vaut donc mieux vous dire d'abord que depuis plus d'un mois je suis très malade. Une humeur bizarre à laquelle on donne des noms différents, s'est jetée sur mes jambes, et m'en a privé. Il n'y a ni plaie, ni douleur, ni enflure, il n'y a point de fièvre, mais enfin il y a deux jambes de moins et c'est beaucoup pour un bipède. Je me traîne donc de mon lit à mon fauteuil, et de mon fauteuil à mon lit. Si je suis assez heureux pour me tirer de cette situation, je ne manquerai pas de vous en faire part comme d'une chose qui ne vous sera point indifférente. Voilà, il faut l'avouer, une grande impertinence ; mais en voici une autre beaucoup plus forte. Toute ma vie, Madame la Duchesse, j'ai été protégé par les dames, et bien m'en a pris. Dans ce moment encore, il a plu à l'un des plus rares talents français de votre sexe de dessiner mon portrait sur la pierre lithographique, et Madame l'Ambassadrice de France s'est emparée de la pierre, de la manière la plus aimable, et l'envoie à Paris avec toutes les précautions possibles pour faire tirer je ne sais combien d'exemplaires du portrait Il m'est venu en tête, Madame la Duchesse, de vous en présenter un avec une confiance toute particulière que je ne saurais pas trop vous décrire.

Je trouve, tout bien considéré, que cette prétention n'est point aussi impertinente que je le croyais d'abord, car toutes les raisons qui la déterminent viennent de vous. Tout le monde trouve le portrait parlant. Tant mieux, Madame la Duchesse, car il vous parlera, du moins quand vous serez seule : il sait de reste qu'il n'a pas le droit d'interrompre. Souvent l'original vous parle. Qui sait si vous avez la bonté de l'entendre et même de l'écouter? Ce qu'il y a de sûr, c'est que votre salon est toujours présent à ma mémoire, et qu'il n'arrive jamais rien d'un peu *énorme* dans le monde sans que je m'écrie : Ah ! Si j'étais là ! Je l'entendrais, et peut-être aussi qu'elle me ferait l'honneur de me laisser *un peu dire*. Mais, hélas ! je n'aurai plus le plaisir de voir ce salon : tous les rêves sont finis, le courant révolutionnaire au lieu de me rapprocher de vous, comme il eût été possible, m'a poussé pour toujours au delà des Alpes, et je ne changerai plus de place. Peut-être que ce mot de *toujours* qui veut dire ici *jamais*, et qui a de sa nature quelque chose de solennel donnera pour un cœur fait comme le vôtre une légère valeur à la feuille de papier que je prends la liberté de vous faire présenter.

Je suis avec une foule de sentiments qui ne peuvent être ni exprimés, ni décris, ni dessinés, ni *lithographiés* et qui ne finiront qu'avec moi, Madame la Duchesse...

576

A M. le Marquis d'Azeglio.

Turin, 21 février 1821.

Commençons par le panier (1), Monsieur le Marquis : c'est le plus évident. J'ai été ravi de la galanterie que vous me faites, et tout de suite je me suis mis à dévorer quelques-unes de vos grappes qui sont à peu près le seul aliment auquel je connaisse un goût.

Après le raisin devrait venir la politique, mais comment voulez-vous, Monsieur le Marquis, qu'un pauvre malade vous suive dans une aussi longue carrière ? Le seul point sur lequel je ne suis pas du tout en peine, c'est celui du style. Vous m'avez tout à fait conduit à Florence. Mais hélas ! c'est que vous l'avez habité, c'est que son esprit vous a pénétré, et que vous faites une noble et élégante exception à cet italien vulgaire que nous entendons de toutes parts. Mais qu'est-ce que cela fait à l'Italie en général, Monsieur le Marquis, et au Piémont en particulier ? Rien du tout, par malheur.

---

(1) Peu de jours avant sa mort le Comte de Maistre avait reçu du Marquis d'Azeglio un panier de raisins qui convenaient à sa maladie.

Mille et mille fois j'ai médité comme vous sur cette belle Italie, sans pouvoir m'en tirer. Le plus grand malheur d'une nation, c'est d'obéir à une autre, et j'espère que mon dernier livre contient sur ce point un chapitre qui n'est pas à la glace! Il me semble, par parenthèse, que Messieurs les Italiens n'y ont pas fait grande attention, tant ils sont distraits ou indifférents. L'homme sage qui médite ce grand sujet ne sait à quelle pensée rattacher l'esprit italien (l'Unité italienne se rencontrant de temps à autre), mais bientôt il retombe tristement sur lui-même et se tient en repos, voyant par quelle épouvantable catastrophe il faudrait passer pour ressusciter l'Italie. Elle paie cher la *terrible unité* qui jadis écrasa le monde.

Aujourd'hui l'anathème qui l'écrase à son tour, est celui de la division, dont on ne peut imaginer le terme. Je pleure donc avec vous, Monsieur le Marquis, en voyant nos millions abandonner tristement l'Italie, et je grince les dents lorsque mon oreille est forcée d'écouter certains accents si étrangers pour elle. Je n'en reviens pas moins à l'humble patience. L'énorme brigandage de Venise ne laisse plus à mon esprit que la ressource du miracle. De cette triste Venise m'élançant rapidement sur le point opposé, je me trouve dans notre Piémont. Hélas! Monsieur le Marquis, que voulez-vous que je vous dise? Un livre intitulé *le Piémont* pourrait être fort intéressant, tant il fournirait de réflexions curieuses. Regardez la carte, ou, ce qui sera mieux, allez chez le Roi, contempler le Piémont de M. Bogoti. Vous verrez que le Piémont est un tout qui ne s'amalgame avec rien, à moins d'un nouveau bouleversement de l'univers. La langue achève la démonstration. Il en a malheureusement une et comment l'étendrez-vous ? Pour donner une langue au Souverain, il faudrait déplacer le trône ; mais alors où serait le Piémont ? Telle est son existence singulière, qu'il ne saurait même augmenter, car le terrain qu'on pourrait lui ajouter serait un terrain étranger auquel le Piémont commanderait, mais jamais une portion du Piémont. Il n'a donc que deux manières d'exister : ou tel qu'il a toujours été, avec ses dimensions anciennes et actuelles, ses avantages et ses désavantages, la Maison régnante et sa langue, ou bien entraîné dans une révolution générale qui le rendrait province d'un très grand Empire. Alors, avec sa force morale, ses talents, son esprit de suite, ses richesses physiques, son immense fertilité, il acquerrait une sorte de suprématie provinciale qui serait bientôt universellement remarquée. Ce que nous avons eu dernièrement, malgré les vices énormes qui déshonoraient cet état de choses, a pu cependant donner une idée assez claire de ce que je dis. Ce serait un beau problème politique à examiner, si le Piémont peut être plus heureux et plus florissant comme grande province ou comme petite souveraineté. Pour moi, je me déterminerais pour le second état. Les douceurs naturelles de la souveraineté, et l'attachement à la Maison régnante ne me laissent pas balancer sur ce point ; mais aussi je ne me fais point d'illusion, et je sais (comme je sais que les trois angles d'un triangle valent deux angles droits) que la Maison royale ne peut être plus grande que sa langue, et que le trône ne peut être plus haut *sans être plus loin*. Sommes-nous donc Italiens, Monsieur le Marquis ? En vérité, je l'ignore. Tandis qu'à Florence on nous appelle *nation amphibie*, et tant que nous dirons ici : *La poste d'Italie est-elle arrivée ?* je vivrai toujours dans le même doute. Les langues, les langues, Monsieur le Marquis, les langues ! C'est mon domaine, comme vous le savez ; j'y cherche tout, j'y trouve tout, ou je ne trouve rien. Je voudrais vous en dire davantage, mais je suis tenté par un beau raisin que je vais manger avec votre permission. Je vous remercie de vos belles réflexions, je vous demande pardon pour celles d'un malade, et je vous embrasse de tout mon cœur.

LETTRES

A Mme LA COMTESSE D'EDLING

NÉE DE STOURDZA

d'origine grecque (1).

(CES LETTRES SONT SANS DATES)

I

Madame,

Rien au monde ne pouvait m'être plus agréable que la lettre que vous m'avez fait l'honneur de m'écrire. J'étais déjà infiniment sensible à la bonté que vous avez eue de vouloir bien vous informer de mes nouvelles auprès de l'intéressante Sophie, qui s'est acquittée très exactement de cette commission. Jugez combien vous avez ajouté à

---

(1) Autrefois attachée comme demoiselle d'honneur à l'Impératrice Elisabeth, épouse de l'Empereur Alexandre. Elle est morte à Odessa en 1844. Elle était d'un esprit sérieux et aimable, intelligente et curieuse sans pédantisme, religieuse par réflexion comme par sentiment, attachée d'ailleurs à l'Eglise grecque.

ma reconnaissance en prenant la plume vous-même pour me prouver, d'une manière si aimable, qu'il y a toujours place pour moi dans votre mémoire ! Je me tiens très honoré de vous avoir appris un mot ; mais ce qui me serait un peu plus agréable, ce serait de jouir avec vous de la chose même dont je n'ai pu vous apprendre que le nom. *Castelliser* avec votre famille serait pour moi un état extrêmement doux, et puisque vous y seriez, il faudrait bien prendre patience ; mais, hélas ! Il n'y a plus de château pour moi. La foudre a tout frappé, il ne me reste que des cœurs : c'est une grande propriété, quand ils sont pétris comme le vôtre. L'estime que vous voulez bien m'accorder est mise par moi au rang de ces possessions précieuses qu'heureusement personne n'a droit de confisquer. Je cultiverai toujours avec empressement un sentiment aussi honorable pour moi. Jadis les Chevaliers errants protégaient les dames, aujourd'hui c'est aux dames à protéger les Chevaliers errants : ainsi trouvez bon que je me place sous votre *suzeraineté*. S'il vous arrive d'échanger votre nom contre celui de quelque homme aimable qui sache ce que vous valez (les autres peuvent bien aller se promener), je compte sur votre maison pour y raisonner, rire, pleurer, *voire même* dormir, suivant mon bon plaisir. Et quand même vous seriez encore quelque temps au rang des Honorables et Gentilles Demoiselles, vous pourrez toujours me protéger. Rien n'empêche même, ce me semble, que, dans très peu de temps, vous ne puissiez, sans conséquence, les jours où je serai extrêmement triste, venir me chercher dans votre voiture pour me conduire à la promenade.

Tout le monde dira : « Place à Mademoiselle de S... qui mène l'aveugle ! Donnons-lui un ducat. » Et, sans mentir, ce ducat sera bien tout aussi noblement gagné que celui des dames (1). Au reste, ce n'est qu'un projet ; vous pouvez changer et ajouter tout ce qu'il vous plaira. Que dites-vous de l'impromptu de mon frère, qui est parti subitement pour la frontière de Perse, après avoir été fait Colonel dans la suite de Sa Majesté Impériale ? Permettez que je l'acquitte, car il est parti si subitement qu'il n'a eu le temps de remplir aucun devoir. Il était militaire, mais son emploi était civil, et il ne pouvait espérer d'avancement militaire. D'ailleurs, il y avait quelque chose de chanceux dans cet état, et tout l'agrément qu'il présentait tenait à cette bonne tête qui est allée fermenter à la Chaussée-d'Antin, rue Blanche, n° 19. Voilà, je crois, de solides raisons. Quant au voyage de Tiflis, c'était une dépendance nécessaire de la promotion. Dans l'univers entier, il y a toujours un *tant pis* à côté d'un *tant mieux*. Au reste, il y a plus de vingt ans que les *tant pis* nous accablent ; nous devons être endurcis. Je gémis comme vous de cette folle obstination de notre ami Tch...f (2), qui aime mieux manquer de tout à Paris que d'être ici à sa place, au sein d'une grande et honorable aisance. Mais regardez-y bien, vous y verrez la démonstration de ce que j'ai eu l'honneur de vous dire mille fois. Je suis moins sûr de la

---

(1) Allusion à un usage russe.
(2) L'Amiral Tchitchagof.

règle de trois, et même de mon estime pour vous, que je ne le suis d'un profond ulcère dans le fond de ce cœur, plié et replié, où personne ne voit goutte. Ce monde n'est qu'une représentation : partout on met les apparences à la place des motifs, de manière que nous ne connaissons les causes de rien. Ce qui achève de tout embrouiller, c'est que la vérité se mêle parfois au mensonge. Mais où? Mais quand? Mais à quelle dose? C'est ce qu'on ignore. Rien n'empêche que l'acteur qui joue Orosmane (sur les planches) ne soit réellement amoureux de Zaïre. Alors donc, lorsqu'il lui dira :

Je veux, avec excès, vous aimer et vous plaire,

il dit la vérité ; mais, s'il avait envie de l'étrangler, son art aurait imité le même accent, *tant les comédiens imitent bien l'homme!* Nous, de notre côté, nous déployons le même talent dans le drame du monde, *tant l'homme imite bien le comédien!* Comment se tirer de là? Pour en revenir à notre ami Tch...f, je sais d'abord qu'aucune des raisons qu'il allègue ne sont les vraies, et je crois savoir de plus qu'il s'agit d'orgueil blessé. Le reste est lettre close. Il est bien ce qu'on appelle votre ami, mais pour de certaines confidences, *ci vuol altro.* Lorsque deux êtres parfaitement en harmonie se rencontrent par hasard, lorsqu'une parfaite confiance est la suite d'une longue et douce expérience, lorsque les portes sont fermées et que personne n'écoute, lorsque la peine d'un côté a besoin de parler et que la bonté de l'autre a besoin d'entendre, alors il peut arriver, comme l'a dit divinement Jacques Bénigne, que *l'un de ces cœurs, en se penchant vers l'autre, laisse échapper son secret.* Mais il faut cela, et cent autres petites circonstances qui n'ont point de nom, pour entendre ce qu'on appelle un *secret.* Jugez si j'ai la moindre prétention à transvaser ces deux cœurs de la rue Blanche, n° 19 ! Mais je ne sais pourquoi ma plume s'avise ainsi de moraliser et de battre la campagne. Le tout est sur son compte, car je ne m'en suis pas mêlé. Je veux seulement dire que nous ne savons rien du secret. Je plains beaucoup Madame Tch...f, qui va faire ses couches dans cette boîte étroite que vous me décrivez (le mari me dit seulement : un petit appartement). Votre raison, qui a toujours raison, l'a surtout dans cette occasion. C'est un déplorable caprice, et rien de plus. — L'histoire de votre Jésuite américain est curieuse ; ici ses collègues ne le connaissent point. Le monde est plaisant dans ce moment. Hier, on disait que le Roi de Prusse était sur le point de se faire Capucin ! J'opinai tout de suite pour qu'on le fît Pape sur-le-champ, et qu'il allât résider à Londres ; j'espère que vous n'y savez pas d'empêchement. Je prie vos excellents parents d'agréer mes hommages. Si vous me faites l'honneur de parler quelquefois de moi, je l'entendrai certainement. Revenez tous en bonne santé. Recommandez à Mademoiselle Hélène de rapporter précisément les mêmes yeux ; sur cet article, la moindre innovation serait dangereuse. Je vous remercie de nouveau d'un souvenir auquel j'attache le plus grand prix. Agréez la profonde estime et le tendre respect avec lequel je suis de tout mon cœur, etc.

II

Madame,

Ce n'est pas un petit phénomène qu'en trois jours je n'aie pu trouver physiquement le temps de vous faire ma cour. On dit ordinairement : *Il ne m'a pas été possible*, et l'on sait ce que cela vaut ; mais, pour le coup, ce n'est pas une façon de parler. Il y a longtemps qu'il ne m'était arrivé d'être aussi étouffé par mille *seccature* combinées. J'ai su que vous aviez formé le bon propos de m'écrire, et je vous en remercie comme de la chose même, car je sais bien que vos déclarations ne sont pas des paroles. J'ai grande envie que vous soyez ici, ne voyant pas ce qu'il y a de très amusant pour vous dans ces jardins ; je crains d'ailleurs que l'humidité ne vous pénètre dans votre chambre, et que nous ne soyons obligés de vous faire sécher ici, ce qui est toujours très dangereux. Outre ces considérations purement physiques, il y a bien aussi un peu d'égoïsme dans mon désir, car vous manquez extrêmement dans ce petit cercle intime qui me devient toujours plus nécessaire à mesure que le chagrin agit davantage sur moi. Ce n'est pas qu'il augmente en dimensions, mais il devient tous les jours plus pesant. Vous savez qu'il ressemble au mouvement quand il a une cause continue, sa triste puissance ne cesse d'augmenter rapidement ; le martyre paternel a recommencé d'ailleurs le 5 de ce mois. Je n'ai pas de nouvelles de mon fils depuis le 1er de juillet, sans doute parce qu'il marche. Il est attaché au général Wittgenstein, qui est entré en Bohême, comme vous savez, avec un superbe corps. Rodolphe avait porté au Comte Wittgenstein une lettre de recommandation très chaude de la part de l'Amiral T...f (1). Le premier a répondu : « Je suis charmé d'avoir pu remplir vos intentions. en plaçant votre jeune protégé auprès de moi. » C'est là où nous en sommes tenus, la délicatesse ne permettant point de rompre entièrement avec l'Amiral, tant que ce dernier n'a point pris de démission absolue. Si cependant cet état dure, il faudra bien prendre un parti. Mon Dieu, Madame, quels incroyables travers se trouvent dans notre pauvre tête humaine ! Que de talents, et même de véritables vertus, inutilisés *par je ne sais quel orgueil insensé et incurable !* J'en reviens toujours à dire que personne ne le connait. Il y a quelque chose au fond de ce cœur qui le ronge et l'exaspère (2). Qu'est-ce que ce *quelque chose ?* Je n'en sais rien. Je lui ai dit et écrit plus d'une fois : « Je ne sais pas ce que c'est, mais je sais bien que c'est quelque chose. » Il ne répond rien. — J'ai été le voir l'autre jour, et il m'a fait promettre de retourner. J'y serais allé demain, sans la fête de vendredi.

---

(1) Tchitchagof.

(2) Rapprocher cette lettre de celle que le Comte de Maistre écrit à l'Amiral sur la mort de sa femme.

Lundi, je crois, j'exécuterai ma promesse, quoiqu'il m'en coûte beaucoup de quitter mon fauteuil et le *trantran* de mes occupations. Il s'occupe toujours de sa douleur. Il m'a demandé une inscription latine pour le tombeau de sa femme, destinée uniquement à dire que ce monument, imaginé par lui, fut exécuté par tel et tel. Je la lui ai envoyée ; il l'a fait graver. Il me demande, dans sa lettre, pourquoi un monument de bronze doit durer plus que le plus bel ouvrage du ciel. Il ajoute, par réflexion : « Pourquoi la dentelle d'un tel chef-d'œuvre doit-elle du-« rer plus que lui ? »—Et, frappé de ce puissant argument contre *ELLE* (1), il me somme de répondre dans ma première lettre. Je lui réponds que je ne sais comment il s'embarasse dans une chose aussi simple, puisqu'il est *visible* que Dieu ne sait pas faire les femmes aussi bien, à beaucoup près, que les hommes savent faire les dentelles. — Si vous trouvez la réponse bonne, Madame, je vous prie de la signer. Jamais ma métaphysique n'avait été aussi embarrassée. Il est bien dur d'être obligé de convenir ainsi de *SES* torts. Quelle tête, bon Dieu ! Mais, pour en revenir à ses torts à lui, qui sont d'un autre genre, je ne saurais vous dire à quel point je suis fâché de le voir engagé par engagement dans une route évidemment mauvaise. Voilà un chapitre à ajouter au traité de saint Augustin, *de l'utilité de croire.* Quel véritable croyant se laissera jamais dominer dans sa

---

(1) La Providence, dont l'Amiral Tchitchagof se plaisait à nier l'existence.

conduite morale et politique par de telles *billevesées!* Au surplus, il m'a rendu service, il m'aime, il est malheureux ; c'en est assez : jamais je ne cesserai de l'assister comme un malade. Et vous, Madame, venez à votre tour m'assister un peu par deux de ces trois raisons, quoique la maladie soit heureusement bien différente. J'attache un prix infini à l'honorable attachement que vous m'accordez. Tout mon chagrin est de m'être inscrit si tard dans la liste de vos amis. Mais, sur ce point, je suis sûr de n'avoir pas tort. Je compense un peu cet inconvénient de pure chronologie par une connaissance parfaite de ce que vous valez. Agréez donc l'assurance la plus sincère de mon respectueux dévouement.

III

Madame,

Comment pourrai-je vous exprimer le plaisir que m'a fait la nouvelle que je viens de recevoir de notre aimable amie, au sujet de Monsieur votre père ? Ce plaisir est proportionné au chagrin que m'avait causé la nouvelle contraire. J'étais sur les braises, voyant l'épée qui pendait sur la tête de l'excellente Roxandre, sans savoir à qui m'adresser pour en apprendre davantage. Madame de S... m'a rendu un véritable service en me communiquant, sans le moindre retard, la nouvelle du mieux, qui lui est sans doute venue de vous. Je vous félicite de tout mon cœur d'avoir reçu la consolation avec la nouvelle du malheur : puisse le bon papa être bientôt parfaitement rétabli ! Hélène aura bien fait son devoir, ainsi que la courageuse maman ; cependant vous aurez manqué là : personne ne devrait souffrir chez vous quand vous êtes absente. Je me suis occupé sans cesse de vous, je puis vous l'assurer, dès le moment où j'ai eu connaissance de l'incommodité de Monsieur votre père. Je voulais et je ne voulais pas vous écrire, je voulais et je ne voulais pas aller à Tsarsko-Selo. J'écrivais à Madame de S..., et j'attendais avec une extrême inquiétude les renseignements dont j'avais besoin. Ils sont arrivés tels que nous les désirions. Tout à l'heure, sept heures du soir, j'irai m'en féliciter avec notre amie commune, qui partageait bien mes inquiétudes. Ah ! le vilain monde ! Souffrances si l'on aime, souffrances si l'on n'aime pas. Quelques gouttes de miel, comme dit Chateaubriand, dans une coupe d'absinthe. — Bois, mon enfant, c'est pour te guérir. — Bien obligé ; cependant j'aimerais mieux du sucre. — A propos de sucre, j'ai reçu votre lettre du... Vous ne l'avez pas dit, mais n'importe ! En vérité, j'ai beaucoup goûté vos réflexions sur le temps qui court. Pendant toute la cérémonie, je n'ai cessé de songer à cette *loterie* dont vous me parlez. Quelle *mise*, Madame, et quel *lot* ! Je ne puis m'en divertir avec le *beau diable,* car il nous a quittés. Que dire de ce que nous voyons ? Rien. *Et quel temps fut jamais plus fertile en miracles ?* Nous en verrons d'autres, tenez cela pour

sûr, et ne croyez pas que rien finisse comme on l'imagine. Les Français seront flagellés, tourmentés, massacrés, rien n'est plus juste, mais point du tout humiliés. Sans les autres, et peut-être malgré les autres, ils feront...
— Eh! quoi donc? — Ah! Madame, tout ce qu'il faut et ce qu'on n'attend pas. — Voilà un vers qui est tombé de ma plume; mais n'ayez pas peur de la rime, c'est bien assez de la raison, si elle y est. D'ailleurs, c'est vous qui êtes le sujet de cette lettre; je n'aime pas battre la campagne. Un véritable rimeur, qui aurait la rime et la raison, ferait fort bien de rimer à Roxandre. Certes, il aurait beau jeu : prendre, entendre, comprendre, etc.; prendre, même, pourrait servir, avec les précautions nécessaires ; il ne devrait effacer que rendre. Et sur ce, que Dieu vous bénisse, et daigne prolonger la vie de tout ce qui rend la vôtre heureuse !

P. S. — Je m'aperçois qu'en griffonnant mes pieds de mouche mal formés, je ne serai bientôt plus lisible. Je vous enverrai une loupe, Madame.

IV

Avant votre départ, Madame, je vous demandai votre adresse à Tsarsko-Selo. Vous me répondîtes : *Je vous écrirai moi-même.* Il me sembla voir dans cette réponse une volonté ou une velléité de n'être pas prévenue, de sorte que je ne me déterminais point à vous écrire, quoique notre aimable amie m'ait offert deux ou trois fois de se charger de mes lettres. Mais aujourd'hui j'ai un motif excellent pour vous écrire, car c'est pour vous demander pardon. Mon fils est parti le 27 après midi; le 29 après midi, il était à Riga ; le 30, il m'a écrit sous la même enveloppe avec le Marquis Paulucci. Il y avait une troisième lettre pour vous, Madame, que le Marquis me charge de faire tenir à l'aimable Madame de S... (pur compliment, rien n'est plus faux). Même forme, même grandeur, impatience de lire, etc. ; enfin, que voulez-vous que je vous dise ? Au lieu de faire sauter le cachet de la mienne, mes doigts étourdis, conduits par de mauvais yeux, ont décacheté la vôtre. Il serait inutile de vous dire que je ne l'ai pas lue, c'est le devoir de tout honnête homme; mais je porte l'idée de ce devoir jusqu'à la superstition : je ne m'aviserais pas de lire une ligne adressée à mon fils. Je n'ai pas même tiré la lettre de son enveloppe, tant j'ai été prompt à m'apercevoir de ma distraction. Je n'en suis pas moins extrêmement mortifié. Pardon mille fois. Depuis que vous nous avez quittés, mon âme ne s'est occupée que de choses tristes. Mon fils m'a quitté. Jamais mon triste veuvage n'avait pesé si cruellement sur moi. J'étends mes bras au milieu de mes quatre murs , ils ne trouvent qu'un livre ou un laquais. Le premier, quoique muet, vaut mieux, parce qu'il ne vole pas. Il s'en faut que ce soit assez. Je vois notre excellente amie, Madame de Swetchine, autant que je puis. Elle m'entend fort bien et me console beaucoup.

J'en ai besoin de toute manière. — Voilà d'étranges nouvelles. Quand les affaires tourneraient bien dans le sens européen, comme sujet du Roi de Sardaigne, et comme père, je n'en serais pas moins *exécuté*. Ainsi, Madame, priez pour les morts. — Mais vous qui êtes vivante, vous qui avez précisément l'âge de mon Adèle, que faites-vous dans vos bosquets, et comment vous portez-vous? J'imagine que vous serez encore plus goûtée dans cette solitude, par la raison nullement profonde que plus on vous voit et plus on aime à vous voir. C'est cependant une grande ignorance ou une grande impuissance de ne savoir lasser personne ; mais chacun a ses défauts. Vivez comme vous pourrez avec le vôtre. Adieu, Madame ; je vous quitte pour aller me traîner ici et là, et même à la campagne. Mon fils m'ordonne de quitter ma table, et sa tendresse *m'envoie promener*. Je lui obéis ; et moi, Madame, je vous *ordonne* de vous bien porter, comme on dit en latin ; et si, après avoir reçu un ordre pour votre santé, vous me permettez de vous en adresser un autre relatif à la mienne, je vous *ordonnerai* de penser à moi. Recevez l'assurance bien sincère de mon tendre et inviolable respect.

V

Par charité, Madame, si vous y êtes encore à temps, faites-moi le plaisir d'enjoindre à ma chère gouvernante de ne point interposer sa subtile personne dans le transport de mes meubles. Ses yeux seuls doivent veiller à l'emballage chez moi, et ceux de la petite Finnoise chez vous pour la réception. L'œuvre ne doit se faire que par les hommes ; qu'elle en choisisse et qu'elle en paye autant qu'il sera nécessaire. J'espère que vous ne lui refuserez par vos conseils pour le choix de ces hommes, dont, après tout, le nombre ne doit pas égaler à beaucoup près celui des soldats de S. M. I. Je croyais ma voiture chez vous ; j'avais donné l'ordre de l'y conduire. Mon premier Ministre jure qu'il n'en sait pas davantage. Quel génie l'a menée chez le grand Joachim ? Je l'ignore. Un jour, je lui demandais, pour parler, s'il pourrait abaisser son sublime talent jusqu'à raccommoder ma voiture, qui était encore fort bonne, mais dont le vernis devait être changé. Il me dit qu'il n'emploie pas sa docte main à ces ouvrages de second ordre ; mais qu'il pourrait, si je le voulais, les faire exécuter dans sa cour et sous ses yeux. Nous en demeurâmes là. A présent il va s'exercer, ainsi que sur le drochky et le traîneau, et me faire peut-être un petit compte de mille roubles, dont je ne suis nullement coupable. — Ah! que j'ai besoin de me marier ! — Mais plaignez-moi ; rien n'est plus douteux que mon *établissement*. Des lettres que j'ai reçues ici me font craindre infiniment que mes pauvres femmes ne puissent avoir de passeports. Bientôt je saurai mon sort. Je suis sur les braises. Adèle m'écrit : *La tête me tourne ; je ne puis me persuader que nous ne puissions pas partir.* — Hélas! qui sait? J'ai été enchanté de tout ce que vous me dites sur le *beau diable* et sur les personnes qu'il a mises en mouvement. Tout cela est excellent ; mais que dites-vous de ce double commandement? Cela ne se voit qu'ici. S'il venait à être vainqueur par terre et battu sur mer, n'est-ce pas que cela serait drôle? Pour moi, je le crois très capable de faire ce qu'on appelle *un beau coup*, parce qu'il a une tête ascendante, et c'est de quoi il s'agit dans le monde. Qui pourrait d'ailleurs lui refuser la qualité, qui n'est pas mince, de connaître, de chercher et d'aimer les honnêtes gens? L'idée que vous terminez par *Amen* est bien importante. Combien elle a roulé dans ma tête ! Elle est très exécutable au moyen d'une fière bonne foi, sans autre ingrédient. Si j'étais à Saint-Pétersbourg, j'irais souvent, pendant l'été actuel ou prochain, voir ce magnifique pont de pierre qui sera de bois ; et, par occasion, je pourrais aussi rendre mes devoirs à cette personne de Constantinople que vous connaissez. Quant au *saint synode* et à Mademoiselle de B... (1), je pourrais les passer sous silence. Il est impossible de faire marcher quatre merveilles de

---

(1) Personnes qui demeuraient dans un même pavillon que Madame de S...

front. Si vous savez encore quelque chose ou de Moldavie ou d'ailleurs, envoyez-moi cela comme on jette une *grivna* (1) à un mendiant. Je suis ici dans un désert et une ignorance de toutes choses qui passe l'imagination. J'ai bien ri du commerce épistolaire dont vous me parlez ; mais vous avez bien jugé de ma discrétion : je n'en parlerai à personne, pas plus que de la maxime générale que vous y joignez. Jamais je n'ai trahi votre sexe. Si l'homme était jeune, il ferait brûler la demoiselle comme un tison. Elle fumera au moins. J'accepte, avec une reconnaissance infinie, la déclaration que vous me faites. Croyez bien que, *per parte mia*, votre estime et même votre confiance (en mettant toujours à part les correspondances officielles, comme celles de Sophie) *sont une portion intégrante de mon bien-être.* J'espère que cette tournure technique est assez respectable. Présentez toujours autour de vous mes tendres et respectueux hommages. Je vous plains beaucoup pour le jour de la séparation. C'est une véritable *amputation.* Combien je suis sensible au souvenir du vénérable papa ! Faites parvenir le mien, je vous en prie, par monts et par vaux, jusqu'à lui et Monsieur son fils. Je ne sais, Madame, ni quand ni comment vous me reverrez, ni quelle mine vous me trouverez. Tout est douteux, excepté, entre autres choses, le respect infini et le dévouement particulier dont je fais profession pour votre excellente personne.

---

(1) Petite monnaie d'argent valant dix kopecks. — Le Comte de Maistre écrivait de Polock.

VI

Madame,

Pour établir la grande vérité que les voyages forment les jeunes gens, le *digne* Voltaire citait fort à propos Sem, Cham et Japhet. — J'espère que bientôt nous aurons une autorité de plus, et que l'excellente Roxandre joindra incessamment son nom à ceux de ces trois grands patriarches. Quoique nous la tenions pour Européenne, et par conséquent fille de Japhet, il est vrai cependant qu'elle est un peu voisine de Sem, et qu'à ce titre le pays des miracles et des révélations lui est moins étranger qu'à nous. Quand vous posséderons-nous donc encore, aimable et respectable amie? Et quand pourrons-nous *deviser* avec vous, autour de la table ronde, où le thé ne paraîtra que pour la forme? — Placée entre Madame de S... ne et moi, nous comptons vous presser sans miséricorde, comme une orange. Le mieux pour vous sera de nous laisser faire; vous ne pouvez en conscience nous refuser cette *limonade*. Que vous aurez de choses à nous dire, et que j'aurai pour mon compte de plaisir à vous entendre! Je vous ai envié celui de parcourir un pays si intéressant dans un moment d'enthousiasme et d'inspiration. Je ne cesserai de le dire comme de le croire: l'homme ne vaut que par ce qu'il croit. Qui ne croit rien ne vaut rien. Ce n'est pas qu'il faille croire des sornettes ; mais toujours vaudrait-il mieux croire trop que ne croire rien. Nous en parlerons plus longuement. Quel immense sujet, Madame, que les considérations politiques dans leurs rapports avec de plus hautes considérations! Tout se tient, tout *s'accroche*, tout se marie ; et lors même que l'ensemble échappe à nos faibles yeux, c'est une consolation cependant de savoir que cet ensemble existe, et de lui rendre hommage dans l'auguste brouillard où il se cache. Depuis que vous nous avez quittés, j'ai beaucoup griffonné, mais je ne suis pas tenté de faire une visite à M. Antoine Pluchard (1). Il n'y a point ici un théâtre pour parler un certain langage. Le grand théâtre est maintenant fermé ; et qui sait *si* et *quand* et *comment* il se rouvrira (2) ? Je travaille, en attendant, tout comme si le monde devait me donner audience, mais sans aucun projet quelconque que celui de laisser tout à Rodolphe. Si par hasard, pendant que je me promène encore sur cette pauvre planète, il se présentait un de ces moments d'à-propos sur lesquels le tact ne se trompe guère, je dirais à mes chiffons : *Partez, muscade!* Mais quoique je regarde comme sûr que ce moment arrivera, cependant son importance même me persuade qu'il est encore fort éloigné. A vous donc la balle ! Mais, en attendant, rien ne nous empêche de nous féliciter ensemble sur l'événement qui me paraît infaillible. La fermentation

---

(1) Libraire-imprimeur à Pétersbourg.
(2) Le Comte de Maistre entend Paris.

que vous avez vue annonce l'explosion qu'on verra. Je voudrais encore jaser avec vous ; mais toujours on prend mal son temps, on se laisse saisir par des occasions qui vous *talonnent*, et j'y suis particulièrement sujet. Je m'en confesse ; ainsi point de représailles, je vous en prie. Je me recommande de tout mon cœur à votre souvenir ; vous savez le prix que j'y attache : personne ne vous estime, ne vous aime, ne vous vénère plus sincèrement que moi.

VII

Madame,

J'ai reçu avec beaucoup de plaisir et une extrême reconnaissance la lettre que vous avez eu la bonté de m'écrire le 17 du mois passé. J'allais moi-même vous attaquer, lorsque votre *gentilissimo foglio* est arrivé, et je l'aurais fait plus tôt, si j'avais été possesseur de ma tête ; mais j'étais depuis plusieurs jours, à peu près fou. Sur quelques mots arrivés, je ne sais comment, à mon oreille attentive, j'avais deviné que mon fils avait été blessé. L'imagination paternelle, brodant sur ce texte léger, et profondément affectée d'ailleurs de l'effroyable malheur de cette pauvre Comtesse Strogonof, avait porté les choses au pire. Très mal à propos, les personnes instruites ne voulaient pas m'instruire ; moi, je n'osais point interroger. Enfin, Madame, très persuadé que, dans ces sortes de positions, il ne faut pas porter sa triste figure dans le monde, je m'étais enfermé dans ma tanière plus mort que vif, respirant sans vivre, lorsqu'un étranger eut la charité, au pied de la lettre, de me dire précisément les mêmes choses que vous me dites. Cependant, au moment où je vous écris, je n'ai point encore de lettre de Rodolphe. — Malgré tout ce qu'on me dit, je suis fort en peine, non pas tant pour cette blessure de Troyes que pour tout ce qui a suivi ; car il fait chaud dans cette France. Tout ce qui se passe me rappelle la fameuse réponse faite à Charles-Quint par un gentilhomme français, son prisonnier. *Monsieur un tel, combien y a-t-il d'ici à Paris?* — Sire, *cinq* JOURNÉES (avec une profonde révérence). Au reste, Madame, après le congrès qui a donné à *notre ami* Napoléon les deux choses dont il avait le plus besoin, le temps et l'opinion, on n'a le droit de s'étonner de rien. Il faut avouer aussi que cet aimable homme ne sait pas mal son métier. Je tremble en voyant les manœuvres de cet enragé, et son ascendant incroyable sur les esprits. Quand j'entends parler dans les salons de Pétersbourg, de ses fautes et de la supériorité de nos généraux, je me sens le gosier serré par je ne sais quel rire convulsif, aimable comme la cravate d'un pendu.

Après tout cependant, et en admettant même toutes les catastrophes préliminaires dont on nous menace, il faut que justice se fasse et que le monstre périsse. La raison, un peu illuminée, ne peut admettre l'établissement tranquille de cet homme ni celui de sa race. Les succès qui l'ont accompagné si longtemps pouvant inviter les demoiselles à épouser des hommes mariés, vous sentez combien il est important pour votre ordre qu'il fasse très mauvaise fin, afin que les usages salutaires et éprouvés subsistent tels qu'ils sont. Ce point ne me paraissant nullement douteux, passons à un autre. Je vous invite de toutes mes forces, Madame, à employer toutes les forces et toute l'attention de votre bon esprit pour suivre et reconnaître à fond cette fermentation morale dont vous me parlez, et qui semble s'accroître tous les jours. Examinez-la dans les hommes, dans les femmes, dans les catholiques et dans les protestants. Voyez si elle se fait en plus ou en moins, si elle ôte des dogmes aux premiers et si elle en donne aux seconds ; examinez-les bien sur la divinité du Verbe, sur les sacrements, sur la hiérarchie, sur l'essence et les droits du sacerdoce, sur les idées mystiques, et sur les auteurs qui, dans ce genre, ont obtenu leur confiance. Voyez surtout (et ceci est le plus essentiel) si ces nouvelles idées atteignent la science, et quelle espèce de coalition ces deux dames ont faite ensemble. Si j'en juge par ce que je vois ici, aucun savant n'a prêté l'oreille à la nouvelle doctrine. Je ne vois parmi ses disciples que de fort honnêtes gens sans doute, mais qui ne savent rien du tout, ou qui savent très mal, ce qui est bien pire. Prenez bien vos notes, Madame, et puis vous nous écrirez, réservant ce que vous jugerez convenable pour les premières soirées que nous passerons ensemble. Enfin, je compte sur vous ; ne trompez pas mes espérances.

Je m'étonne que vous n'ayez pu rien savoir du *Bègue* (1), d'autant plus qu'il s'était fixé à Stuttgard, où il est peut-être encore. Sur ce point le sort me lutine, car il ne m'a pas été possible d'apprendre un mot à cet égard. Je prends donc le parti de n'y plus penser, et de m'en reposer pleinement sur le Maître, qui ne permettra, je pense, aucun *sproposito*. Le *salmigondis* chrétien que vous me décrivez est charmant. Ah! si ce jeune homme dont vous me parlez, et que vous attendiez, voulait *approcher* des sacrements, comme il serait aimable et chéri du ciel! Mandez-moi ce qui en est.

Voulez-vous que je vous conte à mon tour quelque chose dans le genre du *salmigondis?* — Le samedi saint, un jeune nègre de la côte de Congo a été baptisé dans l'Eglise catholique de Saint-Pétersbourg. Le célébrant était un jésuite portugais ; la marraine, la première dame d'honneur de la feue Reine de France, Madame la Princesse de Tarente ; le parrain, le Ministre du Roi de Sardaigne. Le néophyte a été interrogé et a répondu en anglais. *Do you believe?* — *I believe.* En vérité, ceci ne peut se voir que dans ce pays, à cette époque. — La bonne amie Sophie est toujours telle que vous l'avez laissée, c'est-à-dire bonne et aimable au superlatif, mais *sans principes fixes* pour la santé. Je ne puis vous dire combien ce tempérament m'impatiente.

---

(1) Il s'agissait d'un agent du Roi de Sardaigne qu'on avait expédié à l'Empereur de Russie, sans en prévenir le Comte de Maistre.

Au premier coup d'œil, elle a l'air parfaitement bien portante, et jamais on n'est sûr d'elle. C'est la seule manière dont elle trompe. Cependant elle se porte bien mieux que la pauvre petite Nadine, qui me paraît fort mal *acheminée*. On dit bien qu'il y a du mieux, mais je ne m'y fie guère. Je sens combien cette douce société est nécessaire à l'excellente dame. Si les choses tournent mal, ce qui me paraît probable, ce sera un coup terrible pour elle. Sous ce rapport seul, j'en serais extrêmement affligé ; mais la jeunesse disparaissant dans sa fleur a quelque chose de particulièrement terrible. On dirait que c'est une injustice. Ah ! le vilain monde ! J'ai toujours dit qu'il ne pourrait aller, si nous avions le sens commun. Si nous venions à réfléchir bien sérieusement qu'une vie commune de vingt-cinq ans nous a été donnée pour être partagée entre nous, comme il plaît à la loi inconnue qui mène tout, et que si vous atteignez vingt-six ans, c'est une preuve qu'un autre est mort à vingt-quatre, en vérité chacun se coucherait, et daignerait à peine s'habiller. C'est notre folie qui fait tout aller. L'un se marie, l'autre donne une bataille, un troisième bâtit, etc., sans penser le moins du monde qu'il ne verra point ses enfants, qu'il n'entendra point le *Te Deum*, et qu'il ne logera jamais chez lui. N'importe, tout marche, et c'est assez.

Voilà une énorme lettre ; qui sait si vous l'achèverez ? J'espère un peu que oui, puisque vous me dites que mes lettres ne vous ennuient point du tout. Voudriez-vous me tromper ? Ma foi, je n'en crois rien. Je suis toujours porté à vous croire sur tout. J'espère qu'à votre tour vous ne doutez pas du prix que j'attache à votre souvenir et à tous les témoignages que vous m'en donnez. Je n'aurais pas le moindre talent pour le genre persuasif, si la justice que je rends à votre mérite n'était pas au premier rang des choses dont il ne vous est pas permis de douter. Je n'ai jamais varié sur cet article de foi, depuis le moment où le plus heureux hasard me conduisit en Grèce. Je ne connais aucune personne de votre sexe plus digne de concentrer toutes les affections, toute l'estime, toute la confiance d'une créature un peu raffinée de notre espèce. J'ai vu ce matin l'excellent frère Aleco, avec lequel nous avons beaucoup parlé de notre cher Amiral. Vous savez ou vous ne savez pas qu'il part pour l'Angleterre. Il s'est félicité avec moi sur ce qu'enfin il est libre ; mais il a parlé tout seul, et s'il a compté sur mon approbation, il s'est trompé. Heureusement il s'en passera aisément, ainsi que de toutes les autres. Quel étrange phénomène moral que cet homme ! Jamais je n'en ai vu qui entende mieux et qui écoute plus mal. Je me recommande instamment à votre précieux souvenir, vous priant de vouloir bien m'écrire un peu, si vous voulez me faire beaucoup de plaisir. — *Ed in tanto pieno di venerazione e di ossequioso attacamento, riveritamente m'inchino al di lei distintissimo merito.*

EXTRAIT D'UNE CONVERSATION

ENTRE

J. de MAISTRE et M. Ch. de LAVAU

Vers le milieu de l'année 1820, écrit M. de Lavau, j'étais à Turin, où je passai environ trois mois. J'y rencontrais presque tous les soirs le Comte Joseph de Maistre, chez un ami commun le Marquis de Barol.

M. de Maistre était alors Ministre de la justice du roi de Sardaigne. Sa conversation était souvent pleine d'esprit et de gaîté. Enthousiaste que j'étais de ses ouvrages, d'une pensée si élevée et si profonde, j'éprouvais dans les premiers temps quelque surprise, et même quelque mécompte de ne plus retrouver le grand homme dans ces conversations légères.

Mais un soir, M. de Maistre qui s'était habitué à me voir presque chaque jour, m'apparut gravement préoccupé. Il ne m'avait pas encore adressé directement la parole. Cette fois il me fit cette question : *Avez-vous des nouvelles récentes de Paris ?* La réponse que je lui fis l'amena sur le terrain des appréciations politiques, et voici le résumé exact de celles que je recueillis de sa bouche.

« Les royalistes triomphent en France de la chute

« du ministère Decazes ; ils ont raison sans doute ;
« mais le principe révolutionnaire, frappé momentané-
« ment, n'acceptera pas sa défaite. Il réagira plus vive-
« ment contre la monarchie. Et la famille Royale sera
« encore une fois chassée de France. »

Une prévision si absolue me fit faire un mouvement de surprise.

« Ne croyez pas que je sois prophète, me dit-il, je
« suis tout simplement un homme qui tire les consé-
« quences naturelles des faits qu'il voit. »

Puis, appréciant les résultats de cette nouvelle perturbation révolutionnaire, il me montra, sous l'action dissolvante des discussions entre les opinions rivales se passionnant avec acharnement les unes contre les autres, la plus profonde division dans les intelligences et dans les cœurs, à ce point, me dit-il, « qu'il viendra
« un temps où deux amis, ayant la même conviction
« et se proposant le même but, ne s'entendront sur
« rien. »

Je lui fis observer que ces appréciations me surpreprenaient d'autant plus, que ses ouvrages, sa conversation et sa correspondance témoignaient de son opinion que la France avait la mission de marcher à la tête des idées, et que ce qu'il venait d'entrevoir de notre avenir me semblait bien au contraire la plus triste certitude de la dissolution de la société française.

Il me répondit « qu'effectivement la France mar-
« chait à la tête des idées, que malheureusement,
« quand elle s'égarait, l'Europe la suivait aussi dans
« ses erreurs, que toutefois la mission providentielle

« *de peuple initiateur* était donnée à cette nation pour
« l'accomplissement des desseins de Dieu sur le monde,
« et qu'à cause de cela, cette profonde et effrayante di-
« vision des esprits, ce morcellement jusqu'à l'infini de
« toutes les doctrines, le protestantisme politique poussé
« jusqu'à l'individualisme le plus absolu, serait le châ-
« timent de la France et de l'Europe, *châtiment pré-*
« *curseur de la miséricorde.* »

Ici, le Comte de Maistre, grave et calme jusqu'à ce moment, s'anima tout à coup, ses yeux s'illuminèrent, son langage s'éleva avec sa pensée. Il me dit : « Sur le
« retour de la France à la vérité, sur l'époque de ce
« retour, sur les causes qui l'amèneront, je ne puis
« être aussi précis que sur les malheurs que je pré-
« vois ; mais j'ai en moi un secret instinct qu'il se fera
« à un moment donné comme *une avant-dernière révé-*
« *lation de la vérité dans l'esprit des masses.* On sera
« tout étonné de voir et de comprendre que ce qu'on
« cherchait dans le malaise des discussions et des
« disputes est simple et facile, et ce jour-là la *Révo-*
« *lution sera finie.* »

Avant la fin de l'année 1821, le Comte de Maistre avait cessé de vivre, et voyait face à face la vérité absolue.

Signé : Ch. de Lavau.

Copié par moi sur le texte même de M. de Lavau, qui m'a été envoyé par un ami.

Vaugirard, le 20 juillet 1876.

Marin de Boylesve.

LETTRES
ADRESSÉES
A JOSEPH DE MAISTRE

LETTRES

ADRESSÉES A J. DE MAISTRE

De M. le Baron d'Erlach de Spietz, ancien bailli de Lausanne, à J. de Maistre.

Berne, 22 août 1797.

La très intéressante lettre que vous avez eu la bonté de m'écrire, Monsieur le Comte, le 2 août, a fait un assez long circuit; elle a d'abord été me chercher à Frauenfeld, et m'a enfin trouvé à Bade, d'où je suis de retour depuis avant-hier. Elle m'a fait, malgré ce retard, le plus grand plaisir; elle m'a prouvé que vous aviez la bonté de penser encore à moi; et les détails ont été pour nous aussi neufs que si je l'avais reçue plus tôt, vu qu'on était très mal informé de ce qui s'était passé. Cet événement singulier que vous avez si bien dépeint est, je crois, unique dans l'histoire; je n'en connais du moins aucun qui lui ressemble; mais je ne puis m'empêcher de regretter que le gouvernement ait pris ce moment pour faire un décret pareil contre la noblesse: il me paraît injuste, inutile, et peut-être même dangereux. Quoi qu'il en soit, je souhaite que cette secousse soit la dernière que vous ayez à essuyer, et que vous puissiez demeurer spectateurs tranquilles des convulsions qui vont agiter l'Italie encore longtemps, et qui ramèneront peut-être les temps des Condottieri, des Guelfes et des Gibelins ; alors il vous faudra un monarque d'un caractère fort et vigoureux, qui puisse délivrer ce beau pays du fléau des républiques. C'était bien le comble du délire des philosophes modernes, que la manie d'établir partout des républiques, et, qui pis est, des démocraties. Le gouvernement républicain en général, mais surtout le démocratique, est le plus mauvais de tous ; il ne convient qu'à de très petits États pauvres ; encore la corruption, et surtout la vénalité, ne tardent-elles pas à s'y établir : il n'y a qu'à venir voir nos républiques en Suisse. Dans les aristocraties, on trouvera partout moins de liberté personnelle que dans les monarchies ; et dans les démocraties on ne trouvera que désordre et anarchie. Nous avons eu un moment critique en juin et juillet. Bonaparte, à l'instigation du brouillon Coineyras, a tout à coup demandé à la république du Valais passage sur son territoire pour les armées françaises et cisalpines, pour avoir une communication facile entre ces deux républiques ; il a même envoyé Coineyras à Saint-Maurice pour solliciter une prompte réponse. Le Valais a répondu qu'il ne pouvait consentir à rien sans l'aveu du Corps helvétique, dont la Diète allait commencer le 3 juillet. Les députés valaisans y sont venus ; le Corps helvétique a pris sur-le-champ et à l'unanimité la résolution : 1° de dire à la république du Valais qu'elle devait refuser le passage ; 2° de faire des représentations sur cette demande au Directoire exécutif, au nom duquel Bonaparte avait parlé, et de lui déclarer qu'on n'y consentirait jamais. Le Directoire a répondu d'une manière très satisfaisante, et l'affaire en est restée là. On prétend que Bonaparte a dit, en recevant la lettre négative du Valais : « Voilà la première nation qui ose me dire non. » J'ignore si cette anecdote est vraie. Depuis lors nous sommes fort tranquilles ; mais nous avons aussi le poison dans l'intérieur, et ce poison tôt ou tard nous consumera, s'il n'arrive pas un autre ordre de choses en France. Il existe une société de vrais propagandistes dans les cantons protestants de Glaris et d'Appenzell, dont le but est de révolutionner toute la Suisse ; ce sont eux qui ont fomenté les troubles de Zurich, et puis ceux du pays de Saint-Gall, dans lequel ils ont jeté beaucoup d'argent, qui leur a vraisemblablement été fourni par Coineyras et Bonaparte. Ces derniers troubles viennent d'être apaisés pour le moment par les cantons protecteurs de Saint-Gall ; mais cette paix plâtrée ne durera pas longtemps. Le peuple, à qui on a accordé tout ce qu'il a demandé, n'est pas content, et veut encore davantage. L'Abbé a ratifié les concessions, mais il s'est enfui très mécontent en Allemagne, et le couvent est partagé en deux factions, dont l'une soutient l'Abbé, et l'autre le peuple.

Ma correspondance avec le baron a eu des malheurs : deux de ses lettres ont été perdues, les miennes retardées. Les siennes ne m'apprennent pas grand'chose ; il n'est ni clair ni concis : soit que ce soit son goût ou soit nécessité, son style est souvent énigmatique, et il substitue souvent aux noms propres des épithètes très difficiles à deviner ; mais son cœur est toujours excellent.

J'ai fait communiquer votre lettre, Monsieur le Comte, par ma femme, à M. Mallet ; je ne l'ai point vu encore depuis mon retour ; je le crois sur le point de partir, car vous savez l'injustice basse, lâche et vraiment républicaine qu'on exerce vis-à-vis de lui : il a toujours employé sa plume à la défense des gouvernements, il a écrit nommément pour le nôtre dans une époque critique; et pour récompense, on le chasse. La reconnaissance est une vertu non seulement inconnue aux républiques, mais elle est même incompatible, et plus un homme a de mérite, moins il doit s'y attendre : il n'y a que les sots qui ne font ombrage à personne, et qui sont chéris.

Adieu, Monsieur le Comte ; ma femme me charge de mille choses pour vous ; vous me feriez bien plaisir si vous vouliez me donner de vos nouvelles dans vos moments perdus. Ne doutez surtout jamais, je vous prie, des sentiments bien sincères d'amitié, de dévouement et de considération distinguée que je vous ai voués, et avec lesquels j'ai l'honneur d'être, Monsieur le Comte,

Votre très humble et obéissant serviteur,

D'Erlach de Spietz.

*Du Chevalier Nicolas de Maistre
à Mme la Comtesse Ponte, née de Ruffia.*

Vigevano, 17 mai 1798.

Vous me reprochez, ma chère Comtesse, de ne vous avoir pas instruite moi-même de nos succès; je vous assure qu'on m'a bien ôté l'envie d'écrire. Depuis le 17 avril que j'ai quitté Novare, je n'ai pas passé deux nuits au même endroit. On m'a encore chargé de conduire les prisonniers à Casal; et depuis quatre jours que je suis à Vigevano, je passe quinze heures au lit pour me restaurer un peu; car je suis de la nature des chevaux anglais, qui galopent jusqu'au moment où ils crèvent. Vraiment, je n'en puis plus; mais notre victoire a été complète, et il la fallait telle, car je vous assure que l'État était en grand danger. Surtout, il n'y avait pas de temps à perdre; le temps est court à la guerre. Je n'ai rien à me reprocher sur cet article: à peine m'eut-on permis de marcher, que je pris la course. Après quatre heures de marche forcée, j'arrivai au plus fort du combat, au moment où Alciati, avec quatre cents hommes seulement, faisait face à un ennemi deux fois plus nombreux, et qui avait de l'artillerie. Il avait été forcé de se placer derrière la rivière de Strona, et défendait le pont et le village de Gravelone. Si j'avais perdu dix minutes, peut-être tout était perdu : aussi je fus le bienvenu. Je ne me fis point annoncer, on ne me fit point faire antichambre, et à peine je parus, qu'on me pria à danser. Alciati vint à moi, et me dit qu'on allait se tuer toute la journée d'un bord de la rivière à l'autre ; qu'il fallait quelque chose de décisif ; qu'il pensait que l'on pouvait passer la rivière, et voler sur les canons à armes blanches. Je ne balançai pas ; je me jetai dedans... *Savoie ! Savoie en avant !...* Ce vieux mot, tout écrasé qu'il est, nous fait toujours battre le cœur. Mes chers grenadiers, dans l'instant, sont autour de moi ; l'enthousiasme se communique ; bientôt tous les braves sont sur l'autre bord. J'avais à peu près trois cents hommes, dont cent du régiment de la Marine. L'ennemi, qui ne s'attendait pas à ce renfort et qui comptait sur la rivière, avait réuni ses forces sur la droite, pour forcer le pont de Gravelone ; et il était faible sur la gauche, où je fis mon attaque. Le général français qui commandait le vit d'abord, et il prit deux compagnies sur la droite pour les amener sur la gauche ; mais il n'y fut pas à temps : nous avions déjà culbuté ce qui était devant nous, nous avions fait taire le canon de la gauche, mais surtout nous avions déjà frappé le coup sur l'opinion. L'épouvante fut générale, et bientôt la déroute complète. Tout fut écrasé ou dispersé ; il n'en resta pas dix ensemble. Nous poursuivîmes l'ennemi sans relâche jusqu'au village d'Ornavazzo, à trois milles du champ de bataille, où nous nous arrêtâmes enfin, vaincus par la fatigue ; car depuis douze heures (sans boire ni manger) nous n'avions pas cessé de marcher et de nous battre. Voilà, ma chère Comtesse, une petite idée de ce qui me regarde dans cette affaire. Vous voyez que j'ai été heureux. Je me suis trouvé dans un moment décisif, important pour tout le monde, et où ce que j'ai fait a pu m'appartenir ; car, dans le fond, je n'ai pas servi autrement ce jour-là que pendant toute la guerre. Lorsque Colli se faisait chanter, le vieux Savoie était toujours à la tête de sa colonne ; mes chasseurs étaient ses gardes du corps. Ma plus grande jouissance a été de secourir mon régiment même, mes propres camarades ; car, des quatre cents hommes qu'avait Alciati, deux cents étaient de Savoie. Je suis fâché qu'une simple lettre ne me permette pas de vous écrire les détails ; de vous parler surtout du brave d'Oncieu, qui, sur le bruit public, avait pris la poste ; qui arriva la veille de la bataille ; qui, au moment de son arrivée, marcha pour reconnaître l'ennemi ; qui donna dans le gros de l'armée, n'ayant que quarante hommes ; qui trompa l'ennemi, en l'attaquant avec audace ; qui perdit quinze hommes sur quarante, sans perdre son terrain ; qui se retira quand il le voulut, sans être poursuivi. Le lendemain, quand les deux colonnes de Savoie se joignirent, le premier que je vis fut d'Oncieu. Je le croyais à Turin, dans les bras de sa femme, et je le trouve sur le champ de bataille ! Nous ne nous quittâmes plus.

Je puis vous assurer, ma chère Comtesse, que, s'il vous était possible de sentir un instant ces grandes agitations de l'âme, vous en seriez enchantée. On n'est heureux que lorsqu'on est fortement ému ; et si les batailles étaient quelque chose de fort commun, que l'on pût voir très souvent, je suis persuadé que les vieux soldats finiraient par ne pouvoir plus s'en passer, et qu'ils en prendraient une tous les matins, comme ils prennent l'eau-de-vie.

(Copié sur l'original, à Turin, le 25 mai 1798.)

Du Roi Louis XVIII à J. de Maistre.

A Varsovie, ce 25 juin 1804.
Reçue à Morzinka, près Pétersbourg, le 27 juin (9 juillet).

Votre excellent ouvrage m'a donné, Monsieur, presque autant de droits sur vous, qu'il vous en a donné sur moi. Je ne chercherais cependant pas à vous dérober quelques-uns de ces moments qui sont tous dus à mon frère, à mon ami, à mon compagnon d'infortune, si je n'avais d'autres titres à faire valoir auprès de vous. Mais l'amitié promise de votre part au Comte d'Avaray en est un plus puissant; c'est à ce sentiment, qui est aussi ma propriété, puisqu'il appartient à mon ami, que j'ai recours aujourd'hui avec une pleine confiance. Je laisse à celui qui forme entre nous un lien qui m'est précieux, à vous développer ma pensée ; mais je me suis réservé à moi-même le plaisir de vous assurer, Monsieur, de tous les sentiments que vous m'avez inspirés, et qui ne finiront qu'avec ma vie. Louis.

Réponse de J. de Maistre.

Saint-Pétersbourg, 28 juin (10 juillet) 1804.

Sire,

L'inestimable conquête que j'ai faite à Rome, en devenant l'ami de l'ami de Votre Majesté, me procure aujourd'hui un honneur auquel je n'avais nul droit de m'attendre. Quoiqu'il me soit impossible de répondre par ce courrier à la lettre qui m'a transmis celle de Votre Majesté, je ne puis néanmoins tarder un instant de mettre à ses pieds ma vive et respectueuse reconnaissance. Oui, sans doute, Sire, l'ami, le frère, le compagnon d'infortune du Roi, mon Maître, a toute sorte de droits sur ma personne; mais l'honorable tâche que Votre Majesté veut bien m'imposer présente, du moins dans la forme qui me semble prescrite, des difficultés que je soumettrai incessamment à son coup d'œil pénétrant. Aujourd'hui, je ne puis exprimer que des actions de grâces.

Je croyais, Sire, n'avoir plus rien à laisser à mon fils : je me trompais. Je lui léguerai la lettre de Votre Majesté.

Je suis, etc.

De J. de Maistre à l'Empereur Alexandre.

Saint-Pétersbourg, 6 (18) avril 1805.

Sire,

Son Excellence Monsieur le Ministre de la Marine vient de me faire connaître que Votre Majesté avait daigné attacher mon frère à son service, en lui confiant la place de directeur de la bibliothèque et du musée de l'Amirauté. Votre Majesté Impériale, en me le rendant, me rend la vie bien moins amère. C'est un bienfait accordé à moi autant qu'à lui. J'espère donc qu'elle me permettra de mettre à ses pieds les sentiments dont cette faveur m'a pénétré. Si je pouvais oublier les fonctions que j'ai l'honneur d'exercer auprès de Votre Majesté Impériale, j'envierais à mon frère le bonheur qu'il aura de lui consacrer toutes ses facultés. Jamais, au moins, il ne me surpassera dans la reconnaissance, le dévouement sans bornes, et le très profond respect avec lequel, etc.

Signé, de Maistre.

Réponse de Sa Majesté Impériale.

Saint-Pétersbourg, ce 19 avril 1805.

Monsieur le Comte de Maistre,

J'ai lu avec plaisir la lettre que vous m'avez écrite à la suite de l'emploi que j'ai confié à votre frère. Il m'a été agréable d'avoir pu, par ce que j'ai fait pour lui, vous donner aussi une preuve de mes dispositions à votre égard. Le dévouement sans bornes avec lequel vous servez Sa Majesté Sarde est un titre à mon estime particulière, dont j'aime à vous réitérer ici le témoignage certain. *Signé*, Alexandre.

Du Vicomte de Bonald à J. de Maistre.

Paris, 7 octobre 1814.
Reçue le 28 décembre.

Monsieur,

Je n'ai reçu qu'hier (6) la lettre que vous m'avez fait l'honneur de m'écrire en date du 1er (13) juillet. Elle a mis trois mois en route. Je pense qu'elle est venue, à cause de la brochure qui y était jointe, par une occasion qui est sûre sans doute, mais qui est bien lente.

J'ai vu, avec un plaisir difficile à exprimer, que vous aviez reçu, dans le temps, une réponse que j'avais hasardée à travers les flots et les armées. Je n'osais pas m'en flatter. J'aurais eu l'honneur de vous écrire par plusieurs officiers russes que j'ai vus à Paris, si l'on ne m'eût donné l'espoir de vous voir ici, et même prochainement : votre lettre ne m'en dit rien, et je crains bien que tout ce qui se passe dans *notre* Europe ne vous retienne encore dans la *vôtre*.

Je n'ai pas pu lire encore ce que vous avez eu la bonté de m'envoyer. Un de vos zélés admirateurs, M. de Fontanes, Grand-Maître de l'Université, me l'a arraché. Très sûrement, je le ferai imprimer; mais je le réunirai avec vos *Considérations*, dont toutes les éditions sont épuisées et que l'on demande inutilement. Le volume sera d'une grosseur raisonnable, et je pense que je trouverai quelque imprimeur plus traitable que M. Pluchart.

Depuis le 1er juillet, il se passe ici bien des choses qui ne vous feront pas changer d'avis, pas plus qu'à moi, sur la folie des constitutions écrites : nous y sommes tout à fait. A qui le devons-nous ? Est-ce à des volontés armées, ou à de secrètes insinuations ? A l'un et à l'autre, sans doute. Mais jamais la philosophie irréligieuse et impolitique n'a remporté un triomphe plus complet : c'est sous l'égide des noms les plus respectables, et à la faveur des circonstances les plus miraculeuses, qu'elle a introduit en France, qu'elle y a établi ce que *l'homme de l'île d'Elbe* lui-même aurait toujours repoussé, et dont il avait même déjà culbuté les premiers essais. Si l'Europe est destinée à périr, elle périra par là ; et le prodige de la Restauration, dont elle abuse, sera cette dernière grâce que le pécheur méconnaît, et après laquelle il tombe dans un irrémédiable endurcissement. Religion, Royauté, Noblesse, tout est dépouillé, tout est réduit à vivre de salaires et de pensions, tout est en viager et à fonds perdus... Le presbytérianisme de la Religion suivra le popularisme de la constitution politique, à moins que la Religion, plus forte, ne ramène le gouvernement à la Monarchie. J'avais écrit quelque chose sur ce sujet, à l'instant que le Sénat fit paraître son projet ; j'y annonçais, pour la Révolution française, une issue semblable à celle de la Révolution d'Angleterre en 1688, si l'on s'obstinait à vouloir nous *constituer*. Des considérations puissantes, des autorités respectables me firent supprimer cet écrit ; le coup d'ailleurs était porté, et rien ne pouvait nous sauver. Peut-être manquait-il à l'Europe cette dernière expérience, et toujours aux dépens de la France.

Vous aurez pu voir que les mêmes choses ramènent dans le gouvernement les mêmes personnes. On n'a exclu que les régicides, et ils se plaignent hautement de cette exclusion comme d'un tort ; et ils osent imprimer, publier, avec nom et adresse d'auteur, leurs réclamations, et justifier leur régicide ou le rejeter sur le parti opposé ! Cela fait horreur, et flétrit l'âme à un point qu'on ne saurait dire. Avec une autre conduite, on aurait tout rétabli, on aurait rebâti sur les fondements, au lieu qu'on bâtit à côté des fondements.

Les puissances étrangères, si elles ont influé sur la constitution de la France, sont bien aveugles de ne pas voir que la France ne peut leur servir qu'étant monarchie, et qu'avec toute autre forme de gouvernement elle ne peut être pour eux qu'un sujet d'inquiétude, d'alarmes, de dépenses et de dangers, fatale aux forts, inutile aux faibles, importune à tous. La politique guerrière est grande et noble ; la politique législative, incertaine, étroite et faible. Il y avait tant d'enthousiasme en France, tant de dispositions à rentrer dans les voies de la justice, que tout eût été possible, et même la résurrection des morts. Mais dans un siècle de peu de foi, on doute, et on est perdu ; et, au lieu de cette foi qui transporte les montagnes, on agit par de petites considérations qui échouent devant un fétu.

Je n'ai rien demandé que la croix de Saint-Louis, que j'ai obtenue. Le Roi m'a traité avec une bonté particulière. Les Ministres voulaient me faire Conseiller d'État ; je ne suis rien, je n'ai même été consulté sur rien. Je ne me présente jamais pour quoi que ce soit. Ici comme ailleurs, sans doute, et plus qu'ailleurs, il faut payer d'effronterie ; tous les autres titres sont inutiles sans celui-là. Au fond, où que l'on soit, il faut coopérer à quelque chose qui répugne à la justice ou à la charité, et dans la législation, ou dans l'exécution, ordonner ou mettre en pratique des lois spoliatrices ; et en vérité, quelle qu'imposante et légitime que soit l'autorité dont elles émanent, je ne brigue pas la faveur d'un regret, si ce n'est d'un remords. Mais il faut vivre, et je n'ai que ma place de l'Université, que j'ai acceptée par force, que je quitterai sans regret, et qui est menacée au moins de réduction ; et j'ai beaucoup d'enfants et de petits-enfants ; et à soixante ans, et après la Restauration, et après avoir obstinément refusé du tyran la fortune la plus brillante, et après quarante ans de travaux, je ne sais ce que je deviendrai. Je vois qu'en général on redoute certains noms et certaines opinions ; rien de trop prononcé ne convient.

Cependant, je crois que nous serons tranquilles ; nous tomberons peut-être petit à petit, sans écroulement bruyant et total. Je ne parle toutefois que d'après les apparences ; car, au fond, je ne puis renoncer à l'idée que la France est appelée à une sorte de magistrature religieuse et politique : soit par l'exemple de ses malheurs, soit par celui de ses vertus, elle doit toujours instruire. Dans ce moment, ma pauvre patrie est abaissée, déshonorée à un point qui m'arrache, en vous écrivant, des larmes amères. Tous les jours elle s'enfonce davantage ; et ce désolant spectacle du crime triomphant y détruit toute la morale, et jette dans les âmes une indifférence mortelle pour tout ce qui est grand, noble et élevé.

16 novembre. — Vous vous étonnerez peut-être, Monsieur, du long intervalle de temps qui sépare cette seconde partie de ma lettre de la première. Votre ouvrage, que j'avais prêté au Grand Maître avant de le lire moi-même, parce qu'il m'a surpris au moment que

je venais de le recevoir, fut par lui prêté à d'autres. J'en avais parlé à mon imprimeur, qui se trouvant chez moi en mon absence, au moment que l'on venait de me le rapporter, s'en empara pour l'imprimer, ce qui a été fait avec la petite note que vous aviez indiquée à propos de la Déclaration du Clergé de France : *On s'apercevra, à la lecture de cet ouvrage, que l'auteur n'est pas né en France.* L'ouvrage est imprimé ; il l'a même été avant la promulgation de la loi sur la liberté de la presse. Il a fallu cependant le montrer à la censure. En attendant, il circule, à la satisfaction de tous les bons esprits ; j'en ai fait, à votre intention, présent à bien du monde. C'est un livre excellent ; ce sont vos belles *Considérations*, c'est vous, Monsieur, et vous tout entier ; je dirai même, c'est moi, car j'y retrouve tous mes sentiments et toutes mes opinions : je le répète, c'est un livre d'or. *Opus aureum !* Je me sers des mêmes expressions que Leibnitz en parlant de l'*Exposition de la foi* par Bossuet, dans un écrit *autographe* que j'ai vérifié moi-même. Trouvé à la bibliothèque de Hanovre, porté ici, on le traduit dans ce moment (il est en latin). Leibnitz y discute tous les dogmes controversés entre les deux communions, et se range toujours du parti catholique ; au point que ce qu'il dit sur l'autorité du Pape n'aurait pas pu paraître sous le règne de l'homme au cœur et même au masque de fer. Je vous apprends l'existence de cet ouvrage peu connu, pour votre satisfaction ; nous n'avons pas besoin, nous, de cette autorité, ni d'aucune autorité humaine ; mais celle-là fait plaisir ; et quoiqu'on sache marcher seul, on est bien aise de se trouver en si bonne compagnie. Connaissez-vous un ouvrage très original, d'un homme plus original encore que son ouvrage, et que j'ai vu ici : *De l'Angleterre*, par M. Rubichon, fait et imprimé à Londres, où l'auteur (négociant français, né à Grenoble) réside depuis vingt-cinq ans ? Lisez cela, je vous prie ; il y a plus que de l'esprit. Je vous trouve un peu anglican dans les éloges que vous donnez, non à la constitution, je crois, de l'Angleterre, mais à son esprit public, qui ne me paraît être, comme celui des anciens, que la haine des autres peuples, la jalousie des autres commerces, l'envie contre toutes les autres supériorités, etc. Je vois qu'ils nous font bien du mal : nous le leur rendons par une belle haine dans ce moment. Les uns par crainte de ce que les Anglais veulent faire, les autres par ressentiment de ce qu'ils ont fait, quelques-uns par esprit national et dépit de voir la France abaissée devant sa rivale, s'accordent assez dans le même sentiment d'humeur contre elle. Cette triste et haineuse disposition fait trembler, surtout avec le peu d'accord qui règne au Congrès. J'ai vu des lettres de ce pays-là, qui ne donnent pas grande espérance de paix et de modération. Il serait mal et odieux de faire regretter l'homme qu'on a détrôné. On veut affaiblir la France : il ne fallait que l'*apaiser*, calmer sa fièvre. Malheureusement, on a fait tout le contraire, en laissant des espérances même aux désirs les plus chimériques : les grands *pénitenciers* de l'Europe auraient dû opérer notre conversion, en *éloignant* les occasions et les tentations de rechute. On a beau faire, on sentira que la France ne joue pas un assez grand rôle dans cette réunion de Souverains ; elle seule avait, comme aînée de la grande famille, la clef des affaires communes.

Sans elle, on n'aurait rien fini à la paix de Westphalie ; sans elle encore, on ne fera rien à Vienne Mais si l'on n'y fait rien, on se séparera prêt à faire quelque chose ; et quoique l'extrême lassitude éloigne pour le moment le danger, le feu couvera sous la cendre, et l'incendie éclatera. Nous croyons ici qu'il y a près de votre Empereur un homme bien dangereux, suisse de nation, grand partisan de constitutions écrites et des choses qui ne s'écrivent pas. C'est un affreux déchaînement d'athéisme dans toute l'Europe, et une rage de détruire le catholicisme portée à son dernier excès. Heureusement on aperçoit, au centre, un grain de senevé qui peut devenir un grand arbre : les Jésuites rétablis à Rome. Un de mes enfants, prêtre, est auprès de notre Ambassadeur ; il me marque qu'ils reçoivent beaucoup de novices, et même des seigneurs romains. Ils avaient, sous un autre nom, recommencé ici il y a plusieurs années. Ils furent persécutés ; ils reparaissent aujourd'hui, et les évêques leur confient les petits séminaires. Mais il faudra avoir la truelle dans une main, et l'épée de l'autre : *Bella, horrida bella !*...

Vous lisez nos journaux, et vous y voyez nos misères ; vous avez lu la discussion sur les malheureux dépouillés. On ne rend qu'à ceux qui avaient déjà : aux princes ou aux grandes familles propriétaires des bois, qui composent à eux seuls la masse des biens non vendus. Cette restitution ne passe pas la Loire. Pour nous, possesseurs de biens féodaux, nous ne retrouvons rien, pas même un acquéreur avec qui l'on puisse traiter. Cependant ces discussions ont jeté un grand discrédit sur les biens d'émigrés, et on ne trouve plus à les vendre ni à les engager. Mais, dans tout cela, la *grande émigrée*, la Religion, ne compte pour rien ; elle a encore quelques millions de bois non vendus et qu'on veut vendre à toute force, pour assurer le succès du grand plan des finances de notre ministère, qui ne rêve que le système anglais du crédit illimité. Pour moi, sans trop savoir pourquoi, je pense que ce système *transmarin* de finances ne nous convient pas plus que leur système politique, leur système littéraire, leur accent, leurs coutumes. *Prudens Oceano dissociabili*, etc. Oserai-je vous le dire, à vous, Monsieur, qui regardez cet événement comme très éloigné, l'Europe ne sera guérie de cette maladie de constitutions écrites et de pouvoir partagé, et de crédit, et de commerce, etc., que lorsqu'elle aura vu, par l'exemple de l'Angleterre, que tout cela ne saurait empêcher une grande catastrophe, et ne fait que la hâter... Et cet exemple, que cette île orgueilleuse doit à la chrétienté, en expiation de tant d'autres qu'elle lui a donnés, et qui ont été si déplorablement suivis, cet exemple, elle le lui donnera... peut-être avant peu.

Quant à notre pauvre France, éternel objet de mes douleurs, de mes regrets, de mes vœux, de mes pensées, excellente au midi, faible au milieu, mauvaise au nord, qui s'est trop ressenti des calamités de la guerre, elle se traîne comme elle peut sous sa nouvelle Constitution, sous des impôts énormes que sa fidélité à des engagements méprisés par celui-là même qui les avait formés a forcé de continuer ou même d'accroître ; en sorte qu'il vaudrait beaucoup mieux, sous le simple rapport d'intérêt, avoir été *fournisseur qu'émigré.*

Je vois, Monsieur, par certains passages de votre dernier *Essai,* que je me suis rencontré avec l'ouvrage dont vous me parliez dans votre première lettre sur la philosophie, dans un ouvrage que je vais publier. Rien ne prouve mieux que la vérité n'est pas de l'homme, et que tous puisent à une source commune, quand ils la cherchent. J'y traite de grandes questions de morale et de philosophie bien oubliées aujourd'hui. Il va paraître une belle vie de Mgr Bossuet, par l'ancien Evêque d'Alais, auteur de la *Vie de Fénelon.* C'est un des grands admirateurs de votre *Essai,* et mon ami particulier. A cela près, toute notre littérature est en brochures à dix sous, ou en articles de journaux.

Je finis, Monsieur, cette longue épître, qui aurait dû vous parvenir plus tôt. J'ai voulu vous donner des nouvelles de votre ouvrage. Il n'est pas encore répandu ; mais, avec les suffrages que je lui connais, il a obtenu tous ceux que vous pouvez désirer dans la capitale. C'est avec un extrême plaisir, c'est avec orgueil que je m'en déclare l'éditeur : c'est vous prouver à la fois ma haute considération pour vos talents, et mon profond et respectueux attachement pour votre personne. C'est avec ces sentiments que je suis, Monsieur, votre très humble et très obéissant serviteur.

Le Vicomte DE BONALD.

P. S. — Je vois souvent le bon Evêque de Chambéry ; je lui remettrai quelques exemplaires pour les faire passer à Monsieur votre frère.

Du Même au Même.

Paris, le 22 mars 1817.
Reçue le 22 avril (n. s.)

Que je serais coupable envers vous, Monsieur le Comte, si j'avais pu me défaire d'une mauvaise habitude qui m'a dominé toute la vie : celle de ne pouvoir écrire, aux hommes que j'aime et que j'estime, que dans une entière liberté d'esprit, autant au moins que ma position privée et publique le comporte ! Je ne pourrais vous dire à quel point, depuis le commencement de cette pénible session, j'ai été absorbé par un courant d'affaires et de devoirs qui m'ont laissé à peine le temps de prendre du sommeil ou mes repas ; si ce n'était mon inaltérable santé, je ne crois pas que j'eusse pu y résister. D'ailleurs ces fonctions, si nouvelles pour moi, de législateur, ont bouleversé entièrement ma manière libre et indépendante de travail ; et ce travail obligé, à jour et à heures fixes, est ce qui m'a le plus coûté et a le plus dérangé ma vie d'écrivain. Mais, avant de vous parler, ou de vous, Monsieur le Comte, ou de moi, il faut bien que je vous parle de l'adorable Comtesse, et que je vous remercie de me l'avoir fait connaître. Si j'avais à vous peindre son esprit, son âme, ses principes, je serais fort embarrassé de pouvoir vous en donner une juste idée : heureusement, vous la connaissez mieux que moi, parce que vous l'avez vue plus tôt et plus longtemps ; et vous suppléeriez, s'il le fallait, à l'insuffisance du portrait et à la faiblesse du peintre. Il me suffira de vous dire, Monsieur, que, quand je vous aurai connu vous-même et en personne, comme je connais aujourd'hui votre Franco-russe, il ne me restera, je crois, plus personne à voir sur la terre, et j'aurai le type dans les deux sexes de la perfection de l'intelligence et de la raison. Je n'ai pas pu, autant que je l'aurais voulu, cultiver la connaissance de Madame de Swetchine. D'abord, parce que la Chambre m'occupe jusqu'à l'heure du dîner, et qu'après cette heure, j'ai rarement trouvé Madame de Swetchine chez elle : tout le monde se la dispute ; elle veut avec raison connaître les salons de Paris, et certes elle y est justement admirée, et j'ai eu occasion d'entendre souvent parler de son extrême amabilité. J'aurais moi-même pu la voir dans ces brillantes réunions ; mais elles conviennent mieux aujourd'hui à un étranger qu'à un Français. Ce sont souvent des arènes politiques. J'aime peu les disputes de société ; et, comme je l'ai dit quelquefois, j'ai écrit dix volumes sur ces objets-là, pour être dispensé d'en parler ; aussi je suis très peu répandu et n'ai vu que des *ultras*, si toutefois ce mot, tout latin qu'il est, n'est pas pour vous de l'iroquois ou du *mantchou*. Vous savez comme nous où nous en sommes. A prendre les choses de plus haut, notre Chambre infortunée de 1815, qui donnait de si belles espérances, et avait montré que la révolution n'avait rien détruit en France de tout ce qu'elle y avait étouffé, notre Chambre fut irrévocablement condamnée le jour qu'elle rejeta la vente des biens publics, des communes, de l'État et de la Religion ; sa dissolution fut jurée lorsque ceux de qui cette mesure paraissait dépendre n'en avaient encore ni la volonté ni peut-être la pensée. On travailla donc à l'obtenir, malgré les assurances formelles de satisfaction données par le maître. Les uns tremblèrent pour leurs places, les autres pour le retour des Jésuites, d'autres pour les biens nationaux, etc. ; et de toutes ces craintes sans fondement se grossit l'orage du 5 septembre. Je n'y avais pas été trompé, et, dès la séparation de la Chambre, j'avais prévu et prédit sa dissolution. Vous avez vu, dans les journaux, les manœuvres employées pour obtenir d'autres choix dans beaucoup de départements, surtout dans ceux du midi ; elles ont été sans succès, et nous nous sommes trouvés plus de la moitié de la dernière Chambre et quatre-vingt-dix de sa majorité. — Tous les moyens employés pour nous désunir ont été inutiles. Le découragement même qui suit une lutte pénible et toujours malheureuse n'a pu nous rebuter ; et à la question de la vente des bois, qui a terminé notre discussion et notre session, nous nous sommes trouvés le même nombre. C'est faire sa retraite sans perdre un seul homme. Cette minorité a paru encore trop forte et surtout trop indépendante ; et, pour obtenir à l'avenir une majorité plus décidée, on a proposé une loi d'élection non populaire, car le peuple en est exclu, mais révolutionnaire, dans ce sens qu'elle met l'élection dans les mains de cette classe intermédiaire, besogneuse, jalouse, suffisante, qui a fait la révolution et qui en entretient l'esprit. Notre opposition a été très forte, mais il a fallu céder au nombre ; et, dans cette belle manière de faire les lois, la voix d'un sot, plus d'un côté que d'autre, est l'*ultima ratio populi*. Cette loi a donc passé, comme toutes les autres, comme la vente des bois, inutile aux finances de cette année, insuffisante pour nos besoins, mais qui renouvelait le scandale de l'expropriation de la Religion, et y associait le Roi et les Chambres. Voilà la vraie raison de cette mesure, je veux dire la raison publique, car il y en a de privées qui sont infâmes et honteuses : nous sommes retombés dans les mains des agioteurs, des spéculateurs de la bande noire, des acquéreurs, des Juifs et des Arabes ; ils nous gouvernent, ils gouvernent tout, et nous pourrions dire avec Mahomet :

Le temps de l'Arabie est à la fin venu.

Nous avons heureusement défendu le Ministre de la guerre, violemment attaqué parce qu'il a formé et qu'il conserve comme il peut une armée fidèle, notre unique et dernière ressource, et qu'on attaque dans son chef et dans ses membres de toutes les manières. Que veut-on ? Je l'ignore, et ne sais trop s'ils le savent eux-mêmes. Ils veulent faire peur au successeur, s'ils ne peuvent faire mieux. 1688 les tente, comme leur a dit M. de Chateaubriand ; et, fermant les yeux sur les différences entre l'Angleterre et la France, surtout sur les différences religieuses, qui ne sont rien aux yeux des ignorants athées, ils voudraient pouvoir terminer de même notre Révolution. — Tout ce qu'il y a d'impur les seconde ; ils disposent de tout le civil, de toutes les plumes, car ils ont enchaîné la presse ; ils disposent de plus encore ; mais ici... : *Approuvez le respect qui me ferme la bouche.*

Les premières élections qui vont se faire décideront de beaucoup de choses. Les deux partis extrêmes s'agitent. Le parti mitoyen, ouvertement favorisé par les Ministres, qui voudraient toujours marcher sur une lame de couteau, pourra-t-il en triompher ? C'est assez incertain. Ce parti est peu connu dans les provinces, et ses opinions mitoyennes, qui s'assortissent naturellement à des esprits médiocres et à des caractères sans énergie, sont peu propres à attirer les regards d'une assemblée d'électeurs. Soixante-six (à peu près) membres nouveaux entreront dans notre Chambre. Cette forte dose doit changer les proportions et la nuance. S'il vient des ultrajacobins, plusieurs du centre se réuniront à nous ; si ce sont des royalistes, les choses resteront à peu près sur le même pied. Nous avons perdu treize des nôtres par la sortie du cinquième ; peut-être en regagnerons-nous davantage. A Paris, il paraît que les choix seront mauvais, si toutefois on peut faire quelque conjecture plausible sur les résultats de ces hordes tumultueuses, et qui donneront peut-être des produits fort inattendus. On a changé, pour en obtenir de meilleurs, presque tous les préfets des seize départements où l'élection va se faire, et successivement on changera tout ce qui ne sera pas en harmonie avec le système dominant. Peut-être prend-on beaucoup de peine pour se perdre ; car s'il est vrai que la peine poursuit le coupable, il est vrai aussi que le coupable poursuit la peine ; et j'ai connu des coquins qui n'ont été tranquilles que lorsqu'ils ont été pendus. Ou la France, ce premier-né de la civilisation, périra la première, ou elle renaîtra la première à l'ordre. Cette réflexion me soutient contre les inexprimables douleurs que me cause une conduite telle que celle que je vois tenir. Ce qu'il y a de déplorable, c'est qu'elle a commencé avec la Restauration, et que la faute n'en est pas tant à nos Princes qu'à d'autres. La grande erreur de l'Europe est d'avoir regardé Bonaparte comme toute la Révolution, et d'avoir cru qu'en le chassant tout était fini. C'était le contraire ; il comprimait la Révolution, tout en s'en servant ; et dès que cette main de fer n'a plus pesé sur elle, elle s'est relevée plus forte que jamais. Je le disais à M. Canning, et il ne me parut pas éloigné de le penser. Personne n'a connu ni la France, ni la société, ni Dieu, ni l'homme. Avec un grain de foi on aurait transporté des montagnes, et on a échoué contre des grains de sable.

Je vous prie d'accepter tous les discours importants que j'ai prononcés dans cette session. Je les ferai imprimer avec ceux de la session dernière, à la suite des *Pensées* que je me propose de donner au public. Elles rouleront toutes sur le sujet de vos méditations et des miennes. Mais les laissera-t-on circuler librement ? Je l'ignore, et ne serais pas étonné que les éditions de Voltaire, qui se publient avec un incroyable fanatisme et sont tolérées avec une déplorable faiblesse, n'eussent plus de faveur auprès du gouvernement que mes *Pensées politiques, morales et religieuses*. Cet ouvrage publié, je me propose de regagner mes rochers, pour en revenir au mois d'octobre ou de novembre, s'il y a, à cette époque, une France, un gouvernement, des Chambres, etc...

Adieu, Monsieur le Comte, j'ai éprouvé une inexprimable douceur à m'entretenir avec vous : nous parlons la même langue, hélas ! trop peu entendue. L'ignorance des hommes d'État fait pitié, plus encore que leur corruption ne fait horreur, si même leur ignorance n'est pas leur seule corruption. Croyez-moi, *les hommes qui, par leurs sentiments, appartiennent au passé, et par leurs pensées à l'avenir, trouvent difficilement leur place dans le présent.* C'est une de mes pensées, elle s'applique à vous et un peu à moi. Si vous quittez Pétersbourg, je saurai votre marche ; et puissé-je être assez rapproché de vous pour avoir le bonheur de vous voir et de vous entendre, et de vous porter moi-même l'hommage de la plus haute estime et de la plus tendre amitié.

Le Vicomte DE BONALD.

Du Même au Même,

Au Monna, près Milhau (Aveyron), le 11 juillet 1817.

La nouvelle de votre arrivée à Paris, Monsieur le Comte, que j'ai lue dans les journaux, m'a inspiré de vifs regrets de l'avoir sitôt quitté. J'avais prolongé mon séjour loin de ma famille beaucoup plus que je ne l'aurais voulu : les devoirs et les affections me rappellent auprès de tout ce qui m'est cher ; mais, malgré de si justes motifs, j'aurais différé encore mon départ, si j'avais pu me flatter de voir une fois un des hommes de l'Europe pour lesquels j'ai conçu les plus profonds sentiments d'estime, de respect et d'attachement. Sans doute, Monsieur, vous ne ferez à Paris qu'un séjour assez court ; et vos affections pour le sol natal, dont vous avez été si longtemps absent, vous ramèneront en Piémont, où vous trouverez, je l'espère, des traces moins profondes de l'orage qui a bouleversé l'Europe, et dont les derniers éclats retentissent encore aux lieux où il s'est formé. Cette considération, et le juste désir de revoir au plus tôt le lieu et les personnes qui vous sont chères, peuvent seuls contre-balancer dans votre cœur la satisfaction de vivre dans un pays assez heureux pour avoir enfin une constitution écrite, un pouvoir divisé en deux chambres, des chambres divisées en parti ministériel et en parti d'opposition, et tout l'accessoire de ces divisions constitutionnelles, au milieu desquelles et au moyen desquelles doit s'élever et s'affermir la paix du dedans et du dehors, le retour à la religion, l'affection pour ses Maîtres légitimes, la justice, l'ordre et la sécurité publique. Comment a-t-on pu jusqu'à présent, dans votre patrie, fermer les yeux à de si grands bienfaits ? Et comment le peuple piémontais et savoyard a-t-il préféré le bonheur routinier dont il jouissait autrefois, à l'avenir brillant et bruyant que les nouvelles institutions promettent aux États qui les adoptent ? J'imagine, Monsieur le Comte, que vous allez le faire rougir de sa léthargie, et lui porter l'évangile des idées libérales, de ces idées que la cour que vous quittez propage et garantit avec tant de persévérance et de conviction. Je regrette vivement de ne pouvoir m'en entretenir avec vous, et puiser à la source dont le grand réservoir est au nord, où vous avez fait sans doute une ample provision de cette eau salutaire. J'ai eu occasion de voir, chez Madame la Comtesse de Swetchine, de fervents adeptes, et même dans une classe qui devrait être moins pressée d'accueillir ces nouvelles doctrines ; et j'ai félicité un pays qui compte des hommes élevés en dignité, si parfaitement désabusés des grandeurs de ce monde, et si désintéressés sur le bonheur.

J'attendrai dans mes rochers la prochaine convocation des Chambres, où, bien malgré moi, j'ai été appelé à figurer. Un moment je m'étais flatté d'une seconde dissolution ; il paraît qu'il n'y faut plus compter, et que la roue de fortune, qui fait sortir de cette loterie le cinquième des billets tous les ans, tournera encore. Je n'ai jamais été heureux au jeu, et mon billet ne doit sortir que dans quatre ans, si dans quatre ans il n'y a pas du nouveau.

Je désire, Monsieur, que vous retrouviez dans tout ce que je publie, soit comme député, soit comme écrivain, les mêmes principes pour lesquels nous avons l'un et l'autre combattu avec si peu de succès. Nous en serions découragés sans doute, si nous n'attendions pas un avenir pour le triomphe de la vérité, comme pour la justification de ses défenseurs. Ne pas retenir la vérité captive, la publier sur les toits, voilà le devoir de l'homme de bien ; souffrir persécution pour elle, voilà peut-être sa récompense.

Aucun autre sentiment, aucun autre espoir ne m'a mis la plume à la main, et je n'éprouve, je vous l'assure, qu'un mécontentement très vif de l'importunité de la petite célébrité qui me poursuit. Je ne suis vraiment heureux que dans ma triste et sauvage solitude, où je ouis des miens et de moi-même, au milieu de travaux champêtres et d'hommes bons et simples, qui ont encore conservé le souvenir du bien qu'on leur a fait et la reconnaissance de celui qu'on voudrait leur faire.

J'adresse cette lettre à Madame de Swetchine, que votre arrivée à Paris a comblée de joie. C'est une amie digne de vous, et un des meilleurs esprits que j'aie rencontrés, effet ou cause des qualités du cœur les plus excellentes dont une mortelle puisse être douée.

Agréez, Monsieur le Comte, ce nouveau témoignage d'un éternel et respectueux attachement.

Le Vicomte DE BONALD.

P. S. — Je relis, Monsieur, votre dernière lettre datée de Saint-Pétersbourg, et j'y remarque que vous me donnez votre adresse chez M. le Comte Alfieri, votre Ambassadeur, que j'ai eu l'avantage de rencontrer quelquefois dans le monde.

Du Même au Même.

2 décembre 1817.

Monsieur le Comte,

Suis-je assez malheureux! Quand je suis en Allemagne, vous êtes je ne sais où ; je viens en France, vous êtes en Russie ; je retourne dans mes montagnes, vous arrivez à Paris ; je reviens à Paris, vous voilà à Turin, et nous semblons nous chercher et nous fuir tour à tour. J'avais eu l'honneur de vous écrire de ma campagne quand je vous sus à Paris, et, ne sachant pas bien votre adresse, je mis ma lettre sous le couvert de Madame de Swetchine. Je ne sais si elle vous est parvenue, mais je n'ai plus trouvé ici cette excellente et spirituelle femme, qui n'a de russe que son nom, et qui d'ailleurs est toute française pour nous, et des bonnes et anciennes Françaises, d'opinions, de sentiments, de goûts, de grâces, de bonté et de politesse... Ne la reverrons-nous plus ici, et ne vous y verrai-je jamais vous-même ?

Mais, Monsieur le Comte, s'il ne nous est pas donné de nous voir, au moins par la partie matérielle de notre être, il nous est permis de nous connaître, et surtout de nous entendre d'une manière intime et complète, dont j'avais fait depuis longtemps la remarque avec orgueil pour moi et avec une bien grande satisfaction comme écrivain, parce que cette coïncidence a été pour moi comme une démonstration rigoureuse de la vérité de mes pensées. J'ai éprouvé l'impression de plaisir et de consolation qu'un homme égaré dans un désert éprouverait en entendant la voix d'un homme qui vient à son secours.

Je sais qu'à parler en général, il y a dans la vérité une force d'impression qui se fait sentir vivement, et qui ne permet quelquefois pas même le doute ou la crainte; mais, après tout, comme les faibles humains sont trop souvent égarés par des lueurs trompeuses qui paraissent de la lumière à des yeux malades, il est consolant et rassurant, plus que je ne peux vous le dire, de se trouver, sans communication préalable, en concert de pensées et d'opinions avec quelque bon esprit qui, sous l'influence d'autres impressions et par d'autres méthodes, est parvenu aux mêmes résultats. C'est ce sentiment réel et profond que me fait éprouver ce que vous me dites, Monsieur le Comte, de la coïncidence de mes pensées avec les vôtres; et moi, qui jamais n'ai su me juger moi-même, et à qui surtout manque cette grâce d'état qui met l'écrivain dans une béatitude anticipée et lui fait regarder ses ouvrages comme des chefs-d'œuvre, j'avais besoin, pour croire à moi-même, d'un témoignage tel que le vôtre, et tel que celui de quelques amis qui connaissent, aiment et admirent vos écrits; j'en avais d'autant plus besoin, que mes *Pensées*, attaquées avec fureur dans plusieurs journaux, n'ont pu être défendues que par mes amis; car je ne descends jamais dans l'arène pour me défendre moi-même. Au reste, je crois que vous verrez cet ouvrage, et peut-être d'autres du même auteur, traduits en Italie par les ordres de l'Archiduc Maximilien de Modène, et j'ai reçu plusieurs lettres à ce sujet de son bibliothécaire. On m'a dit aussi que les *Pensées* avaient été traduites en allemand. Ces ouvrages doivent perdre aux traductions, parce que ce qu'on appelle le trait, et qui est essentiel dans la pensée, n'est pas le même dans les diverses langues. On imprime à présent des considérations morales et philosophiques sur les plus importants objets de la morale et de la philosophie. — Certes, il faut avoir de la foi à sa doctrine pour oser écrire dans l'état où nous nous trouvons, au milieu de ces tempêtes délirantes qui vont devenir plus violentes encore par la nouvelle composition de notre assemblée. Aussi, je n'y entre pas sans éprouver un sentiment inexprimable de douleur et de dégoût... Nous allons délibérer ou plutôt nous battre sur la liberté de la presse, le Concordat, la loi du recrutement, et l'instruction publique... Concevez-vous une nation qui se recommence ainsi comme si elle sortait de ses forêts, et chez qui tant d'hommes sans éducation littéraire et scientifique, sans études sérieuses, sans connaissances préalables, viennent disserter sur ces grands objets qui rempliraient des bibliothèques, et ont occupé tant de grands esprits? — Concevez, Monsieur le Comte, s'il vous est possible, la patience qu'il faut avoir pour écouter, pendant quatre ou cinq heures tous les jours, des déraisonnements passionnés ; et encore s'il n'y avait au fond que cela ! Les assemblées parlantes me deviennent insupportables. Je n'ai pu même prendre sur moi d'aller, quoique j'en sois, à l'Académie, autre assemblée où l'on déraisonne tout aussi bien qu'ailleurs. Je ne vous donne point de nouvelles ; vous êtes en mesure de juger ce que nous sommes et où nous allons. D'ailleurs, il y a pour moi des choses absolument inexplicables, et dont l'issue ne me paraît pas au pouvoir des hommes, en tant qu'ils agissent par leurs propres lumières et sous la seule influence de leurs volontés ; et, en vérité, ce que je vois de plus clair dans tout ceci... est *l'Apocalypse*.

Vous êtes, ce me semble, plus que nous dans votre ancien état, en Piémont. Vous ne faites pas parler de vous, et rien n'est plus heureux pour un État comme pour une femme. Je voudrais bien apprendre par vous que, là où vous êtes, vous êtes apprécié autant que vous êtes connu, et que l'on donne quelque exercice à vos talents et quelque influence à vos vertus. Je suis tenté de vous dire : « *Souvenez-vous de moi quand vous serez dans votre royaume* » ; et si vous connaissez (et sans doute il y en a plus d'un) quelque Piémontais qui ait de bonnes raisons pour désirer de quitter son pays et de vivre en France sous la douce influence des idées libérales, dans l'aimable compagnie de nos *libéraux*, qui veuille me donner dans vos fertiles plaines à peu près le même bien qui reste à ma femme et à mes enfants (car, pour moi, je suis complétement hors d'intérêt dans les questions de propriété), en vérité je serais bien tenté de changer mon domicile, si je pouvais vivre auprès de vous, et trouver dans quelque coin de la terre ce repos qui me fuit !

Donnez-moi, Monsieur le Comte, de temps en temps de vos nouvelles ; instruisez-moi surtout de ce qui vous sera personnel, à quoi je prends un vif intérêt. L'élévation d'un homme de bien me rafraîchit le sang, et il me semble que je suis élevé avec lui. Instruisez, éclairez ; vous êtes sur un plus petit théâtre, mais vous y avez la liberté de vos mouvements, et votre voix s'entend de loin.

Recevez, Monsieur le Comte, l'assurance de la plus tendre, de la plus sincère estime, et de l'attachement respectueux avec lequel je suis votre très humble et très obéissant serviteur, Le Vicomte DE BONALD.

P. S. — Je ne connais pas l'ouvrage de M. de Montlosier dont vous me parlez. Je le chercherai. Il a bien voulu parler souvent de moi, et pas toujours dans des écrits imprimés.

Du Même au Même.

Paris, 15 décembre 1817.

MONSIEUR LE COMTE,

Je profite, pour répondre à la lettre que vous m'avez fait l'honneur de m'écrire le 15 du mois dernier, du départ pour Naples, où il va comme attaché à l'ambassade, du fils de mon collègue M. Benoît, Conseiller d'État *destitué*, excellent jeune homme, dont notre abbé Lamennais a fait un disciple, ou plutôt un frère ou un fils. Il doit passer par Turin, et m'a promis de vous remettre ce paquet. J'y joins quelques détails sur une œuvre à laquelle j'appartiens moi-même, dirigée, sous l'autorité des ecclésiastiques les plus recommandables, par un nombre considérable de jeunes gens ou autres de toute condition, depuis la pairie jusqu'à l'humble place de commis, qui se dévouent à cet acte sublime et touchant d'humanité avec une ferveur, un zèle, une tendresse véritablement admirables. Quand on est trop aigri par tout ce qu'on voit, ce qu'on entend ; quand on est prêt à désespérer de la France, il faut, pour *rasséréner* son âme, aller voir les différentes œuvres entreprises par ces jeunes gens, dont mon ami et parent, M. de Roussy, que je vous ai recommandé, était un des plus fervents instruments. Ce sont ici les petits Savoyards qu'on catéchise, dont on soigne et la conduite et l'existence ; là, ce sont de petits malheureux condamnés à plusieurs années de prison presque avant l'âge de raison, en qui la malice a devancé l'âge, et qui dans les prisons, confondus avec de grands scélérats, sans travail, sans instruction, livrés à la corruption la plus profonde, et à de détestables et trop certaines leçons de crime, sous des hommes qui, *à la lettre*, le professaient ; des malheureux, dis-je, recueillis à l'expiration de leur peine dans une maison gouvernée par de bons Frères de la Doctrine chrétienne, et toujours par les soins et sous la surveillance de la société des jeunes gens, instruits des devoirs de leur religion avant d'être rendus à la société, et même élevés

dans une profession quelconque, pour leur donner les
moyens de gagner leur vie. Ailleurs, ce sont les hôpitaux et les malades visités dans tout Paris par ces mêmes
jeunes gens, qui suppléent au petit nombre d'ecclésiastiques dans tout ce que peuvent faire des laïques pour
instruire, consoler, ramener, servir cette immense multitude d'infirmes que cette ville immense et corrompue
vomit dans les hospices, où presque tout le bas peuple
va terminer sa misérable existence. L'Œuvre des petits
Savoyards vous intéressera particulièrement, Monsieur
le Comte, et nous continuons ici envers eux les soins de
votre administration paternelle. On leur ferait beaucoup
plus de bien si on avait plus de ressources ; mais il y a
ici tant d'objets d'un intérêt majeur qui ne sont entretenus que par les aumônes des fidèles, et même on peut
dire *des royalistes* : grands et petits séminaires, hospices
pour les enfants de tous les âges, secours pour tous les
âges, etc., etc., qu'en vérité, au milieu de toutes les
pertes qu'ont éprouvées les familles les plus opulentes,
et du peu de ressources qu'on trouve généralement dans
celles qui se sont enrichies, l'abondance des ressources
rappelle tout à fait la cruche inépuisable de la veuve de
Sarepta. Si votre gouvernement, Monsieur le Comte,
voulait nous envoyer quelques secours, et coopérer à une
bonne œuvre dont tous les fruits ne sont pas perdus
pour lui lorsque ces braves enfants reviennent dans leur
pays, nous les recevrions avec reconnaissance ; je sais
qu'une autre fois M. le Marquis de Sostegno, votre
ambassadeur ici, a fait parvenir quelques secours à la
Société.

Nous voici, Monsieur le Comte, en pleine eau : notre session a commencé, et tout annonce qu'elle sera orageuse ; le changement inévitable à faire à la loi des élections a exaspéré au dernier point tous ceux qui avaient compté sur son résultat nécessaire, la destruction de la Monarchie et de la Religion : jusqu'à présent il est difficile de prévoir de quel côté se jetteront les ministériels qui peuvent faire pencher la balance. Leur parti est réduit, depuis que les uns ont pris à droite, et les autres à gauche ; mais tel qu'il est, il se trouve encore assez fort pour décider une délibération ; il se jettera sans doute du côté où les Ministres inclineront eux-mêmes, et les Ministres paraissent divisés. C'est un chaos à n'y rien comprendre. Jamais société n'a été gouvernée ainsi, et ne s'est trouvée dans un pareil état.

J'ai lu à M. de Marcellus et à M. O'Mahony l'article de votre lettre qui les concernait. Ce jeune O'Mahony, fils d'un brave Maréchal de camp destitué du commandement de Rennes, plein d'esprit et d'amabilité, en a été singulièrement frappé, et a voulu prendre copie de ce qui le regardait.

J'ai mis, Monsieur le Comte, trop de prix à apprendre à l'Europe que j'avais l'honneur de vous compter au nombre des personnes qui m'honoraient de leur suffrage et de leur amitié, pour avoir laissé échapper l'occasion de le dire dans un article du *Conservateur*, où cette révélation venait tout naturellement. Faut-il que l'Europe périsse avec tant de lumières, de connaissances, et même de vertus ? Quelques misérables sophistes sans talent, sans pudeur, la plupart diffamés, en deviendront-ils les régulateurs et les oracles? Cette idée est accablante; c'est la fin des sociétés, si ce n'est pas la fin du monde. Faites venir de Paris, je vous prie, *les Missionnaires de 93*, ouvrage en 1 vol., qui se vend chez Le Normant : vous n'y apprendrez peut-être rien que vous n'ayez su, et *tout vous y paraîtra nouveau.*

Vous ne faites pas parler de vous, Monsieur : on ne dit rien des libéraux du Piémont. Les nôtres portent toute leur attention sur l'Angleterre et sur l'Allemagne, où ils cherchent à occuper les Souverains, pour qu'à leur tour ils les laissent faire ici leurs folies. Il est temps cependant de s'y opposer : plus tard il ne sera plus temps. Leur audace croît tous les jours, et jamais l'enfer n'a vomi plus de blasphèmes, plus de calomnies, plus d'appels à la licence et à la révolte.

Adieu, Monsieur le Comte. Me voilà au combat ; encouragez-moi de la voix et du geste ; et si je suis forcé de quitter encore ma patrie, que je trouve sous vos auspices, dans les grottes les plus reculées de vos montagnes, un lieu où je puisse finir en paix une vie si agitée!

Ah! que je serais heureux, si vous pouviez m'envoyer, pour *le Conservateur*, quelques miettes de votre table opulente! Vous pouvez croire, et je vous en donne ma foi de chrétien et de gentilhomme, que l'anonyme que votre position vous commande serait religieusement gardé, et que, hors Dieu, vous et moi, personne ne le saurait.

BONALD.

Du Même au Même.

1818.

Je crains, Monsieur le Comte, qu'une lettre que j'ai eu l'honneur de vous écrire, il y a quelque temps, ne vous soit pas parvenue. Je l'avais tout simplement mise à la poste, en prenant la précaution de l'affranchir jusqu'à la frontière ; mais nous sommes curieux dans ce pays, et je fais passer celle-ci par la voie de votre ambassadeur. J'y joins un exemplaire d'un nouvel ouvrage sur ma philosophie, qui est aussi la vôtre et celle, j'espère, de tous les bons esprits. Il est vrai qu'elle est encore celle du petit nombre ; car aujourd'hui qu'il n'y a plus de doctrine générale, au moins de fait, et que cependant chacun veut prendre sa part du progrès des lumières, il n'y a que des doctrines individuelles, et c'est à qui aura la plus folle. Mon ouvrage a obtenu ici des suffrages recommandables, et c'est ce qui me donne plus de confiance pour vous l'envoyer. Les journaux n'en ont pas encore parlé ; il y a peu de jours qu'il est en circulation, et les journalistes veulent prendre du temps. Mon premier dessein avait été seulement de réfuter *Cabanis*. A mesure que j'avançais, l'étoffe s'étendait, et je cherchai alors à lui ôter un caractère trop polémique envers un seul livre, et à lui donner celui d'une réfutation plus générale : vous verrez si j'ai réussi. On l'a trouvé parfaitement clair ; cette qualité est presque de trop pour un lecteur tel que vous, qui devine même ce que l'auteur aurait dû mettre dans son ouvrage, et, à plus forte raison, ce qu'il y a mis ou voulu y mettre. Mais, enfin, vous l'aurez lu plus tôt, et vous pourrez me faire l'amitié de m'en parler plus tôt aussi, et de m'en parler avec une entière sincérité, et comme d'un ouvrage qui me serait tout à fait étranger, et que j'aurais lu comme vous.

Je joins à cet envoi celui de mes opinions pendant cette triste session ; elle est à la veille de finir. Nous y aurons parlé littérature dans la liberté de la presse, et militaire par la loi du recrutement. Nous espérions, après ou avant de parler finances, faire de la théologie dans la question du Concordat ; mais vous savez qu'après qu'il nous a été envoyé, et après un mois de discussions dans la commission, tout étant à peu près arrangé, les ministres n'en ont plus voulu, au moins tel qu'il avait été réglé avec le Saint-Père, et ont proposé de réduire à soixante-dix-huit le nombre des évêchés fixé à quatre-vingt-douze par le Concordat, et de le décréter ainsi, sauf l'éventualité d'un arrangement nouveau avec Sa Sainteté. M. de Marcellus a écrit au Pape, de son chef, et il en a reçu un bref désapprobateur de de toutes ces mesures ; ce qui, joint à la résistance mesurée des évêques consultés, a tout arrêté. Les ministres ont été ou paru furieux, et la chose en est là. Assurément ils auraient fait passer la circonscription après avoir fait passer la conscription : voilà où nous en sommes.

L'affaire de Lyon est un grave incident d'un grand procès. Nous demandons des explications, nous attendons des réponses annoncées. Rien ne paraît, que les démentis donnés par le préfet, le commandant, le maire, le grand prévôt, tous parfaitement d'accord sur les faits, sur les intentions, sur l'opinion qu'ils ont eue de l'esprit des conspirateurs.

Que dites-vous du Congrès? On devrait vous y envoyer. Je n'en attends rien de vrai, rien de fort; des demi-vérités, des demi-mesures, et la fausse honte de revenir sur ses erreurs; peut-être quelque autre illusion comme celle de la Sainte-Alliance, dont on n'avait pas assez jugé les suites politiques quand elle a été proposée par un peuple qui n'a pas la lumière, mais qui est habile à tromper et fort pour asservir.

Donnez-moi, je vous prie, de vos nouvelles, de votre santé, de votre situation. Je m'intéresse infiniment à tout ce qui vous est personnel, et je désirerais vous savoir heureux, s'il y a pour les bons quelque autre bonheur ici-bas que de souffrir persécution pour la justice.

Vous connaissez, Monsieur le Comte, mon tendre et respectueux attachement pour vous et pour tout ce qui me vient de vous.

BONALD.

Du Même au Même.

Paris, 3 janvier 1819.

J'eus l'honneur, Monsieur le Comte, de faire passer l'année dernière, à votre adresse à Turin, par la voie de votre ambassade à Paris, un exemplaire de mes *Réflexions philosophiques sur les premiers objets des connaissances morales*, qui venaient de paraître. J'y joignis une lettre, et je n'ai pu savoir encore si cet envoi vous avait été fait, ou plutôt si vous l'aviez reçu. Je vous devais l'hommage de cet écrit, qui a eu quelque succès, et je saisis avec joie l'occasion qu'il m'offrit de vous renouveler l'expression de mes sentiments. Je partis peu après de Paris pour mes rochers, d'où je ne suis revenu que depuis quelques jours, pour la triste et pénible mission dont je me suis chargé pour la quatrième fois. J'espère que cette lettre sera plus heureuse. J'y joins un exemplaire de ma réponse à l'ouvrage de Madame de Staël, réponse abrégée, dans laquelle j'ai repoussé ses doctrines beaucoup plus que je n'ai répondu à l'auteur. Il aurait fallu pour cela un écrit aussi volumineux que le sien, et je n'en avais ni le temps ni la force. Tel qu'est celui-ci, on en a été content ici ; on y a trouvé de la raison et de la politesse. Il ne fallait pas oublier que je répondais à une femme, à une grande dame, qui avait des amis même dans nos rangs : vous en jugerez.

J'ai appris par quelqu'un de vos compatriotes que vous avez été mis par votre digne souverain à la tête de la Chancellerie de Justice, à ce que je crois ; car j'ignore s'il y a dans cette division de votre administration quelque chose de relatif à la politique. Quoi qu'il en soit, plus le cercle sera étendu, mieux vous y êtes placé. Cette nomination m'a rafraîchi le sang. Il y a donc encore un pays en Europe où la vertu et le talent sont bons à quelque chose ! Vos journaux n'en ont pas parlé, pas plus que de votre ordonnance en faveur des *spoliés* : ils n'en parleront pas, crainte de scandale. L'annonce d'actes de justice envers les choses ou envers les personnes pourrait tirer à conséquence ; elle ne pourrait pas en faire naître l'idée, mais elle risquerait d'exciter quelques regrets : c'est là que nous en sommes.

Vous aurez été instruit, et peut-être mieux que moi, du désordre et de l'*imbroglio* politique où nous nous sommes trouvés pendant dix à douze jours, avec un gouvernement sans ministre aucun. De ce chaos est sorti une création toute nouvelle et tout à fait différente de celle qui devait tout naturellement en résulter, s'il n'y avait pas eu une inconcevable absence de sang-froid et de jugement. Vous savez, Monsieur, avec quels éléments commence notre Chambre ; et les élections qui restent à faire dans quelques départements non représentés, à cause de doubles nominations ou de démissions, ne nous en promettent pas d'une autre espèce. Si vous me demandez où l'on va et ce que l'on veut, je croirai vous en donner une idée assez juste en vous disant, comme je le pense, qu'on veut creuser une mine sous la Monarchie, la charger, et puis se tenir prêt à y mettre le feu, sans avoir dans le moment, je crois, l'intention de la faire sauter. Vous concevrez notre position en vous disant qu'on peut faire tout en France, bien et mal, avec le Roi, et qu'on ne peut rien faire sans lui. Ainsi, nous parlerons encore à des sourds. Notre minorité sera renforcée par des ministériels effrayés un peu trop tard sur les suites d'un système qu'ils ont trop fidèlement servi ; mais je doute, malgré leurs promesses, qu'ils puissent nous donner la majorité, et l'autorité a de trop puissants moyens de séduction. La Chambre des Pairs est mieux organisée, et tout annonce que sa majorité sera bonne ; mais elle ne peut rien faire, et ne peut qu'empêcher ; et puis, si nous étions trop forts ou que nous allassions trop vite, on aurait recours à la dissolution, qui, forçant de rouvrir les élections dans toute la France sous l'empire de la détestable loi que nous avons portée, serait sans doute la *consommation*. Au reste, nous ne sommes pas seuls menacés, et les petites puissances, en attendant les grandes, seraient ébranlées et entraînées dans notre chute.

Aujourd'hui que le favori a culbuté ses rivaux, qui ont fait d'énormes fautes, qu'il les a culbutés à l'aide des *indépendants*, sentira-t-il que ces instruments, bons pour détruire, sont impuissants à rien fonder ? Aura-t-il assez de force de caractère et de génie pour leur faire *front*, et les combattre avec une majorité qu'il aurait si facilement? Sentira-t-il que, s'il les ménage ou s'il s'en sert, il sera leur première victime, et qu'il ne peut les abattre qu'en s'en séparant avec éclat, et même avec scandale? C'est la seule ressource qui nous reste aujourd'hui ; mais les choix faits ou annoncés pour des places subalternes éloignent ce dernier espoir, et la France sans doute ne sera pas sauvée, si elle doit l'être, par des hommes.

Qu'est devenue Madame de Swetchine? Où qu'elle soit, faites-lui, je vous prie, parvenir mes respects.

Adieu, Monsieur le Comte ; croyez que je voudrais être dans le pays que vous habitez ; on nous dégoûte de notre propre patrie ; nous y sommes, comme les premiers chrétiens, livrés aux bêtes et déchirés par des monstres. Une haine invincible de la noblesse, du clergé, de toutes institutions bonnes et utiles, perce de toutes parts. Tout est couvert d'un nom révéré et des formes les plus légales ; nous périssons aux cris de : *Vive le Roi et la Charte!* Lisez-vous *le Conservateur ?* Nous nous y défendons de notre mieux. Cette session sera longue, si elle n'est pas abrégée par une nouvelle dissolution. Je cède, en venant ici, au devoir le plus impérieux. On m'a retiré, par des lois ou des ordonnances, la plus grande partie de ce qu'on m'avait donné, ce qui fait à peu près tous mes moyens d'existence, et mon séjour ici est très onéreux à ma famille : encore s'il était utile à l'Etat!

Recevez, Monsieur le Comte, l'expression bien sincère de mes vœux, de mon attachement, et de mon respect. Le Vicomte DE BONALD.

Du Même au Même.

Paris, 30 mars 1819.

Hier, 29 mars, Monsieur le Comte, j'ai reçu le matin votre lettre du 10 juillet de l'année dernière 1818, et le soir, la dernière que vous m'avez fait l'honneur de m'écrire en date du 22, présent mois. La première m'a été remise par M. Rusand, libraire de Lyon, que le hasard me fit rencontrer, et qui, l'ayant depuis longtemps envoyée ici à sa maison de librairie, de l'ordre sans doute de M. Frèrejean à qui vous l'avez confiée, n'étant pas venu lui-même à Paris, n'avait pu éveiller la négligence de ses commis, qui avaient laissé cette lettre dormir au fond d'un portefeuille, où ils n'auraient sûrement pas laissé si tranquille une traite sur moi, s'ils en avaient eu une. La seconde lettre m'est parvenue par la voie ordinaire, et je n'y ai trouvé d'extraordinaire que la singulière rencontre du même jour. C'étaient deux amis qui m'arrivaient, l'un de la Chine, l'autre du Piémont, et qui m'arrivaient au même instant; car ici l'éloignement des temps compense la distance des lieux, et depuis le 10 juillet on aurait fait la moitié du tour du globe.

Enfin je les tiens, et je suis convaincu que vous avez reçu les petits présents de l'amitié que j'avais en vérité cru, ainsi que ma lettre, oubliés pour toujours au fond de quelque magasin de douanes. J'aurai bientôt quelque chose à y joindre, car je veux être tout entier dans votre cabinet de livres, et qu'à ce *moi*, si je peux ainsi parler, il ne manque que moi-même. J'ai donné des *Mélanges*, c'est-à-dire des dissertations insérées presque toutes dans des journaux du temps, et d'un temps où il y avait et plus de liberté pour les auteurs et plus de respect pour la vérité, et même plus de surveillance sur les mauvaises doctrines qu'aujourd'hui, des dissertations sur différents points de politique, de morale, de littérature, toujours appliquées à ma manière, qui heureusement est la vôtre, de considérer la religion dans la politique et la politique dans la religion. On en avait été content dans ce temps, et la publication ne leur a rien fait perdre de l'estime qu'on leur avait accordée. J'aurai l'honneur de vous les faire passer. Je loge sous le même toit qu'un excellent Savoyard employé ici, le *factotum* de votre comtesse de Viry, et c'est lui qui a bien voulu vous faire l'envoi de mon opuscule sur ou contre la fameuse baronne. Je vous avais fait passer les *Réflexions* par la voie de votre ambassade. De tout ce que vous voulez bien me dire à propos de ce dernier ouvrage, ce qui m'a le plus flatté est la conformité que vous avez remarquée entre mes opinions et les vôtres, et cet unisson de pensées et de sentiments qui me donne à moi-même la plus sûre garantie de la vérité de mes opinions, garantie dont tout auteur a besoin, et moi plus qu'un autre.

(Pour ne pas oublier de vous parler de l'ouvrage de Leibnitz, ce qui déjà m'est arrivé en vous écrivant, je place ici, en parenthèse, que l'ouvrage n'a pas encore paru, mais qu'il est incessamment attendu.)

Depuis le 10 juillet 1818, notre politique a fait bien du chemin. Triste reste de la majorité de 1815, nous défendons, sur la décisive brèche, la place si vivement attaquée, et dont les dehors ont été emportés. Vous avez vu nos dernières élections de remplacement. Benjamin Constant est un des plus sages : jugez du reste ! Nous avons, suivant l'expression du général Lafayette, perdu la bataille des élections, et ce nouveau convoi est entré pour ravitailler la place. Les destitutions continuent leur train, et tombent toutes sur une seule couleur. La Chambre des Pairs, si considérablement renforcée, peut à peine contenir ses membres; nous, nous serons ou dissous après la session, ou doublés. La majorité dans les deux Chambres est fixe et systématique : que pourrions-nous faire ? Nous ne parlerons plus. Il n'est plus question du Concordat, mais beaucoup de changements dans les cadres de l'armée faits par le duc de Feltre, beaucoup d'alarmes, beaucoup d'inquiétudes..., d'étranges espérances, de grandes craintes. Nous n'y pouvons plus rien : la question est hors des Chambres... Le gouvernement n'est plus... J'ai bien fait de ne pas l'approuver ; on finira par être de nos avis. Je ne vous parle pas de la licence des écrits, elle passe tout. Un jeune homme, nommé..., publie un pamphlet où il menace de la *mort à domicile*, au cas que les étrangers rentrent; car il est évident que nous les aurons rappelés... Il est fait Maître des requêtes : voilà où nous en sommes ! Où y a-t-il de sûreté ? je l'ignore. Sécurité, aucune ; luxe, plaisirs, dépenses, tant qu'on en veut; esprit, très peu, et il baisse sensiblement... Des collèges, de bons principes, des œuvres de charité excellentes, de l'attachement à la religion, des jeunes gens parfaits... il y a de tout cela, surtout à Paris. Que faut-il craindre, que faut-il espérer?... Nous ne ressemblons pas mal à un homme en profonde léthargie qui, les yeux et les oreilles ouverts, verrait faire les apprêts de son enterrement sans pouvoir bouger. Notre position est unique dans l'histoire, et vous en voyez la cause première. Il y a des choses surnaturelles contre lesquelles nous nous débattons en vain. Les moments sont marqués, et sans doute il faut les attendre. Notre session sera fort longue. On fera passer, avec cette majorité, tout ce qu'on voudra, et sans doute on voudra en profiter. Si on ne dissout pas cette année, j'en ai encore pour deux ans : c'est trop, et la place n'est pas tenable. Je ne me décourage cependant pas. Si je croyais à la ruine totale de la France, je croirais à la fin de la civilisation de l'Europe. Plus je vois, plus je crois que son salut viendra de nous, ou ne viendra pas.

Je vais voir la Comtesse de Swetchine, et lui parler de vous. Elle loge rue de Grenelle Saint-Germain ; toujours bonne, toujours aimable, toujours spirituelle ; si nous n'avions que ces étrangers-là! A propos d'étrangers, je ne connais plus rien à leur politique, et quelquefois je crois trop la connaître. *Aura-t-elle toujours des yeux pour ne point voir?*

Quel plaisir m'ont fait les détails que vous me donnez sur votre position! La vertu et le mérite servent donc à quelque chose, et du moins on les apprécie dans un coin de terre ! Ils sont ailleurs titre de réprobation, et caution de haine et d'outrage. Après les *Réflexions philosophiques*, on m'a ôté une pension qui m'était nécessaire ; celle qui me reste n'est pas payée depuis huit mois, et je crois fort qu'elle ne le sera plus : Il me reste heureusement la moitié, sur le trésor royal, de ce que Bonaparte m'avait forcé d'accepter ; sans cela, je demanderais mon pain. Je ne vis, sous les Bourbons, que des bienfaits de Bonaparte, que je n'ai jamais voulu servir ! Je n'ai écrit que pour les rois, et je n'ai reçu de marque d'estime que du peuple, qui a toujours voulu me députer pour défendre ses intérêts. D'autres n'écrivent que pour les peuples, et en sont amplement récompensés par les rois. Heureusement, je puise mes consolations à une autre source, et à la même où je puise mes devoirs.

Je m'avise un peu tard que si vous ne pouvez écrire que des billets, vous ne pourrez lire des mémoires : cette lettre en a la longueur, et elle vous prendra le temps de lire plusieurs suppliques. Vous la pardonnerez au besoin que j'avais de vous écrire. C'est un entretien avec un ami (permettez-moi ce mot si doux, Monsieur le Comte), avec un ami absent depuis longtemps, et qu'on retrouve enfin, et, j'espère, pour ne plus le perdre.

Agréez, Monsieur le Comte, l'assurance la plus vraie de tout l'attachement et le respect que vous inspirez, et avec lesquels je suis votre très humble et très obéissant serviteur.

Le Vicomte DE BONALD,

Rue Palatine, 5.

P. S. — C'est un peu tard vous parler de l'horrible affaire Fualdès ; mais votre lettre du 10 juillet et l'affaire Kotzebue me la rappellent. Je refusai d'être du jury. Je n'aime pas le jury, dont je n'ai jamais fait partie, et je ne voulais pas commencer par cette affaire horrible mon apprentissage. Je n'ai jamais cru que la cupidité fût la cause de cet assassinat. Fualdès était ruiné, et même sa fortune n'aurait pu tenter la cupidité de tant de gens, même avant qu'il l'eût perdue. La cupidité tue et ne torture pas, et il y a eu des détails dans cette affaire, un luxe d'atrocité, d'audace et d'impudence inexplicable. J'y ai toujours vu de la franc-maçonnerie : ils l'étaient tous, et lui plus qu'un autre. Les francs-maçons, dans ce moment, veulent acheter la maison Bancal, la raser, et élever un monument à Fualdès sur le sol : ce qui n'empêche pas ma conjecture. Tous, du reste, étaient républicains, patriotes, fédérés, et tout ce que vous voudrez, et Fualdès plus que tous. Mais ce n'est qu'entre complices qu'on se punit, et cet assassinat avait l'air d'une *sentence*. Avec cela, un secret impénétrable est resté sur le fond, s'il y en a un, et les coupables ont emporté leur secret avec eux, et sont morts en renégats. La seconde affaire est aussi inexplicable que la première. Un *alibi* a été attesté par des hommes très dignes de foi, et je les connais ; les assertions de madame Manson n'étaient pas moins positives. En général, on les croit coupables. Cette madame Manson était un mince sujet, comme vous voyez, que personne ne voyait. Je connais son père, à qui j'ai vendu une terre, et ne la connais pas, elle. Il n'y a pas dans tout cela une personne estimable. La bonne société ne les voyait pas, quoiqu'ils appartinssent tous à la bonne bourgeoisie. Je vous remercie de votre intérêt pour mes enfants. Le plus jeune, ecclésiastique, est ici, attendant, en travaillant beaucoup, que son Evêque l'appelle ; et son Evêque (de Chartres) attend lui-même son église, qui attend elle-même le Concordat. Depuis votre lettre, Monsieur le Comte, du 10 juillet, vous avez eu le malheur de perdre Monsieur votre frère, Evêque d'Aoste : c'était un homme d'un vrai mérite, et digne du nom qu'il portait. Mon Dieu ! que de pertes nous faisons dans ce genre, et combien il y en a d'irréparables !

Du Même au Même.

Paris, 10 juillet 1819.

J'ai vu, Monsieur le Comte, le jeune M. de Gabriac, qui m'a donné de vos nouvelles comme je n'en ai pu jamais avoir moi-même, je veux dire *de visu;* et il m'a appris en même temps qu'il avait porté la lettre qui m'avait été envoyée par Madame la Duchesse Des Cars. Je vous en remercie doublement, car vous avez à peine le temps de penser à vos amis ; et, pour mon compte, je suis loin de demander que vous preniez sur vos grandes occupations celui de leur écrire.

Notre session rend le dernier soupir, et je me dispose à aller me remettre dans mes montagnes ; car ma santé est un peu altérée, et autant par les inquiétudes de notre position que par excès de travail. Nous en reviendrons, si nous en revenons, je ne sais quand. La longueur démesurée de cette session retardera sans doute les suivantes, et plût à Dieu qu'elle pût les éloigner tout à fait !

Vous me demandez ce que je pense de la Charte... Il me semble, Monsieur, que mon opinion sur le compte de cette aventurière n'est pas plus équivoque que la vôtre : c'est une œuvre de folie et de ténèbres. Je m'en suis toujours expliqué sur ce ton, même à la tribune, et cette opinion bien connue m'est, peut-être, plutôt pardonnée que les hommages hypocrites de quelques autres. Cependant elle a des partisans sincères, surtout parmi les Pairs, qu'elle a assez bien traités, et qui se croient dans le meilleur des mondes possibles. Heureusement, la dernière atteinte portée à leur Chambre et l'avilissement de leur haute dignité les ont un peu dégrisés ; même, tous les bons esprits ne sont pas loin de convenir qu'elle ne nous convient pas ; mais on ne sait comment en sortir, ni revenir à de meilleures idées, et peut-être est-ce de tout autre manière que par des combinaisons humaines et des projets médités que nous y reviendrons.

J'ai vu ici votre bon curé de Genève. Il m'a communiqué bien des choses ; une, entre autres, excellente, faite pour être lue à un grand personnage près de qui vous avez longtemps été, qui nous fait tant de mal, et qui aurait pu faire tant de bien. Il y a des vérités fortes et presque dures ; mais comment réveiller autrement les esprits engourdis ? Dieu veuille bénir cette œuvre et dessiller les yeux à ceux qui ont la puissance, ou la donner à ceux qui ne l'ont pas ! Car je pense quelquefois qu'il faudrait à l'Europe un homme aussi fort pour le bien que nous en avons vu un puissant et fort pour la destruction. Mais : *Virum non cognosco*, pouvons-nous dire, et il faudrait d'étranges combinaisons pour une seconde réaction de ce genre. En attendant, avez-vous vu, Monsieur, de conduite plus étrange que celle de notre ministère, qui tâche péniblement à donner la force aux révolutionnaires et à l'ôter aux royalistes par tous les moyens qui sont en son pouvoir, tantôt en excluant les royalistes des élections, tantôt en les destituant des places ? Et tandis qu'on empoisonne le civil, je veux dire la justice et l'administration, on corrompt le militaire en faisant à la sourdine rentrer dans les rangs des officiers de Waterloo, à la place des royalistes qu'on met à la retraite. Tout cela se fait de par le Roi de France, le Roi *Très-Chrétien*, qui se croit *monarchique*, qui se croit *catholique*, et qui veut être *sacré* ; et tout cela se fait encore en dépit des réclamations les plus vives et les plus courageuses de tout ce que la France compte d'hommes forts et éloquents, et n'est appuyé et défendu que par un tas d'écrivassiers sans génie, sans lumières et sans vertu : voilà où nous en sommes ! O heureux et trois fois heureux ceux qui, comme vous, Monsieur, habitent un pays où la raison, la vertu sont comptées pour quelque chose, et si elles n'appellent pas toujours aux places, du moins n'en excluent pas!

Notre session de huit mois, dont trois sans rien faire et cinq d'un travail excessif, tire à sa fin. Nous regagnons tous nos foyers; et ceux qu'on accuse d'ambition retournent à leurs charrues avec un plaisir indicible, et laissent ici les intrigants de la capitale se disputer les lambeaux de notre pauvre monarchie... Et cependant, faut-il désespérer de la France?... Non, sans doute, si l'Europe n'est pas condamnée à périr tout entière, et si la comète ne doit pas encore s'approcher de notre planète assez pour la réduire en cendre; car si le monde doit périr par le feu, suivant une tradition si ancienne et même si respectable, ce sera sans doute quelqu'un de ces astres errants qui, libre des lois ordinaires de conservation qui régissent et maintiennent à leur place les autres corps célestes, vient comme un voleur, et sans être attendu, nous menacer de sa flamboyante chevelure : *Et diri toties arsere cometæ.* Mon cher Comte, l'aveuglement des rois est un phénomène cent fois plus effrayant; et avec leurs courses continuelles, au lieu d'être fixes, autrefois, comme le soleil, au centre de leurs Etats, pour tout éclairer et tout vivifier, ils ne sont plus aussi que des astres vagabonds qui troublent le système des sociétés, et n'y portent, avec leurs faiblesses ou leurs erreurs, que le désordre et le ravage.

Que pensez-vous de l'ouvrage de votre semi-compatriote, M. de Haller, de Berne? J'en ai vu l'analyse, et il me paraît sur une bonne voie politique, autant que protestant peut y être. Le bon Comte de Sales m'en avait parlé avantageusement. J'ai écrit à M. de Haller, en signe de confraternité de principes. Le connaissez-vous? Je vais partir, et si vous voulez me gratifier d'une de vos lettres, elle me trouvera à Millau (Aveyron). Je suis tout auprès de cette ville. Vous ne voulez plus de cérémonie, mais vous permettez l'amitié et la vénération : je vous les ai vouées depuis longtemps.

P. S. — Le bon Savoyard s'appelle M. Duclos, ami de la Comtesse de Viry.

Du Même au Même.

1819.

Monsieur le Comte,

J'ai eu indirectement de vos nouvelles par mon respectable ami le Comte de Marcellus, à qui vous avez écrit une lettre qu'il m'a promis de me faire lire à notre prochaine entrevue à Paris. J'y ai vu avec peine, dans le peu qu'il m'en cite, que vous vous plaignez de votre santé, et qu'à tous les sujets de peine dont ce malheureux temps afflige les hommes de bien, il se joint d'*autres épines*, que votre prévoyance et le rang où vous êtes placé vous font encore mieux sentir, et qui s'enfoncent cruellement dans votre cœur. *Votre esprit,* dites-vous, *s'en ressent* : de « *petit il est devenu nul. Hic jacet! mais je meurs avec l'Europe.* » Oh! pour le coup,

Monsieur le Comte, vous me permettrez de n'en rien croire, et je ne crois pas même à la mort de l'Europe ; je croirais plutôt, si vous le voulez, à la fin du monde. Mais alors, comme dit Eriphile,

Nous ne mourrons pas seuls, et quelqu'un nous suivra.

Non, Monsieur le Comte. Votre esprit ne se ressent de ces terribles événements que pour s'élever encore plus haut, pour en mieux voir les causes et les effets, et pour déplorer plus vivement qu'avec tous les moyens de salut on ait pu se perdre si bêtement, si gratuitement ; mais du moins, s'il faut périr, vous périrez avec honneur, au milieu d'un Etat *restauré* autant qu'on lui a permis de l'être, aussi monarchique et aussi catholique que la force prépondérante des maîtres de l'Europe, ou de ses tyrans, comme vous voudrez, ont voulu qu'il le fût, et plus peut-être qu'ils n'ont voulu. Mais nous, nous qui devions aspirer à l'honneur de rendre à la France la noble magistrature qu'elle a exercée en Europe, nous finissons, si nous devons finir, la honte et la risée des autres nations, entre des Jacobins et des banquiers, avec des députations de régicides, un ministère aveugle ou corrompu, pas un homme fort à la tête des affaires ; nous finissons dans une abnégation entière de raison, de vertu, de religion, de bon sens, d'esprit même ; nous finissons sans gloire et sans éclat ; nous tombons de pourriture, de gangrène. Et, cependant, voilà un noble exemple que l'Allemagne vient de nous donner, si toutefois elle ne se borne pas à des paroles et à des Notes diplomatiques : car si sa forme complexe lui permet de mettre dans ses actions autant de vigueur que dans ses propositions, quel en sera l'effet sur notre gouvernement ? S'apercevra-t-il que, par cela seul que les Jacobins en sont furieux, il doit s'en réjouir, et se hâter d'imiter un si bel exemple ? Quoi qu'il en soit, on ne peut aller plus avant dans le système que l'on suit depuis quatre ans, sans tomber franchement dans 93. Tous les systèmes de conduite ont leur plus haut période, leur « *Nec plus ultrà* », après lequel il faut changer de direction ; et cet apogée révolutionnaire, nous venons de l'atteindre par la nomination de Grégoire à la Chambre des Députés. Mon premier dessein avait été, s'il paraissait à la Chambre, de me démettre avec éclat ; car mes sens se révoltaient à l'idée d'échanger des paroles avec un tel collègue, et de me trouver assis dans la même enceinte, respirant le même air, prenant part aux mêmes délibérations. Mais lorsque l'on combat avec ses amis, il faut savoir subordonner son avis au leur dans les choses qui ne sont pas ouvertement criminelles. J'attends donc d'être à Paris, et peut-être, d'ici là, y aurait-il quelque révolution de système. Les journaux l'annoncent, et le retard même de notre convocation, qui, ordinairement, suivait immédiatement la fin des élections, me fait croire qu'il y a de l'agitation et de l'embarras dans les conseils.

Il me semble, Monsieur, que le nuage se dissipe ; et les *Mémoires de Jacques II*, écrits par lui-même, et dont je n'ai vu encore que ce que les journaux en ont cité, me paraissent jeter un grand jour sur les événements, au moins pour les yeux obstinés à demeurer fermés. Ce malheureux Prince, qui ne manquait ni d'esprit ni de courage, se disculpe des calomnies dont il a été l'objet, et attribue la Révolution qui le fit descendre du trône, à une conjuration qui s'était formée contre la Dynastie des Stuarts, au moment même de sa restauration sous Charles II. Elle n'avait pas eu assez d'espace pour éclater pendant la vie de ce Roi, et avait même employé le temps de son règne à user la Monarchie et à accroître ses propres forces. Elle fit éruption à l'avènement de son infortuné frère, et la famille des Stuarts, au moins la branche légitime, fut à jamais exilée. *Si la France n'eût pas fait la faute de la laisser éteindre dans le célibat ecclésiastique*, il est possible que notre Révolution n'eût pas eu lieu. Cette déplorable histoire est la nôtre de point en point, et jusque-là les deux Révolutions ont été calquées l'une sur l'autre. Je ne serais pas embarrassé de prouver que tout ce qui s'est fait en France, depuis 1814, a été conduit et calculé sur ce plan, même dans les actes du gouvernement ; et peut-être déchirerai-je le voile dans le *Conservateur*. Il y a cependant des différences à notre avantage : la première est que l'Angleterre était *protestante*, et que la France est *catholique*. Or, c'est le protestantisme et son esprit, et ses principes, et son fanatisme, et ses prétentions, qui ont le plus poussé aux deux Révolutions et y poussent encore ; et la haine furieuse contre notre religion et ses ministres a plutôt pour objet leur attachement à la Monarchie que leurs fonctions même religieuses. La seconde différence est que les grands d'Angleterre, et même la noblesse du second ordre, avaient acquis ou reçu les biens du Clergé sous Henri VIII et ses successeurs ; au lieu que les acquéreurs, en France, sont presque tous de la classe commerçante ou même inférieure ; différence très grande, car je ne doute pas que le changement de famille régnante, en Angleterre, n'ait eu pour cause les alarmes des possesseurs de *biens religieux*, qui voulaient mettre l'illégitimité de leurs possessions sous la garde de l'illégitimité du trône ; et je ne doute pas davantage que cette cause, en France, ne soit le mobile de la conjuration contre la Maison de Bourbon. Mais nos acquéreurs n'ont ni la même influence ni le même crédit, et aussi ils cherchent une force dans le gouvernement, et malheureusement l'y ont trouvée.

J'ai osé faire, à la vive sollicitation de mes amis, l'article *Louis XVI* dans la grande *Biographie* de M. Michaud. J'ai longtemps résisté, et je sentais la difficulté de traiter ce sujet dans un petit nombre de pages, et de le traiter en présence du temps et des hommes contemporains, même de ses proches. Mais j'ai craint que cet article, confié à un autre, ne fût un texte à des flatteries envers le pouvoir actuel, et ne l'égarassent encore davantage. Je l'ai fait servir, et y ai mis toute ma politique, telle que vous la connaissez. Je ne sais, au reste, s'il sera approuvé. Je vous ferai passer la feuille, si elle est imprimée.

Vous avez, Monsieur le Comte, dans votre pays un de mes parents, excellent homme de tout point, et destitué de la préfecture de la Vendée pour son royalisme et son esprit religieux. C'est M. de Roussy, mari de mademoiselle de Sales, dernière d'une des branches de la famille de votre saint Evêque de Genève. La famille de Mademoiselle de Sales, petite-fille de la Marquise de Gralier, a perdu des biens dans la Révolution, situés, je crois, près d'Annecy ; il est à la poursuite de l'indemnité que votre souverain a promise. J'ose vous recommander ses intérêts. Il est digne de votre bienveillance ; et, quoiqu'il ait été sous-préfet à Annecy, sous Bonaparte, je crois qu'on lui rend justice, et qu'il y a toujours fait tout le bien qui dépendait de lui et donné les meilleurs exemples.

Au nom de Dieu, Monsieur le Comte, ne vous découragez pas ! Comptez un peu sur l'« Etoile de la France. » Je le dis en homme religieux, et je sais à qui je parle. Comment désespérer d'une nation qui a été sauvée, il y a à peine trois siècles, par une bergère ? Dans des temps de simplicité, son salut lui vint d'une simple fille ; dans des siècles de lumière, il viendra peut-être par des gens d'esprit. Il y a beaucoup de bon esprit en France, et plus qu'on ne pense ; et si la France peut secouer le joug des révolutionnaires, vous êtes tous sauvés.

Il me tarde d'apprendre par vous-même des nouvelles de votre santé : c'est pour vous la seule chose qui m'inquiète. Les journaux vous apprendront notre convocation ; elle sera suivie de près de mon départ, et alors, si vous me faites l'honneur de me répondre, je pourrai recevoir votre lettre à Paris, à mon adresse ordinaire.

Agréez mes plus tendres hommages.

De B.

Du Même au Même.

14 février 1820.
Reçue le 29 février.

Je ne peux, Monsieur le Comte, commencer ma lettre sans vous parler du terrible événement qui a plongé tous les gens de bien, les vrais Français, dans la plus profonde douleur ; vous l'aurez appris par les courriers, et aucun détail encore n'est venu jusqu'à vous. Quel coup et quel avenir ! L'esprit se confond, le cœur se serre en pensant à tout ce que cet événement peut receler d'événements. On dit la duchesse enceinte ; mais quel espoir ? Et surtout après la terrible secousse qu'elle a éprouvée ! Les Chambres ont été assemblées sur-le-champ, pour voter de stériles compliments au Roi. Que lui dire avec espoir d'être écouté ? Que lui inspirer avec certitude d'en être entendu ? Nos détestables écrits, nos pardons scandaleux, nos jugements plus scandaleux encore..., les régicides rappelés, nommés, excusés, devaient en enfanter d'autres, et la cause produit son effet.

Je voulais d'abord vous parler de votre ouvrage ; et ma lettre, remise à aujourd'hui, a rencontré un déplorable sujet qu'il a fallu répandre dans votre sein avant toute autre chose. J'ai lu ce bel ouvrage ; et ceux même qui y trouvent ce que vous avez voulu y mettre, et qui s'en alarment pour des opinions sucées, pour ainsi dire, avec le lait dans leur éducation cléricale ou magistrale, ceux-là sont les premiers à admirer (le mot n'est pas assez fort), à se confondre d'admiration devant le beau génie qui leur a fait ce beau présent. Je vous nommerais MM. de Fontanes, Marcellus, le Cardinal de Bausset, le duc de Richelieu, *e tutti quanti*. J'en parlai à un Evêque un peu récalcitrant. « Après l'avoir lu, me dit-il, « je serai peut-être moins gallican que je n'étais ; mais « si j'étais mécréant, j'en serais plus chrétien ; et si « j'étais dissident, j'en serais plus catholique. » Pour moi, Monsieur, qui vous remercie bien sincèrement de la place que vous avez quelquefois donnée à mon nom et à mes écrits, je ne peux vous dire combien j'y ai trouvé de raison, d'esprit, d'élévation, d'érudition, de choses neuves et originales ; mais, comme je l'ai dit, les Rois, pour le goûter, ne sont peut-être pas assez chrétiens, et les Evêques ne sont pas assez politiques. Il faut avoir considéré la Religion dans ses grands rapports avec la société, pour en sentir toute l'importance et en goûter toute la vérité. Un effet général qu'il a produit est, qu'une fois commencé on ne peut plus le quitter : il faut, bon gré mal gré, aller jusqu'au bout ; et M. de Fontanes, entre autres, l'a tout lu dans un jour. Je puis en dire autant, quoique j'aie été forcé d'y mettre un peu plus de temps. Je voudrais bien en parler dans le *Conservateur*. J'ignore si Messieurs du « comité directeur » de cet écrit me le permettront, à cause de l'ultramontanisme, dont quelques gens ont peur, quoique, depuis la

Restauration, ce sentiment de répulsion se soit bien affaibli en France.

Je vous ai écrit il y a deux mois ; je vous envoyais quelques pièces relatives à une bonne œuvre qui intéresse votre gouvernement. Le fils de mon bon collègue, M. Benoit, jeune homme excellent, ami et disciple de M. l'abbé de Lamennais, était nommé à la suite de l'Ambassade de Naples, et devait partir de jour en jour. Il voulait passer par Turin ; et le moyen à un Français instruit d'y passer sans vous voir ! Je lui avais donc remis ce paquet. Son départ est retardé : je le retire, et vous l'envoie avec cette lettre par l'entremise d'un bon Savoyard qui la fera passer par votre Ambassade ; vous en ferez, Monsieur, tel usage que vous voudrez. Vous m'avez fait dire les plus jolies choses par Catulle ; et si je n'en avais pas vu le nom au bas, ayant un peu oublié ce *grave* auteur, j'aurais cru les vers de vous, tant ils sont faciles et agréables. Vous avez voulu m'épargner la méprise ; c'est pure charité à vous, pour m'épargner un aveu d'ignorance ou un défaut de mémoire.

Je finis, comme j'ai commencé, par vous parler de notre douleur : elle est même populaire. Mais combien de cœurs riants sous des dehors tristes ! Que de profondes hypocrisies ! Quelle conduite ! Et qu'on fait de mal à l'Europe par celle de notre gouvernement, depuis le 5 septembre 1816, jour de funeste mémoire ! — Je ne forme pas de conjectures sur tout ceci. — Un parti infernal s'agite, complote, exécute sous les yeux des autorités ; et, enlacés par nos lois, par nos formes, garrottés par la Charte, nous nous laissons tout doucement conduire dans l'abime où toute l'Europe, si elle n'écoute pas vos leçons (et je peux y joindre les miennes), descendra avec nous.

Je finis, Monsieur le Comte, par vous renouveler tous mes remerciements, toute ma gratitude, toute mon admiration, et l'assurance du tendre et respectueux attachement que je vous ai voué. DE BONALD.

Du Même au Même.

3 de l'an 1821.
Reçue le 10.

MONSIEUR LE COMTE,

Je suis trop heureux d'avoir pu trouver une occasion favorable de dire au public tout le bien que je pense de votre bel ouvrage. Ce n'est pas une illusion de l'amitié, c'est une conviction de la raison, une certitude du bien qu'il peut faire et de celui qu'il a déjà fait ; c'est surtout une satisfaction inexprimable de me retrouver toujours, Monsieur, sur la même ligne de pensées, de sentiments, d'affections. En vérité, lorsqu'on n'est pas dominé par l'orgueil satanique qui est le partage de nos ennemis, à la vue de l'épouvantable confusion qui règne en Europe, dans les esprits même de ceux de qui dépendent nos destinées, on a besoin que l'approbation de quelques hommes supérieurs vienne vous donner la confiance qu'on ne s'est pas tout à fait trompé, et qu'on n'a pas sacrifié à des illusions ou à des erreurs, santé, fortune, loisirs, faveur, et tout ce qu'on aurait trouvé sous d'autres drapeaux. Vous voyez, Monsieur, ce qui se passe en France ; et vous n'en serez que plus attaché à cette pensée dominante de l'influence que nous pouvons prendre en Europe, et du bien que de meilleurs exemples peuvent lui faire. C'est ce que j'ai tâché d'exprimer dans l'Adresse au Roi, dont j'ai été un des rédacteurs. Il a bien fallu y nommer la Charte, quoique je la regarde comme la boîte de Pandore, au fond de laquelle il ne reste pas même l'espérance ; je puis le dire hautement, dans le salon des ministres comme dans le cabinet de mes amis. Le Roi y a répondu mieux et plus positivement qu'il n'avait jamais fait. Nous avons une Chambre excellente, meilleure peut-être qu'en 1815, décidée à tout pour conserver l'union entre les bons, malgré quelques dissidences d'opinion. Nos adversaires sont peu nombreux, mais décidés à suppléer au nombre par l'audace et l'opiniâtreté. Tout assure la victoire au bon parti, mais une victoire achetée par tous les dégoûts et tous les orages que les méchants sont capables d'exciter. Ce qui me confond, ce qui me plonge dans la stupeur, est que des gens d'esprit appellent cela un gouvernement. Depuis longtemps on ne gouverne plus la France : on la dispute. Nous avons donc remporté une pleine victoire à la bataille des élections, victoire due uniquement au zèle et au bon esprit des royalistes, aidés jusqu'à un certain point par le gouvernement, qui a peut-être mieux réussi qu'il ne croyait, et trouve peut-être la dose trop forte. Une autre victoire a été l'introduction de Villèle et de Corbière dans le ministère. Je suis arrivé tard, et n'ai point assisté aux négociations ou aux intrigues qui ont amené ce résultat. Chateaubriand, rentré en faveur, y a beaucoup travaillé ; c'est le grand champion du système constitutionnel : il va le prêcher en Prusse, et n'y dira pas de bien de moi, qu'il regarde comme un homme suranné, qui rêve des choses de l'autre siècle. J'aurais bien des choses à vous dire là-dessus : cette raison, autant que toute autre, a fait cesser malgré moi le *Conservateur*, et a comprimé la vogue du *Défenseur*, au point que je doute qu'il puisse se soutenir. Villèle et Corbière aideront un jour à porter Chateaubriand au Ministère des Affaires étrangères, qui se trouve assez naturellement sur le chemin des Ambassades; c'est un très grand coloriste, et surtout un très habile homme pour soigner ses succès. Pour moi, mon cher Comte, sans fortune, mais sans ambition, trop heureux si, n'ayant pas une si nombreuse et si pauvre famille, je pouvais vivre à un écu par jour, indépendant de tout le monde, et ne relevant que de Dieu et du Roi, j'attends que l'expérience qui se déroule tous les jours vienne justifier la vérité de ce qu'on appelle mes *systèmes*, et ces vues politiques et religieuses qu'on me fait l'honneur, l'insigne honneur de croire que je partage avec M. l'abbé de Lamennais, M. de Haller, etc... Je reviens à notre Chambre : j'ai demandé aux ministres, j'ai dit à tout le monde, si l'on ne se servirait pas d'un instrument si fort et si sûr, pour autre chose que pour obtenir quelques douzièmes en avance sur les contributions et un budget. N'y a-t-il pas d'autres leçons à donner à l'Europe, et ne pourrions-nous pas relever l'étendard de la Religion et de la Royauté, et y rallier, de vœux et d'espérances, tous les honnêtes gens d'Espagne, de Portugal, de Naples, qui gémissent sous l'absurde et féroce tyrannie de leurs *carbonari* et de leurs *libéraux?* Ne pourrions-nous pas seconder la diplomatie européenne, ou même en faire davantage, supposé encore qu'elle veuille ou qu'elle puisse faire quelque chose ? Car il me semble que le *vent du nord* a soufflé sur les projets de l'Autriche, et les a desséchés ou refroidis dans leurs germes. Aujourd'hui le bruit court que le roi d'Espagne est déposé. Le roi de Naples laisse de précieux otages entre les mains de ses révolutionnaires : sa famille, et ses serments... Qu'espérer de tout ceci, quand on considère l'éloignement de Naples, l'isolement de l'Espagne, et le peu de temps qu'il faut aux libéraux pour tout détruire et pour tout renverser ? Il ne vous échappe pas plus qu'à moi que ce sont les couronnes les plus catholiques, les différentes branches de la Maison de Bourbon, celles qui ont détruit, il y a soixante ans, l'Ordre célèbre qu'elles auraient dû défendre, qui sont presque exclusivement les victimes de cette terrible vengeance, la France, l'Espagne, Naples, Lisbonne, et qui expient si cruellement les crimes des Choiseul, des Pombal, des d'Aranda, et de l'autre dont j'ai oublié le nom (1). Je crois, et ne puis le dire qu'à un petit nombre de sages, que c'est la ruine de cet Ordre si nécessaire à la Chrétienté, qui entraîne l'Europe dans l'abîme, et qu'elle n'en peut sortir qu'avec lui ; mais qui lèvera la pierre qui couvre le sépulcre où il est enseveli ? La *Compagnie du Diable* ne peut reculer que devant la *Compagnie de Jésus*, et nous avons des hommes très nobles et très influents, qui aimeraient mieux revoir les Cosaques dans Paris que les Jésuites! A tout ce qu'on propose de bon et de fort, on répond que la France n'est pas encore mûre, que ce qu'on demande est intempestif ; comme s'il y avait rien d'intempestif que le mal, pour lequel les méchants trouvent toujours les choses assez mûres, et les mûriraient en serre chaude si elles ne l'étaient pas. Comme les bonnes doctrines sont vivantes en France, et ne sont peut-être que là, rien en France ne se fait, ne se fera jamais que par élan ; et cet élan, dont on a eu une nouvelle preuve aux élections, hâte plus le bien dans une heure, que toute l'expectative de nos *Fabius* législateurs ne le ferait dans un siècle.

Mes pensées, comme mes affections, se sont souvent reportées vers votre pays : on ne peut pas douter qu'on ne le travaille ; le fourneau est chauffé à la fois de trois côtés, par la France, la Suisse et l'Italie ; et j'admire comment vous vous soutenez, malgré les annonces tous les jours répétées de révolution. Dieu vous conserve

---

(1) Tanucci.

cette tranquillité si précieuse, et puissiez-vous ne trouver chez vous ni de *Quiroga* ni de *Pepe!* Vous me disiez, dans une de vos lettres, qu'il n'y avait plus de Grands en Europe. J'en vois assez pour être tout à fait de votre avis : c'est la Noblesse qui manque partout, et les grands seigneurs en ont détruit l'esprit, comme ils en ont et peut-être parce qu'ils en ont englouti les fortunes. La mollesse, le plaisir, la vanité, la fureur des jouissances et du luxe ont abâtardi ces antiques races, mon cher Comte ; le pouvoir défaillit parce qu'il n'a plus de *ministres*, et jamais la famille ne périt que par la faute de ceux qui sont chargés de la conserver.

Je relirai avec attention les endroits de votre grand ouvrage dont vous me parlez, et j'aurai l'honneur de vous en entretenir ; en attendant, je vous dirai que je trouvai bien beau, bien vrai, et passablement hardi à vous, homme de Cour et Ministre d'Etat, ce que vous dites sur le *mariage* des princes. Que de fois, avant d'avoir eu de si belles preuves du courage et de l'esprit de notre Auguste Veuve, n'ai-je pas dit que le mariage le plus *politique*, pour notre malheureux prince, eût été un mariage avec la *Vendée*, avec quelque belle et bonne fille d'un *Vendéen!* Mais, même dans ce pays de l'honneur et de la fidélité, on n'aurait pas pu trouver mieux que ce que nous avons. Il ne me reste, Monsieur le Comte, qu'à vous remercier de votre bon souvenir, et à vous renouveler l'assurance de tous les sentiments d'admiration et de véritable et éternel attachement que je vous ai voués à la vie et à la mort.

De Bonald.

De M. l'Abbé Rey, vicaire général de l'Archevêque de Chambéry, depuis Evêque d'Annecy.

Chambéry, 5 février 1820.

Monsieur le Comte,

Votre Excellence aura lu sans doute ce qui advint un beau dimanche, l'an 94 de notre ère, au plus jeune des apôtres ; le voici : « *Et accepi librum de manu angeli, et devoravi illum : et erat in ore meo tanquam mel dulce : et cum devorassem eum, amaricatus est venter meus.* » Eh bien ! Monsieur le Comte, les Français, voire même les Savoyards, ont reçu bien incontestablement de la main d'un ange, dont on fait la fête le 19 mars, certain livre doux comme du miel à la lecture : tous l'ont dévoré; mais, dans plusieurs, *amaricatus est venter;* et rien ne prouve mieux l'excellence du livre, et la bonté du remède qu'il donne à certains estomacs qui ont la maladie des Parlements. Je connais des estomacs pour qui la douceur du livre n'a pas fini dans l'œsophage, et qui l'ont trouvé infiniment plus doux encore en le savourant, en le ruminant ; mais les estomacs où ce remède angélique a trouvé des *humeurs peccantes,* en latin *peccatrices,* ont éprouvé et éprouvent encore de rudes tranchées. Ah ! comme c'est drôle de voir certains gros ventres tout *amariqués* par l'effet de cette lecture ! Rien ne m'étonne, rien ne m'afflige en tout cela ; c'est l'effet naturel d'un remède divin contre une maladie humaine. Mais ils auront beau faire : la potion est avalée, et la pharmacie angélique où elle a été préparée a si bien proportionné, arrangé, conditionné la dose, qu'elle aura infailliblement son effet, mais *tempore suo*.

En attendant, les Français n'ont pas voulu relever le gant, et se venger en écrivant *mieux que vous, contre vous*. Ils ont trouvé plus expédient de saisir l'ouvrage que d'y répondre. Il est certain que l'un est plus facile que l'autre ; mais malheureusement la main friponne ne s'est appesantie sur le nid que lorsque les oiseaux en étaient presque tous sortis, et je sautais de joie hier en apprenant que deux ballots étaient arrivés à la douane.

Je sais que, parmi les motifs de l'humeur gallicane, *Bossuet* et le *temporel des rois* jouent un grand rôle : attaquer notre *dogme national* !

Que dites-vous, Monsieur le Comte, d'un *dogme national ?* Pour moi, je n'en connais que de *catholiques* ; et dès qu'il est national, il n'est plus dogme.

Agréez, etc.

Rey, vicaire général.

De M. Alphonse de Lamartine à J. de Maistre.

Paris, 17 mars 1820.

Monsieur le Comte,

J'étais à toute extrémité quand j'ai reçu la charmante lettre que vous avez bien voulu m'écrire en m'adressant votre bel ouvrage. Je profite des premières forces de ma convalescence pour y répondre, et vous remercier à la fois et du livre et de la lettre, et surtout du titre flatteur de neveu, dont je m'honore ici auprès de tout ce qui vous connaît. Ce titre seul vaut une réputation, tant la vôtre est établie à un haut degré parmi tout ce qui apprécie encore un génie vrai et profond dans un siècle d'erreurs et de petitesses. Le nombre en est encore assez grand ; il semble même s'accroître tous les jours. M. de Bonald et vous, Monsieur le Comte, et quelques hommes qui suivent de loin vos traces, vous avez fondé une école impérissable de haute philosophie et de politique chrétienne, qui jette des racines, surtout parmi la génération qui s'élève : elle portera ses fruits, et ils sont jugés d'avance. Je puis vous dire, avec la sincérité d'un neveu d'adoption, que votre dernier ouvrage a produit ici une sensation fort supérieure à tout ce que vous pouviez paternellement en espérer. Vous aurez été surpris que les journaux, surtout ceux qui devaient principalement adopter vos idées, soient restés presque dans le silence à votre égard ; mais cela tient à quelques préjugés du pays, dont vous sapez si admirablement les ridicules prétentions gallicanes, et à un *mot d'ordre* qu'on a cru devoir religieusement observer, et dont j'ai donné l'explication pour vous à Louis. Cela n'a, du reste, arrêté en rien la rapide circulation de l'ouvrage ; au contraire, il est partout, et partout jugé avec toute l'admiration et l'étonnement qu'il mérite : c'est assez vous dire que de vous assurer que vous êtes à votre place à la tête de nos premiers écrivains. Si un neveu avait le droit de représentation, je vous donnerais un conseil, d'après l'opinion que j'ai entendu exprimer universellement : ce serait de publier sur-le-champ votre grand ouvrage en portefeuille, et aussitôt après, une édition complète de vos œuvres ; je ne doute nullement que cela ne mit le sceau à votre solide gloire. En attendant, je suis chargé, par des hommes dignes d'être entendus de vous, de vous faire une requête respectueuse en leur nom et au mien. Voici ce dont il s'agit. *Le Conservateur* finit ; un journal dans le même sens, mais dépouillé des rêveries constitutionnelles (le plus possible) lui succède ; il se nomme *le Défenseur* ; il est rédigé par MM. de Bonald, l'abbé de Lamennais, Saint-Victor, Genoude, plusieurs autres hommes distingués et quelques autres inconnus, au nombre desquels ils ont bien voulu m'admettre. Ces Messieurs, tous de votre école et selon votre cœur, osent vous prier de détacher de temps en temps, de votre portefeuille quelques pages de politique ou de métaphysique, dont ils orneront leur journal, avec ou sans nom, selon vos convenances et vos ordres. J'ai déjà chargé Louis, avec qui je partage mon *action*, de vous adresser cette prière au nom de tout ce que la France possède d'hommes dignes de vous ; je l'ai chargé en même temps de vous faire passer, de ma part, un petit volume intitulé *Méditations poétiques*, comme un faible hommage de mon admiration et de tous mes sentiments pour vous. Ces sentiments mêmes vous demandent quelque indulgence pour ma pauvre poésie.

Je vous demande pardon, Monsieur, de prolonger si longtemps cette conversation avec vous ; mais on n'écrit pas souvent à M. de Maistre. J'espère être incessamment plus heureux encore, et avoir l'honneur de vous voir à Turin, où je vais passer bientôt en allant à Naples. Daignez me rappeler, Monsieur, à mes cousines, à qui vous me donnez le droit de donner ce nom, et agréez l'hommage invariable de mon profond respect et de ma haute admiration, avec lesquels j'ai l'honneur d'être, Monsieur le Comte,

Votre très humble et obéissant serviteur,

Alphonse DE LAMARTINE.

De M. l'Abbé F. de Lamennais à J. de Maistre.

Saint-Malo, le 5 février 1820.

Monsieur le Comte,

J'apprends que vous avez eu l'extrême bonté de me destiner un exemplaire de votre dernier ouvrage. M. de Lamartine veut bien prendre le soin de me le faire parvenir dans ma solitude, où je l'attends avec l'impatience que doit avoir de connaitre une nouvelle production de votre génie, tout homme qui s'intéresse à la religion et à la société. En défendant l'autorité du Saint-Siège, vous défendez celle de l'Eglise, et l'autorité même des Souverains, et toute vérité, et tout ordre. Vous devez donc compter sur de nombreuses contradictions; mais il est beau de les supporter pour une telle cause. L'opposition des méchants console le cœur de l'homme de bien. Il se sent plus séparé d'eux, et dès lors plus près de celui à qui le jugement appartient, et à qui restera la victoire.

Daignez agréer l'hommage de mon admiration, ainsi que le profond respect avec lequel j'ai l'honneur d'être Monsieur le Comte,

Votre très humble et très obéissant serviteur,
- L'abbé F. de Lamennais.

Du Même au Même.

Paris, 18 mai 1820.

Monsieur le Comte,

Vos lettres ne sont pas seulement une instruction pour moi, elles sont encore un encouragement ; ainsi, chaque fois que vous voulez bien me faire l'honneur de m'écrire, je vous dois une double reconnaissance. La vive impression que votre bel ouvrage avait faite sur certaines personnes commence à s'affaiblir. Il n'avait d'abord été question de rien moins que d'une censure. Je ne sais pas comment on s'y serait pris pour éviter, en la rédigeant, le scandale et le ridicule. Il y avait, disait-on, dans votre livre, trois ou quatre hérésies au moins. On nommait des gens qui les avaient vues ; mais l'embarras était de les retrouver : on n'en a pu venir à bout, et ce grand bruit a fini par un silence profond. Le bien que vous avez fait est immense, il restera. On ne guérit pas certains préjugés dans certaines têtes ; mais on empêche qu'ils passent dans d'autres têtes, et le temps, que rien ne supplée, rend à la vérité tous ses droits. Une des choses que j'admire le plus dans la conduite du Saint-Siège, c'est la patience avec laquelle il attend : *Patiens, quia œternus.*

Ne doutez pas, Monsieur, que je ne rende compte de votre ouvrage ; je ne manquerai certainement pas cette occasion d'être utile et de m'honorer. Il y aura bien quelque difficulté de la part de la censure ; mais je m'en tirerai de manière ou d'autre. Ce qui me contrarie le plus, c'est qu'il faut que j'achève auparavant la préface de mon deuxième volume, dont il y aurait de l'inconvénient à retarder la publication. Cette préface doit être assez longue, et ma très mauvaise santé me force quelquefois de cesser tout travail pendant des semaines entières. J'espère cependant être libre dans un mois ou un mois et demi. Je commencerai, comme vous le désiriez, par citer les éloges que vous faites du Clergé français. Quant aux passages que je croirai susceptibles d'être modifiés pour l'expression, je les noterai à une seconde lecture et j'userai de la permission que vous me donnez, avec tant d'indulgence, de vous soumettre mes observations. Elles seront, au reste, fort peu nombreuses. Je ne me rappelle en ce moment que d'un mot ; vous dites, je crois, quelque part : *Le Concile déraisonna ;* cela peut être, mais il ne faudrait pas, ce me semble, le dire si crûment.

Je suis extrêmement touché de la peine que vous a causée l'insertion, dans *le Défenseur*, de deux lettres excellentes écrites par vous à une dame russe, et destinées à rester secrètes. Vous avez assurément raison de vous plaindre, on ne dispose pas d'un nom tel que le vôtre sans y être auparavant bien autorisé. J'en ai parlé dans ce sens à Messieurs du *Défenseur*, gens aussi honorables par leur caractère que distingués par le talent.

Ils ont été singulièrement peinés d'avoir paru manquer d'égards, en cette occasion, pour un des hommes qu'ils respectent et qu'ils vénèrent le plus. La vérité est qu'ils n'ont eu que l'apparence d'un tort ; et je suis chargé par eux de vous offrir, avec l'expression de leurs regrets, toutes les excuses possibles. Un ecclésiastique estimable leur remit un petit recueil imprimé à Rome, et où se trouvent vos deux lettres. Ils ignoraient absolument qu'elles y fussent sans votre consentement. Cet ecclésiastique insista sur l'utilité de les répandre davantage, surtout en France, et les lettres elles-mêmes parlaient encore beaucoup plus haut dans le même sens. Voilà les faits, Monsieur ; s'ils justifient les personnes qui dirigent *le Défenseur*, ils ne diminuent point le regret qu'elles éprouvent de vous avoir, bien contre leur gré, causé un moment d'ennui.

Vous connaissez sûrement les lettres du Cardinal Litta sur les Quatre Articles. Il serait très bon de les faire réimprimer avec des notes dans ce pays-ci. Si vos occupations vous permettaient de consacrer quelques instants à la rédaction de ces notes, vous rendriez un grand service à notre pauvre Eglise de France. Je me chargerais volontiers des soins de l'impression, et l'auteur des notes resterait aussi inconnu qu'il voudrait l'être. Je vous supplie d'y penser. L'ouvrage du Cardinal Litta a fait un bien réel. J'ai vu, depuis deux ans, beaucoup de prêtres en chercher des exemplaires ; mais il n'y en a plus. Il serait aisé de le répandre dans les Séminaires, où on le lirait avec fruit. C'est des jeunes gens qu'il faut s'occuper. Il y a partout une tendance marquée vers les bonnes doctrines. Quel dommage si, faute de soins, cet heureux germe ne se développait pas ! Il y a aujourd'hui quelque chose de très favorable au bien. Les méchants n'ont plus de doctrines proprement dites; ils s'agitent, ils crient, mais ils n'enseignent pas ; ils ont tout détruit, tout perdu, jusqu'à l'erreur même.

Quiconque, maintenant, veut avoir un principe, une idée, est contraint de venir les demander à la religion. Cela est admirable, et on le sentira bien mieux encore dans quelque temps.

Pardon, Monsieur, de mon bavardage. J'abuse de votre temps en vrai Breton ; mais il y a un peu de votre faute, et vous portez la peine de votre indulgence.

J'ai l'honneur d'être, avec respect, Monsieur le Comte,
Votre très humble et très obéissant serviteur,

L'abbé F. DE LAMENNAIS.

Du Même au Même.

Saint-Brieuc, 2 janvier 1821.

MONSIEUR LE COMTE,

J'ai fait part à M. Genoude de ce que vous m'avez fait l'honneur de me marquer relativement à votre grand ouvrage, et je ne doute pas qu'il ne se fasse un véritable plaisir d'en surveiller l'impression. Je voudrais qu'il pût paraître à peu de distance de celui qui s'imprime à Lyon ; car les livres sont comme les hommes, ils s'entr'aident, et il est avantageux d'agir sur beaucoup d'esprits à la fois. Je suis étonné que Rome ait eu tant de peine à comprendre vos magnifiques idées sur le pouvoir pontifical. J'ai vu en France des gens du monde, très étrangers assurément à la théologie, les saisir parfaitement à une première lecture. Notre nation a, je l'oserai dire, cet avantage, que tout ce qui est naturel et vrai entre avec une facilité extrême dans les têtes. S'il m'était permis de juger les Romains par les livres qui nous viennent de leur pays, j'aurais quelque penchant à croire qu'ils sont un peu en arrière de la société. On dirait, à les lire, que rien n'a changé dans le monde depuis un demi-siècle. Ils défendent la religion comme ils l'auraient défendue il y a quarante ans. Ils semblent toujours parler à des gens qui admettraient certaines bases générales, des principes et des faits, qui, malheureusement, sont bien loin aujourd'hui d'être admis. Aussi ce genre de preuves ne fait-il maintenant aucune impression sur les esprits, comme je suis tous les jours à même de le remarquer. Je connais même plusieurs personnes qui, de chrétiennes qu'elles étaient, sont devenues incrédules en lisant les apologies de la religion. Ce n'est pas que ces apologies ne soient certainement très solides ; elles étaient excellentes pour le temps où elles ont paru, lorsque tout était stable, et qu'il existait des idées universellement reçues ; mais elles ne répondent pas, ou elles répondent mal, à la raison qui les interroge dans un autre état de société. Il ne faut pas qu'on s'y trompe à Rome : leur méthode traditionnelle, où tout se prouve par des faits et des autorités, est sans doute parfaite en soi, et l'on ne peut ni l'on ne doit l'abandonner ; mais elle ne suffit pas, parce qu'on ne la comprend plus ; et depuis que la raison s'est déclarée souveraine, il faut aller droit à elle, la saisir sur son trône, et la forcer, sous peine de mort, de se prosterner devant la raison de Dieu.

Je désirerais de tout mon cœur partager vos espéces sur l'avenir ; mais je vous avoue que ma faible vue ne saurait apercevoir, dans ce monde qui se dissout, le germe d'une restauration complète et durable. Je cherche vainement à concevoir par quel moyen le genre humain pourrait guérir de la maladie dont il est atteint. Puissé-je me tromper ! mais je la crois mortelle. Remonter du fond de l'erreur au sommet de la vérité, malgré les passions, malgré la science, malgré l'imprimerie, cela me paraît contraire à tout ce que nous connaissons des lois qui régissent le monde moral. Le dirai-je ? Il me semble que tout se prépare pour la grande et dernière catastrophe ; et peut-être est-ce aux nations que s'applique le mot terrible de saint Paul : *Impossibile est eos qui semel sunt illuminati, etc. Rursus renovari ad pœnitentiam.* Cependant, plus les ténèbres iront s'épaississant, plus la véritable lumière jettera d'éclat au milieu d'elles. *In tenebris lucebit.* L'état intérieur de l'Eglise deviendra chaque jour plus parfait, parce qu'il n'y aura plus de milieu entre la foi et le néant, de croyance entre la vertu et le crime, entre le bien et le mal, entre le ciel et l'enfer ; et déjà nous voyons commencer cette séparation tranchante. Tout est extrême aujourd'hui ; il n'y a plus de demeure mitoyenne, il n'y a plus de terre. Oh ! Monsieur, que le spectacle que nous avons sous les yeux est grand !

Je me propose d'aller à Paris vers la fin de ce mois. J'y verrai M. de Bonald, et nous nous consolerons de bien des choses en parlant de vous. Si vous me faites l'honneur de m'écrire, veuillez m'adresser vos lettres chez M. de Saint-Victor, rue du Cherche-Midi, n° 15.

J'ai l'honneur d'être, avec le plus tendre respect, Monsieur le Comte,

Votre très humble et très obéissant serviteur,

F. DE LAMENNAIS.

FIN DU TOME QUATORZIÈME.

TABLE DES MATIÈRES

CONTENUES DANS CE QUATORZIÈME VOLUME

		Pages
500	— A M. le Comte de Vallaise.	1
501	— A M. le Chevalier de Saint-Réal.	7
502	— A M. le Comte de Vallaise.	12
503	— Au Même	15
504	— Au Même	20
505	— Au T. R. P. Général de la Compagnie de Jésus, à Polock.	28
506	— A M. le Comte de Vallaise.	31
507	— Au Même	40
508	— Au Même	44
509	— Au Même	49
510	— Au Même	50
511	— A Son Eminence le Cardinal Severoli, à Rome	55
512	— A M. le Comte de Vallaise.	59
513	— Au Même	63
514	— Au Même	67
515	— Au Même	71
516	— Au Même	73

		Pages
517	— Au Même	81
518	— Au R. P. Rosaven, de la Compagnie de Jésus, à Polock.	84
519	— A M. le Comte de Blacas	87
520	— A M. le Marquis de la Maisonfort	89
521	— A M. le Vicomte de Bonald, à Paris	92
522	— Au Révérend Père Rosaven, de la Compagnie de Jésus.	94
523	— A Mme la Princesse de Beloselski.	99
524	— A Mlle Constance de Maistre	100
525	— A Monsieur X	103
526	— A Mlle Constance de Maistre	105
527	— A Mme la Comtesse de Rzewuska.	106
528	— A M. le Vicomte de Bonald.	108
529	— Au Même	112
530	— A M. le Comte de Stolberg, à Munster . . .	116
531	— A M. Dumont, Bachelier en droit, à Cluses, province de Faucigny, en Savoie. . . .	119
532	— † A M. l'Abbé Vuarin, Curé de Genève. . .	122
533	— A M. Dumont, Bachelier en droit, à Cluses, province de Faucigny, en Savoie	126
534	— A M. de Tchitchagof.	130
535	— A M. l'Amiral Tchitchagof	133
536	— A M. le Vicomte de Bonald	137
537	— Au Prince Korlowski	141
538	— A Mlle de Virieu	145
539	— A M. le Chevalier d'Olry	147
540	— A M. Deplace, à Lyon	150
541	— Au Même	152
542	— A M. le Chevalier d'Olry	155
543	— A M. le Vicomte de Bonald, à Paris	158
544	— A Mme la Duchesse des Cars	161

TABLE DES MATIÈRES.

Pages

545 — A M. le Vicomte de Bonald 166
546 — A M. le Comte de Blacas, à Rome 171
547 — A M. Deplace. 175
548 — A M. Besson, Curé de Saint-Nizier 177
549 — A M. de Karaoulof, Officier de la marine russe. 179
550 — A M. le Comte de Marcellus. 182
551 — A Mme la Duchesse des Cars 185
552 — A M. Deplace 188
553 — A M. le Vicomte de Bonald 190
554 — † A M. l'Abbé Vuarin, Curé de Genève. . . 193
555 — A M. Deplace 196
556 — A M. l'Abbé Rey, Vicaire général de Chambéry. 199
557 — Au Même 201
558 — A Mlle Constance de Maistre 205
559 — A M. le Comte de Marcellus 207
560 — † A M. l'Abbé Vuarin, Curé de Genève . . . 210
561 — A M. le Vicomte de Bonald, à Paris. . . . 213
562 — A M. Deplace. 216
563 — Au Même 219
564 — † A M. l'Abbé Vuarin, Curé de Genève. . . 222
565 — A M. l'Abbé de Lamennais. 224
566 — A Mme de Maistre. 229
567 — † A M. l'Abbé Vuarin, Curé de Genève. . . 231
568 — A M. l'Abbé de Lamennais. 234
569 — A M. Deplace. 238
570 — A M. de Syon, Officier au service du Piémont. 241
571 — A Mme la Baronne de Morand, sa belle-sœur . 243
572 — A M. le Vicomte de Bonald, à Paris 245
573 — A M. Deplace. 248
574 — † A M. l'Abbé Vuarin, Curé de Genève. . . 251
575 — A Mme la Duchesse des Cars 254
576 — A M. le Marquis d'Azéglio. 256

LETTRES A Mme LA COMTESSE D'EDLING
NÉE DE STOURDZA

	Pages
Lettre I	260
— II	265
— III	268
— IV	270
— V	273
— VI	276
— VII	278

Extrait d'une conversation entre J. de Maistre et M. Ch. de Lavau. 284

LETTRES ADRESSÉES A J. DE MAISTRE

De M. le Baron d'Erlach de Spietz, ancien bailli de Lausanne, à J. de Maistre.	289
Du Chevalier Nicolas de Maistre à Mme la Comtesse Ponte, née de Ruffia.	293
Du Roi Louis XVIII à J. de Maistre.	296
Réponse de J. de Maistre.	297
De J. de Maistre à l'Empereur Alexandre.	298
Réponse de Sa Majesté Impériale	299
Du Vicomte de Bonald à J. de Maistre.	299
Du Même au Même.	309
Du Même au Même.	315
Du Même au Même	319

Du Même au Même	323
Du Même au Même	328
Du Même au Même	331
Du Même au Même	335
Du Même au Même	341
Du Même au Même	345
Du Même au Même	351
Du Même au Même	354
De M. l'Abbé Rey, Vicaire général de l'Archevêque de Chambéry, depuis Evêque d'Annecy.	360
De M. Alphonse de Lamartine à J. de Maistre	362
De M. l'Abbé F. de Lamennais à J. de Maistre	365
Du Même au Même	366
Du Même au Même	369

FIN DE LA TABLE.

TABLE GÉNÉRALE

DES SIX VOLUMES DE CORRESPONDANCE

D'APRÈS LES DATES DES LETTRES

TOME PREMIER

Année 1786.

	Pages
Févr. 20. — A Monsieur ***.	1
Sept. 8. — A M. le Comte Henri Costa de Beauregard.	4

Année 1790.

Mai 4. — A Mlle Thérèse de Maistre, sa Sœur.	6
Juil. 12. — A la Même	8

Année 1791.

Janv. 21. — A M. le Comte Henri Costa de Beauregard.	10
Févr. 17. — Au Même	14
Juin 26. — Au Même	17

Année 1792.

Janv. 6. — Au Même	19
Févr. 17. — A Mme de Constantin, sa Sœur Thérèse.	21
Avril 2. — A M. le Comte Henri Costa de Beauregard.	23
— 27. — Au Même	25

Année 1793.

	Pages
Mars 18. — A Mme la Comtesse Henri Costa de Beauregard.	30
Avril 29. — A la Même	31
Mai 28. — A la Même	34
Juil. 21. — A la Même	38
Août 17. — A la Même	41
— 22. — A la Même	45
— 30. — A la Même	46
Sept. 4. — A M. le Baron Vignet des Etoles, Ministre du Roi de Sardaigne auprès de la Confédération helvétique	47
— 8. — A Mme la Comtesse Henri Costa de Beauregard.	51
— 12. — A la Même	54
Oct. 1er. — A la Même	55
Déc. 9. — A M. le Baron Vignet des Etoles.	57

Année 1794.

Mai 2. — Au Même.	60
— 31. — A M. le Comte Henri Costa de Beauregard.	61
Juin 14. — Au Même	63
Août 6. — A M. le Baron Vignet des Etoles.	66
— 15. — Au Même	69
— 22. — Au Même	73
— 26. — Au Même	76
Oct. 28. — Au Même	78
Déc. 13. — A M. le Comte Henri Costa de Beauregard.	80
— 23. — A M. le Baron Vignet des Etoles.	84

Année 1795.

Août 26. — Au Même	86
Sept. 15. — Au Même	88

Année 1796.

	Pages
Avril 30. — Au Même	91

Année 1797.

Juin 3. — A Mlle Adèle de Maistre, sa fille ainée	92
Oct. 18. — A la Même	94
Déc. 2. — A la Même	95

Année 1801.

Juin 7. — A Son Excellence Sir Thomas Jackson, Ministre plénipotentiaire de S. M. Britannique près S. M. Sarde	97

Année 1802.

Janv. 13. — A Mlle Constance de Maistre, sa seconde fille.	106
— 20. — A M. le Comte Napione Coconato, de l'Académie nationale, à Turin	103
Déc. 14. — A Mlle Constance de Maistre	108

Année 1803.

Mars 10. — A la Même	111
Août 3. — A M. le Chevalier de Rossi, Régent de la secrétairerie d'Etat de S. M. le Roi de Sardaigne, à Rome (1).	113
Sept. 30. — Au Même	120
Oct. 19. — A Mlle Adèle de Maistre	122

---

(1) Première lettre de Saint-Pétersbourg. — Toutes les lettres de Russie sont données, autant que possible, sous la date du Calendrier Grégorien n. s.), et non sous la date russe (v. s.).

Année 1804.

	Pages
Janv. 19. — Mémoire à consulter sur l'état présent de l'Europe, avec quelques réflexions particulières sur l'Italie	125
Avril 30. — A M. le Chevalier de Rossi	156
— 31. — Au Même	167
Mai 5. — Au Même	173
— 20. — A Mme de Constantin	175
— 20. — A M. le Chevalier de Rossi	178
Juin 5. — Au Même	183
— 7. — Au Même.	185
Juil. 7. — Au Même	187
Août 12. — A Mlle Adèle de Maistre	199
— 14. — A M. le Chevalier de Rossi	197
— 21. — Au Même	203
— 21. — Au Même	208
— 21. — A S. M. Victor-Emmanuel Ier, Roi de Sardaigne.	210
— 31. — A M. le Chevalier de Rossi	213
Sept. 10. — Au Même	215
— 18. — Au Même	221
— 25. — Au Même	223
— 29. — A Mlle Adèle de Maistre	224
Oct. 3. — A M. le Comte d'Avaray	229
— 10. — A M. le Chevalier de Rossi	233
Nov. 3. — Au Même	245
— 20. — A M. le Comte d'Avaray, à Riga	261
— 20. — Au Même	264
— 20. — Au Roi Louis XVIII.	267
Déc. 8. — Au Roi Victor-Emmanuel	269
— 8. — Au Même	278
— 9. — Au Prince Czartoriski, Ministre des affaires étrangères à Saint-Pétersbourg	281
— 14. — A M. le Comte d'Avaray	285
— 26. — A M. le Chevalier de Rossi	289

		Pages
Déc. 26.	— A Mlle Adèle de Maistre	301
— 26.	— A la Même	304

Année 1805.

Janv. 14.	— Au Roi Victor-Emmanuel	306
— 25.	— A M. le Chevalier de Rossi	317
Févr. 14.	— Au Roi Victor-Emmanuel	319
— 14.	— Au Chevalier Nicolas de Maistre, son frère	330
Mars 5.	— A M. le Comte de Front, Ministre de Sardaigne à Londres	336
— 9.	— Au Roi Victor-Emmanuel	342
— 9.	— A M. le Chevalier de Rossi	348
— 13.	— Au Roi Victor-Emmanuel	351
— 18.	— Au Prince Czartoriski	353
Mars 21.	— A Mme la Marquise de Priero	355
— 21.	— A Monseigneur de la Fare, évêque de Nancy, à Vienne	357
— 22.	— A Mme la Baronne de Pont, à Vienne	360
— 26.	— A Madame ***	365
— 26.	— A Mme la Comtesse Trissino, née Ghillino	368
— 28.	— Au Chevalier Xavier de Maistre, son frère	367
Avril 13.	— A M. le Chevalier de Rossi	372
— 20.	— Au Roi Victor-Emmanuel	376
Mai 14.	— A M. le Chevalier de Rossi	379
— 14.	— A Mme la Comtesse de Goltz	383
— 25.	— Au très honorable Sir John Borlare Warren, Vice-Amiral d'Angleterre	386
— 25.	— A M. le Comte de Front	390
— 25.	— Mémoire sur la correspondance en chiffres	393
— 27.	— A Monseigneur de la Fare	394
— 29.	— A Mme la Baronne de Pont	398
Juin 7.	— A Son Excellence M. de Novosiltzof	404
— 7.	— Mémoire au Même	405
— 10.	— A Mme la Marquise de Priero	402
— 10.	— A M. le Chevalier de Rossi	410

Juin 10. — A M. le Comte de Roburent, premier écuyer du Roi de Sardaigne, à Gaëtta	412
— 10. — Au Roi Victor-Emmanuel	417
Août 11. — Au Même	436
— 11. — A Mme la Marquise de Priero	442
— 30. — A M. le Comte de Rossi, Ministre de S. M. Sarde à Vienne	445
Sept. 5. — A M. le Chevalier de Rossi	449
— 9. — Au Roi Victor-Emmanuel	457
— 10. — A Monseigneur de la Fare	463
— 11. — A Mme la Baronne de Pont	466
— 16. — A M. le Chevalier de Rossi	468
— 16. — Mémoire à S. E. le Prince Czartoriski . . .	472
— 20. — A M. le Chevalier de Rossi	471
— 24. — Au Même	477
— 25. — A M. le Comte de Front	479
Oct. 10. — Au Roi Victor-Emmanuel	483
— 20. — A M. le Chevalier de Rossi	484
— 22. — Au Roi Victor-Emmanuel	489
Nov. 1er. — A M. le Duc de Serra-Capriola, ambassadeur du roi de Naples à Saint-Pétersbourg . .	490
— 20. — Au Roi Victor-Emmanuel	495
— 27. — A S. E. le Prince Czartoriski	499
Déc. 6. — A M. le Comte de Front	501
— 20. — A Mme la Comtesse Trissino, à Vienne . . .	507
— 30. — A M. le Comte de Front	510

TOME DEUXIÈME

Année 1806.

		Pages
Janv. 2.	— Mémoire sur les suites de la bataille d'Austerlitz.	1
— 10.	— A M. le Comte de Front	13
— 16.	— Au Même	15
— 31.	— Au Roi Victor-Emmanuel	19
— 31.	— A M. le Chevalier de Rossi	48
Févr. 6.	— Au Roi Victor-Emmanuel	50
— 14.	— A M. le Chevalier de Rossi	56
— 27.	— Au Même	60
Mars 22.	— Au Roi Victor-Emmanuel	67
— 29.	— A M. le Comte de Front	73
Avril 5.	— Au Même	77
— 10.	— A M. le Chevalier de Rossi	81
— 14.	— A Mme de Saint-Réal, sa sœur.	85
— 18.	— A M. le Chevalier de Rossi	88
— 19.	— A S. E. le Prince Czartoriski	90
— 21.	— Au Roi Victor-Emmanuel.	93
— 26.	— A M. le Chevalier de Rossi	104
Mai 10.	— Au Roi Victor-Emmanuel.	107
— 25.	— A Monseigneur de la Fare.	110
— 25.	— A M. le Chevalier de Rossi	113
— 25.	— Au Même	114
— 27.	— A Mme Huber-Alléon, à Genève	115
Juin 9.	— A M. le Chevalier de Rossi	118
— 10.	— Au Même	126
— 10.	— Au Même	128
— 22.	— Au Chevalier Nicolas de Maistre	129
— 23.	— A M. le Comte de Front	133
— 23.	— Au Même	137

		Pages
Juil. 4.	— A M. le Chevalier de Rossi	139
— 17.	— A M. le Comte de Front	141
— 17.	— A M. le Chevalier de Rossi	144
Août 3.	— A M. le Marquis de la Pierre, à Londres	153
— 4.	— A Mme de Saint-Réal	155
— 4.	— A M. le Chevalier de Rossi.	157
—	— Mémoire sur la politique du Roi de Sardaigne, depuis le commencement de la Révolution.	160
— 4.	— A M. le Comte de Front	164
— 9.	— A Madame de ***	167
— 9.	— A M. le Baron de Pauliani, à Nice	169
— 16.	— A M. le Chevalier de Rossi	172
—	— A M. le Comte de Front	173
— 22.	— A Mme de Saint-Réal	179
— 31.	— A M. le Chevalier de Rossi	182
Sept. 20.	— Au Même	190
— 23.	— A M. le Comte de Front	195
Oct. 4.	— A M. le Chevalier de Rossi	198
— 8.	— A Mme Hubert Alléon	205
— 8.	— A Mlle Adèle de Maistre	212
— 18.	— A M. le Comte de Front	215
— 24.	— Mémoire sur la conduite à tenir contre Napoléon.	217
Nov. 10.	— A M. le Chevalier de Rossi (1)	224
— 13.	— Au Même	256
— 22.	— A Mme la Comtesse de la Chavanne sa tante maternelle.	260
Déc. 10.	— Au Roi Victor-Emmanuel.	263
— 10.	— A Mme de Saint-Réal	266
— 10.	— A M. le Chevalier de Rossi	271
—	— Au Même	274

---

(1) Cette lettre commencée le 10 novembre est reprise successivement le 12, le 13, le 18, le 19, et le 21. La suivante qui ne concerne que J. de Maistre lui-même, en particulier, a été écrite à part dans l'intervalle.

Année 1807.

		Pages
Janv. 1er. — A M. le Comte de Roburent	. . . . .	276
— 3. — A M. le Chevalier de Rossi	. . . . .	281
— 7. — A Mlle Adèle de Maistre	. . . . .	293
— 9. — A Mme de Saint-Réal	. . . . .	297
— 11. — A M. le Chevalier de Rossi	. . . . .	301
Févr. 11. — Au Même	. . . . .	303
— 11. — A M. le Comte Deodati, à Genève	. . .	307
— 26. — Au Comte Rodolphe, son fils	. . . . .	309
— — A Mme de Saint-Réal	. . . . .	310
Mars — A M. le Chevalier de Rossi	. . . . .	316
— 21. — Au Même	. . . . .	321
— 22. — Au Même	. . . . .	353
— 31. — Au Même	. . . . .	360
Avril 5. — Au Même	. . . . .	371
— 10. — Au Même	. . . . .	375
— 11. — Au Même, à Cagliari	. . . . .	377
— 18. — A M. le Comte de Front	. . . . .	381
— 18. — Au Comte Rodolphe	. . . . .	384
— 19. — A M. le Marquis de la Pierre	. . . . .	387
Mai 3. — A Mlle Adèle de Maistre	. . . . .	392
— 20. — A M. le Chevalier de Rossi	. . . . .	394
Juin 8. — Au Même.	. . . . .	398
— 23. — A Mme de Saint-Réal	. . . . .	403
— 28. — A M. le Comte de Blacas, à Mitau	. . .	405
— 30. — A M. le Comte Théodore Golovkin, à Moscou	.	414
— 30. — A M. le Chevalier Ganières, Chargé d'affaires de S. M. Sarde à Vienne.	. . .	416
Juil. 1er. — A M. le Comte de Front	. . . . .	417
— 8. — A M. le Chevalier de Rossi	. . . . .	407
— 10. — A Mme de Saint-Réal	. . . . .	422
— 16. — A M. le Chevalier de Rossi	. . . . .	425
— 24. — A M. le Comte d'Avaray	. . . . .	432
— 28. — A M. le Comte Deodati.	. . . . .	442

		Pages
— 30. — A M. le Comte d'Avaray		446
Août 1er. — A M. le Chevalier de Rossi		428
— 16. — Au Même		450
— — Au Même		453
— 22. — Au Même		456
— 24. — Au Même		465
Sept. 4. — Au Même		472
— 11. — Au Même		478
— 23. — A M. le Comte de Front		482
— 25. — A S. M. l'Empereur de toutes les Russies (Mémoire sur le projet qu'il a formé de demander une audience à Napoléon)		485
— 26. — A S. E. le Comte Nicolas de Roumantzof, Ministre des Affaires étrangères et du commerce		484
Oct. 20. — A M. le Général Savary, Ambassadeur de France à Saint-Pétersbourg		488
— 20. — Au Même (Mémoire pour obtenir une audience de Napoléon)		489
— 26. — A S. E. le Comte Nicolas Roumantzof		493
Nov. 1er. — A M. le Comte de Front		494
— 1er. — A M. le Comte de Vargas, à Cagliari		497
— 1er. — A M. de Launay, ancien conseiller au Parlement		505
— 1er. — A M. le Chevalier de Rossi		509
— 1er. — Au Même		518
— 8. — A Mlle Adèle de Maistre		526
— 11. — A M. le Comte de Front		527
Déc. 8. — A M. le Chevalier de Rossi		532
— 18. — Au Même		537
— 23. — A Mlle Adèle de Maistre		543
— 25. — A M. le Chevalier de Rossi		545

TOME TROISIÈME

Année 1808.

		Pages
Janv. 10.	— A M. le Chevalier de Rossi	8
— 10.	— A Mlle Adèle de Maistre	1
—	— A M. le Chevalier de Rossi	130
— 16.	— Au Même	1
— 19.	— Au Chevalier Nicolas de Maistre.	23
Févr. 1er.	— Au Même	27
—	— Au Même	48
— 11.	— Au Même	56
— 26.	— Au Même	60
Mars 18.	— Au Même	77
— 18.	— Au Même	80
Avril 1er.	— A M. le Général Pardo, Ministre d'Espagne .	86
— 28.	— A M. le Chevalier de Rossi	89
—	— Au Même.	94
Mai	— Au Même	96
—	— Au Même	111
—	— Au Même	113
—	— Au Même	115
Juin 9.	— Au Même	124
— 10.	— Au Comte Rodolphe	129
— 14	— A M. le Chevalier de Rossi	131
Sept.	— Au Même	134
— 30.	— A M. le Comte de Soltikof	139
Nov. 5.	— A Mlle Constance de Maistre	141
—	— A la Même	146
— 11.	— A M. le Chevalier de Rossi	149
— 22.	— Au Même	163
Déc. 23.	— Au Même	166
— 30.	— Au Même	182

Année 1809.

	Pages
Janv. 19. — Au Même	188
Févr. 15. — Au Même	202
— 15. — Au Même	206
— 22. — Au Roi Victor-Emmanuel	214
Mars 2. — A M. le Chevalier de Rossi	218
Avril 13. — Au Même	222
— 13. — Au Même	228
— 20. — Au Même	235
— 30. — Au Même	224
Mai 1er. — Au Même	244
— 23. — Au Roi Victor-Emmanuel	252
— 26. — Au Même	259
Juil. 11. — A Mlle Adèle de Maistre	263
Août 11. — A Mlle Constance de Maistre	266
— — A M. le Chevalier de Rossi	271
Sept. 29. — Au Même	288
Oct. 2. — A M. le Comte de ***	315
Nov. — A M. le Chevalier de Rossi	325
— — Mémoire sur les intérêts de la Maison de Savoie	352
— 15. — A M. le Chevalier de Rossi	355
Déc. 11. — Au Au Roi Victor-Emmanuel	360
— 15. — A Mme la Baronne de Morand, née de Costa, sa belle-sœur	366
— — A la Reine de Sardaigne, Marie-Thérèse d'Este	370
— — Au Roi Victor-Emmanuel	372

Année 1810.

Janv. 29. — A M. l'Amiral Tchitchagof à Paris	393
Mars 5. — Au Roi Victor-Emmanuel	397
— 10. — Au Même	404
— 13. — A Mlle Adèle de Maistre	420
— 25. — A M. le Chevalier de Rossi	423

Avril	3. — A M. l'Amiral Tchitchagof	439
Mai	2. — A M. le Chevalier de Rossi	443
—	6. — Au Même	449
—	9. — A M. le Comte de Schulenbourg	457
Juin	6. — Au Roi Victor-Emmanuel	460
Août	8. — A M. l'Amiral Tchitchagof	461
—	30. — A M. le Chevalier de Rossi	467
Sept.	1er. — Au Même	471
—	13. — A Mme Tchitchagof	476
—	— A M. l'Amiral Tchitchagof	481
—	26. — A M. le Chevalier de Rossi	486
Oct.	— Au Même	494
Déc.	18. — A Mlle Constance de Maistre	498
—	19. — Au Chevalier de Maistre	501
—	19. — A M. le Chevalier de Rossi	507

TOME QUATRIÈME.

Année 1811.

	Pages
Févr. 20. — Au Roi Victor-Emmanuel.	1
Avril 26. — A M. le Chevalier de Rossi	7
— — Au Roi Victor-Emmanuel.	18
Juin 3. — Au Même	44
Août 27. — A M. le Chevalier de Rossi	51
Sept. 26. — A M. le Comte de Schulenbourg	61
Nov. 12. — Au Roi Victor-Emmanuel	64

Année 1812.

Févr. 9. — Au Roi Victor-Emmanuel.	76
— 14. — Au Même	80
— 17. — Au Même	85
Mars 2. — A M. le Chevalier de Rossi	88
— 4. — Au Même	91
— — Relation de divers entretiens avec l'Empereur de Russie, le Grand-Maréchal et le Chancelier, et des circonstances qui lui font espérer d'avoir bientôt sa famille près de lui	93
Avril 10. — Au Comte Rodolphe	99
— 21. — A M. le Chevalier de Rossi	100
— 21. — Au Même	101
Mai 2. — A M. le Vicomte de Bonald, à Paris	124
— 9. — A M. le Chevalier de Rossi	126
Juin 7. — Au Comte Rodolphe	137
Juil. 4. — Au Même	145
— 17. — Au Même	155
— 18. — Au Roi Victor-Emmanuel.	157
— — A M. le Comte de Front	166

DE LA CORRESPONDANCE.   393

		Pages
Août	8. — A l'Empereur de Russie	189
—	17. — A M. le Comte de Front	190
Sept.	14. — Au Même	199
—	15. — Au Comte Rodolphe	226
—	17. — Au Roi Victor-Emmanuel	228
—	23. — A M. le Comte de Front	231
Oct.	13. — A M. le Chevalier de Rossi	234
—	— Au Même	246
—	19. — A M. le Comte de Front	254
—	20. — Relation pour S. M. le Roi Victor-Emmanuel (sur la guerre)	262
—	22. — Note pour le Même	267
Nov.	8. — Relation pour le Même	270
—	9. — Relation pour le Même	282
—	15. — Note pour M. le Comte de Front	289
—	20. — Note pour le Même	291
—	22. — Note pour le Même	296
—	25. — Note pour le Même	308
Déc.	6. — Note pour le Même	310
—	27. — Au Roi Victor-Emmanuel	318
—	27. — Mémoire sur la situation et les intérêts de S. M. le Roi de Sardaigne à cette époque	321
—	29. — Note pour M. le Comte de Front	337

Année 1813.

Avril	1er. — Mémoire à l'Empereur de Russie	350
—	1er. — Lettre au Même, accompagnant le Mémoire ci-dessus et une lettre autographe du Roi de Sardaigne	353
Juin	23. — A S. E. Monsieur le Chancelier de l'Empire	356
—	24. — Au Comte Rodolphe	360
Juil.	22. — Au Même	362
Août	4. — Au Même	364
Sept.	21. — A S. E. M. le Prince Gortchakof, Ministre des guerres	368

		Pages
Oct 8.	— A S. E. Monsieur le Chancelier de l'Empire . .	370
— 31.	— Mémoire sur la position de la Maison de Savoie en Octobre 1813 et sur les mesures qu'elle doit prendre à cette époque.	375
Nov. 7.	— Au Comte Rodolphe	399
Déc. 18.	— Mémoire sur les intérêts de S. M. le Roi de Sardaigne, et de l'Italie en général	402

Année 1814.

Avril 20.	— A Mlle Constance de Maistre	417
Mai 1er.	— A S. E. M. le Sénateur de Weydmeyer . . .	420
— 7.	— A Mme de Constantin	423
— 22.	— A M. le Comte de Blacas, Grand-Maître de la garde-robe de S. M. Très-Chrétienne, à Paris.	427
Juil. 13.	— A M. le Vicomte de Bonald	437
Août 22.	— A S. E. M. le Comte de Nesselrode. . . .	439
— 22.	— Au Même (note).	444
Oct. 15.	— A Mme Nicolas de Maistre.	453
— 25.	— A M. Sontag, surintendant de l'Eglise de Livonie, à Riga	455
— 28.	— A S. E. M. le Comte Jean Potocki, à Chmielnick.	457
— 28.	— A M. le Marquis de Saint-Marsan, à Vienne .	462
Déc. 13.	— A M. le Vicomte de Bonald	466
— 19.	— Au Roi Victor-Emmanuel	478
— 19.	— A M. le Comte de Vallaise, Ministre des affaires étrangères de S. M. le Roi de Sardaigne.	480
— 19.	— A M. le Comte de Bray, à Dorpat.	483
— 26.	— A Mme la Princesse Galitzin	487
— 26.	— A M. l'Amiral Tchitchagof, à Londres . . .	489
—	— A M. le Comte de Vallaise	493

DE LA CORRESPONDANCE. 395

TOME CINQUIÈME.

Année 1815.

		Pages
Janv. 5.	— A M. le Comte de Vallaise.	1
— 8.	— A M. le Comte de Blacas	4
— 19.	— A M. le Comte de Vallaise	7
— 28.	— A M. le Comte de Bray, en Livonie . . .	24
Févr. 2.	— A M. le Comte de Vallaise	29
— 21.	— Au Même	39
— 25.	— A M. le Comte de Blacas, à Paris.	41
Avril 10.	— A M. le Comte de Vallaise	48
— 10.	— A M. le Comte de Rossi, Envoyé extraordinaire, Ministre plénipotentiaire du Roi de Sardaigne, à Vienne	49
— 18	— A M. le Comte de Vallaise	60
— 25.	— A M. le Marquis de Saint-Marsan.	62
—	— A M. le Comte de Castelalfer, Envoyé extraordinaire, Ministre plénipotentiaire du Roi de Sardaigne à Berlin.	66
Mai 1ᵉʳ.	— A Mᵐᵉ la Comtesse de Laval	69
— 10.	— A M. le Comte de Vallaise	72
Juin 3.	— Au Même.	75
— 3.	— A Mᵐᵉ la Princesse Michel Galitzin	76
— 8.	— Au R. P. d'Ervelange-Vitry, de la Compagnie de Jésus, à Odessa	78
—	— A M. le Comte de Vallaise	82
—	— A Mᵐᵉ de Swetchine, à Strelna	84
— 13.	— A M. le Comte de Vallaise	87
— 26.	— Au Même	89
Juil. 4.	— A M. le Comte de Castelalfer.	96
— 14.	— A M. le Marquis de Saint-Marsan.	98
— 25.	— A M. le Comte de Vallaise	102

		Pages
Août 5.	— A M. de Gourief, Ministre des finances et du commerce à Saint-Pétersbourg	107
— 8.	— A M. le Comte de Vallaise.	110
— 12.	— A Mme de Swetchine	119
— 18.	— A M. le Comte de Vallaise	126
Sept. 1er.	— Au Même.	130
— 5.	— Au Même.	135
— 6.	— A M. le Comte de Rossi	138
— 12.	— A M. le Comte de Vallaise	144
— 12.	— Au Même	147
— —	— A M. le Marquis de Saint-Marsan, Ministre de la guerre	151
— —	— A M. le Marquis Clermont Mont-Saint-Jean à Hermé-Château, près de Paris	152
— 26.	— A M. le Comte de Vallaise.	157
Oct. 24.	— Au Même	160
— 24.	— Au Même	162
— 24.	— Au Prince Korlousky, Ministre de l'Empereur de Russie à Turin	168
Nov. 6.	— A M. le Comte de Noailles	177
— 15.	— A M. le Comte de Castelalfer.	174
Déc. 12.	— A M. le Comte de Vallaise	179
— 13.	— A Monseigneur Severoli, Archevêque de Raguse, Nonce à Vienne	184
— 26.	— A M. le Comte de Vallaise	193
— 28.	— Au Même	199

Année 1816.

Janv. 2.	— Au Même	202
— 5.	— Au Même	205
— 12.	— Au Même	210
—	— Au R. P. Général de la Compagnie de Jésus.	216
—	— A M. le Comte de Vallaise	219
— 30.	— Au Même, Ministre des affaires étrangères à Turin	225

		Pages
Févr. 3.	— A M. le Comte de Nesselrode, Ministre des Affaires étrangères à Saint-Pétersbourg (note)	230
— 8.	— A M. le Comte de Blacas, à Naples	243
— 13.	— A M. le Comte de Vallaise	247
— 14.	— Au Prince Korlouski	249
— 16.	— A M. le Comte de Vallaise	253
— 17.	— A M. le Comte de Nesselrode	259
— 17.	— A M. le Comte de Vallaise	266
— 22.	— Au Même	269
— 24.	— Au Même	276
	Au Même	293
Mars 8.	— Au Même	296
— 12.	— Au Même	299
Avril 2.	— Au Même	304
— 9.	— Au Même	309
— 14.	— A M. le Marquis Henri de Costa	314
— 30.	— A M. le Comte de Vallaise	318
Mai 5.	— A Mme Anastasie de Bonar	323
— 7.	— A M. le Comte de Vallaise	327
— 20.	— A M. le Vicomte de Bonald, de l'Académie française, Membre de la Chambre des députés, à Paris	333
— 28.	— A M. le Comte de Vallaise	336
Juin 4.	— Au Même	344
— 7.	— A M. le Duc de Doudeauville, pair de France, à Paris	348
— 14.	— A M. le Comte de Vallaise	351
— 18.	— Au Même	357
— 21.	— A M. le Comte de Nesselrode	362
— 30.	— A M. le Comte Capo-d'Istria, Ministre des Affaires étrangères à Saint-Pétersbourg (note sur l'affaire de Lucedio)	366
— 30.	— A M. le Comte de Nesselrode (note sur l'affaire du Mont-Napoléon)	372
Juil. 2.	— A M. le Comte de Vallaise	364

Juil. 4. — Au Même	366
— 6. — A Mlle de Tortouval	379
— 6. — A M. le Vicomte de Bonald	381
— — A S. E. Monseigneur Severoli	382
— 10. — Au R. P. Brzozouski, Général des Jésuites, à Polock	389
— 15. — A M. le Marquis Henri de Costa	392
— 15. — A M. le Comte de Vallaise	395
— 30. — Au Même	403
Août 6. — Au Même	409
— 10. — A Mme de Buttet, sa sœur Jenni	414
— 16. — A Mme de Swetchine	417
— 21. — A la Même	421
Sept. — A M. le Chevalier de Saint-Réal, son beau-frère (sur les Jésuites)	424
— 17. — A M. le Comte de Vallaise	427
Oct. 2. — Au Même	432
— 16. — A Monseigneur de Baussel, ancien évêque d'Alais	436
— 24. — Au Marquis Henri de Costa de Beauregard	439
— 29. — A M. le Comte de Vallaise	442
Nov. 8. — Au Même	447
— 26. — Au Même	453
— 30. — A M. l'Amiral Tchitchagof, à Florence	455
Déc. 10. — A M. le Comte de Vallaise	459
— 15. — A S. E. le Cardinal Severoli	466
— 15. — A M. le Comte de Blacas	469
— — A S. E. le Cardinal Severoli	472
— 25. — Au R. P. Rosaven de la Compagnie de Jésus, à Polock	477
— 27. — A M. le Comte de Vallaise	482

TOME SIXIÈME.
Année 1817.

			Pages
Janv.	3.	— A M. le Comte de Vallaise	1
—	3.	— A M. le Chevalier de Saint-Réal.	7
—	11.	— A M. le Comte de Vallaise	12
—	17.	— Au Même	15
—	27.	— Au Même	20
Févr.	3.	— Au R. P. Général des Jésuites, à Polock . .	28
—	4.	— A M. le Comte de Vallaise	31
—	13.	— Au Même	40
—	16.	— Au Même	44
—		— Au Même	49
—		— Au Même	50
—	23.	— A S. E. le Cardinal Severoli, à Rome . .	55
Mars	4.	— A M. le Comte de Vallaise	59
—	18.	— Au Même	63
—	28.	— Au Même	67
—	29.	— Au Même	71
Avril		— Au Même	73
		Au Même	81
—	18.	— Au R. P. Rosaven, de la Compagnie de Jésus.	84
Mai	8.	— A M. le Comte de Blacas	87
—	9.	— A M. le Marquis de la Maisonfort	89
—	13.	— A M. le Vicomte de Bonald	92
—	14.	— A Mme la Princesse de Beloselski	99
—	16.	— Au R. P. Rosaven (1)	94
Sept.	6.	— A Mlle Constance de Maistre	100
—	7.	— A M. le Comte X.	103
—	16.	— A Mlle Constance de Maistre	105

(1) Dernière lettre de Saint-Pétersbourg.

		Pages
Oct. 14.	— A Mme la Comtesse de Rzevuska	106
—	— A M. le Vicomte de Bonald	108
Nov. 15.	— Au Même	112
Déc.	— A M. le Comte de Stolberg, à Munster. . .	119

Année 1818.

Janv. 3.	— A M. Dumont, bachelier en droit, à Cluses, province de Faucigny, Savoie	119
— 26.	— A M. l'Abbé Vuarin, curé de Genève . . .	122
Févr. 27.	— A M. Dumont	126
Mars 4.	— A M. de Tchitchagof, frère de l'Amiral . . .	130
Mai 27.	— A M. l'Amiral Tchitchagof	133
Juil. 10.	— A M. le Vicomte de Bonald	137
Août 20.	— Au Prince Korlouski, à propos du compte rendu que celui-ci avait fait d'un ouvrage de Mme de Staël	141
Sept. 2.	— A Mlle de Virieu	145
— 5.	— A M. le Chevalier d'Olry	147
— 28.	— A M. Deplace, chargé de faire imprimer à Lyon son ouvrage du Pape	150
Déc. 19.	— Au Même	152

Année 1819.

Mars 3.	— A M. le Chevalier d'Olry	155
— 22.	— A M. le Vicomte de Bonald	158
Mai 28.	— A Mme la Duchesse des Cars	161
— 29.	— A M. le Vicomte de Bonald	166
— 29.	— A M. le Comte de Blacas, à Rome	171
Juin 5.	— A M. Deplace	175
— 22.	— A M. Besson, Curé de Saint-Nizier, depuis évêque de Metz	177
Juil. 20.	— A M. de Karaoulof, officier de la marine russe.	179
Août 9.	— A M. le Comte de Marcellus	182
— 18.	— A Mme la Duchesse des Cars	185

DE LA CORRESPONDANCE. 401

		Pages
— Sept. 7.	— A M. Deplace	188
Nov. 15.	— A M. le Vicomte de Bonald	190
Déc. 20.	— A M. l'Abbé Vuarin, curé de Genève	193

Année 1820.

Janv. 22.	— A M. Deplace	196
— 26.	— A M. l'Abbé Rey, vicaire général de Chambéry.	199
Févr. 9.	— Au Même	201
— 21.	— A Mlle Constance de Maistre	205
Mars 13.	— A M. le Comte de Marcellus	207
— 25.	— A M. l'Abbé Vuarin.	210
— 25.	— A M. le Vicomte de Bonald	213
Avril 3.	— A M. Deplace	216
— 22.	— Au Même	219
— 29.	— A M. l'Abbé Vuarin	222
Mai 1er.	— A M. l'Abbé de Lamennais	224
Juill.	— A Mme de Maistre, sa belle-fille	229
Août 26.	— A M. l'Abbé Vuarin	231
Sept. 6.	— A M. l'Abbé de Lamennais	234
— 18.	— A M. Deplace	238
Nov. 14.	— A M. de Syon, officier au service du Piémont.	241
— 25.	— A Mme la Baronne de Morand, sa belle-sœur	243
Déc. 4.	— A M. le Vicomte de Bonald	245
— 11.	— A M. Deplace	248
— 22.	— A M. l'Abbé Vuarin	251

Année 1821.

| Févr. 5. | — A Mme la Duchesse des Cars | 254 |
| — 21. | — A M. le Marquis d'Azeglio | 256 |

Sept lettres sans dates, à Mme la Comtesse d'Edling, née de Stourdza (d'origine grecque). 260
Extrait d'une conversation avec M. Ch. de Lavau en 1820 284

T. XIV. 26

LETTRES ADRESSÉES A J. DE MAISTRE
ET QUELQUES AUTRES SE RAPPORTANT A CELLES-CI.

Année 1797.
Pages

Août. 22. — De M. le Baron d'Erlach de Spietz, ancien bailli de Lausanne, à J. de Maistre 289

Année 1798.

Mai 17. — Du Chevalier Nicolas de Maistre à Mme la Comtesse Ponte, née de Ruffia 293

Année 1804.

Juin 25. — Du roi Louis XVIII à J. de Maistre 296
Juill. 10. — Réponse de J. de Maistre au roi Louis XVIII . 297

Année 1805.

Avril 18. — De J. de Maistre à l'Empereur Alexandre . . 298
— — Réponse de l'Empereur Alexandre à J. de Maistre 299

Année 1814.

Oct. 7. — Du Vicomte de Bonald à J. de Maistre. . . 299

Année 1817.

Mars 22. — Du Même au Même. 309
Juill. 11. — Du Même au Même. 315
Déc. 2. — Du Même au Même. 319
— 15. — Du Même au Même. 323

Année 1818.

Du Même au Même. 328

Année 1819.

		Pages
Janv. 3.	— Du Même au Même.	331
Mars 30.	— Du Même au Même.	335
Juill. 10.	— Du Même au Même.	344
	Du Même au Même.	345

Année 1820.

Févr. 5.	— De M. l'Abbé Rey, vicaire général de l'Archevêque de Chambéry, depuis évêque d'Annecy, à J. de Maistre	360
— 5.	— De M. l'Abbé de Lamennais à J. de Maistre .	365
— 14.	— Du Vicomte de Bonald à J. de Maistre . . .	351
Mars 17.	— De M. Alphonse de Lamartine à J. de Maistre.	362
Mai 18.	— De M. l'Abbé de Lamennais à J. de Maistre .	366

Année 1821.

Janv. 2.	— De M. l'Abbé de Lamennais à J. de Maistre .	369
	Du Vicomte de Bonald à J. de Maistre . . .	354

FIN DE LA TABLE GÉNÉRALE

Lyon. — Impr. VITTE & PERRUSSEL, rue Sala, 58.

A LA MÊME LIBRAIRIE

L'ÉGLISE VENGÉE PAR L'HISTOIRE
CONTRE LES SOPHISTES CONTEMPORAINS

QUATRIÈME ÉDITION

1 vol. in-8 de xxx-540 pages. — Prix . . . . 6 fr.

L'ouvrage de M. l'abbé Jacquinot a été honoré des plus illustres suffrages : « Cet exposé critique des idées rationalistes, fatalistes et panthéistes, écrivait à l'auteur Mgr Delalle, évêque de Rodez, est plein d'intérêt pour le fond, et vous avez su le revêtir d'une forme attrayante par une diction pure et correcte, par un style clair, facile, bien soutenu, et par des citations qui donnent un grand charme à votre récit. L'intérêt s'accroît encore lorsque, en face des théories creuses et funestes de la libre pensée vous posez, comme base nécessaire de l'enseignement historique, la philosophie chrétienne qui montre les événements humains se déroulant sous l'œil d'une Providence attentive, dont l'action douce et forte se concilie avec notre liberté morale, pour conduire toutes choses, à travers les luttes du bien et du mal, au triomphe définitif de la vérité et de la justice sur la terre, au progrès des sciences et des institutions sociales par la lumière de l'Évangile ; en un mot, au règne du Christ attendu et annoncé dès le commencement du monde, et venu dans la plénitude des temps pour être le libérateur et le rédempteur de l'homme déchu. C'est à cette haute philosophie de l'histoire qu'il faut revenir, si nous voulons échapper à l'abîme que creuse sous nos pas l'athéisme contemporain. »

Les larges développements que M. Jacquinot a donnés à cette quatrième édition de son livre, en font un ouvrage nouveau, qui arrive à son heure et qui se recommande à l'attention des penseurs. Les personnes soucieuses de voir clair dans l'histoire contemporaine, les maîtres de la jeunesse chrétienne tireront grand profit de la lecture de ce remarquable travail. Nous signalerons en particulier à nos lecteurs les pages consacrées aux théories de M. Duruy et de M. Taine, dont les ouvrages, en dépit de leur modération et de leur talent, n'en recèlent pas moins des idées contre lesquelles il importe de se mettre en garde et de prémunir les jeunes générations.

Lyon — Imp. VITTE ET PERRUSSEL, rue Sala, 59.

www.ingramcontent.com/pod-product-compliance
Lightning Source LLC
Chambersburg PA
CBHW052121230426
43671CB00009B/1074